CW01497060

CONSERVADURISMO HETERODOXO

Tres vías ante las derechas españolas:

Maurice Barrès, José Ortega y Gasset
y Gonzalo Fernández de la Mora

Cubierta: A. Imbert

Esta obra ha sido publicada con una subvención de la Dirección General del Libro, Archivos y Bibliotecas del Ministerio de Cultura, para su préstamo público en Bibliotecas Públicas, de acuerdo con lo previsto en el artículo 37.2 de la Ley de Propiedad Intelectual.

© Pedro Carlos González Cuevas, 2009
© Editorial Biblioteca Nueva, S. L., Madrid, 2009
   Almagro, 38
   28010 Madrid
   www.bibliotecanueva.es
   editorial@bibliotecanueva.es

ISBN: 978-84-9742-878-1
Depósito Legal: M-20.588-2009

Impreso en Top Printer Plus, S. L. L.
Impreso en España - *Printed in Spain*

ÍNDICE

Introducción 11

Capítulo 1.—Maurice Barrès y España 23
    1.1. Una Francia convulsa 23
    1.2. Nacionalismo, relativismo y literatura 27
    1.3. Una visión de España 43
    1.4. Barrès visto por los españoles 52

Capítulo 2.—Ortega y Gasset: el conservadurismo heterodoxo ... 69
    2.1. La cuestión Ortega 69
    2.2. Mocedad rebelde: liberalismo, socialismo y nacionalismo 71
    2.3. Madurez conservadora 79
    2.4. Un republicano conservador 93
    2.5. El franquismo: las ofensivas clericales 106
    2.6. Ortega y las nuevas derechas 127

Capítulo 3.—La *Aufklärung* conservadora y el final de la *Teología*
política: Pensamiento español, de Gonzalo Fernández de la Mora ... 133
    3.1. Una sociedad en transformación 133
    3.2. El hombre y su formación intelectual: un conservador español
        atípico 135
    3.3. Estado tecnoautoritario y reforma intelectual y moral 156
    3.4. Crítica conceptual y modernización conservadora 159
        3.4.1. Método y fundamento de la crítica conceptual 159
        3.4.2. Razón y sinrazón en la cultura española contemporánea ... 161
        3.4.3. Vieja y nueva izquierda 175
        3.4.4. Reinterpretación del conservadurismo español 188

3.5. La crisis del catolicismo 198
3.6. Reivindicación del exilio 204

Colofón 213

Índice onomástico 217

Introducción

Los tres ensayos que integran este libro están dotados, pese a lo que a primera vista pudiera parecer, de una profunda convergencia temática y metodológica. Su unidad viene dada por una vertebración en torno a unas determinadas preocupaciones e interrogantes centrales, ya planteadas por mí en otros libros[1]; pero que exigían, por su propia entidad, un tratamiento monográfico; y que se encuentran estrechamente ligadas con la historia de las diversas tradiciones intelectuales del conjunto de la derecha española y sus, en ocasiones, conflictivas relaciones con el pensamiento conservador allende los Pirineos.

Maurice Barrès, José Ortega y Gasset y Gonzalo Fernández de la Mora fueron tres intelectuales cuyas trayectorias políticas y filosóficas resultaron muy dispares, pero que a nuestro entender se encuentran, en no escasa medida, relacionados, dentro del contexto español, por una común perspectiva conservadora heterodoxa con respecto a la tradición dominante en el conjunto de la derecha española, es decir, el catolicismo. No se trata de pensadores adversos al catolicismo y mucho menos antirreligiosos. En el caso de Barrès y Ortega predomina claramente un agnosticismo respetuoso con la religión; Fernández de la Mora siempre se consideró católico. Los tres convergen, sin embargo, en una perspectiva intelectual claramente secular. Sus respectivos proyectos político-culturales llevaban en su interior lo que el filósofo francés Marcel Gauchet ha denominado «la salida de la religión», es decir, el final de la capacidad

---

[1] Véase Pedro Carlos González Cuevas, *Historia de las derechas españolas. De la Ilustración a nuestros días,* Madrid, 2000 y *La tradición bloqueada,* Madrid, 2002.

de lo religioso para estructurar la política y la sociedad. A partir de dicha perspectiva, la comunidad humana es capaz de definirse a partir de ella misma, de su propia alteridad. Desaparece así una visión del mundo estructurada de parte a parte por la religión. Según Gauchet, la «salida de la religión» del campo político es simultánea a su establecimiento en el ámbito de las creencias individuales[2].

«Maurice Barrès y España» es un estudio complementario del que dedicamos hace años a la influencia de Charles Maurras en nuestro país[3]. Con frecuencia, se ha relacionado a Barrès con Maurras como padres fundadores del nacionalismo conservador francés. No obstante, es preciso dejar claro que las diferencias entre sus proyectos políticos fueron considerables. Ambos coincidieron en una común militancia antidreyfusard, en su nacionalismo, en su agnosticismo religioso y en su valoración pragmática y secularizada de la religión católica; pero divergieron en casi todo lo demás. La posición política de Barrès puede ser conceptualizada como conservadora, en el sentido más amplio de la palabra; contrarrevolucionaria, la de Maurras. Y es que Barrès aceptó la III República, considerando imposible el retorno a la Monarquía tradicional auspiciado por Maurras. El provenzal condenó *in toto* la tradición que arranca de la Revolución francesa; mientras que el lorenés aceptó la herencia revolucionaria y bonapartista, e incluso, pese a su anterior militancia antidreyfusard, integró a los judíos entre las diversas familias espirituales francesas. Maurras fue monárquico y aristocratizante; republicano y populista Barrès. Maurras fue militantemente clasicista en arte y literatura; romántico Barrès. Maurras apenas se ocupó de España hasta el advenimiento de la Segunda República y el estallido de la Guerra Civil; mientras que Barrès fue un hispanófilo entusiasta, aunque su visión de España, de claras resonancias románticas, apenas sea defendible hoy. Por último, Maurras creó una escuela de pensamiento monárquico tradicional y un movimiento político; mientras que Barrès fue un solitario. Lo cual iba a obstaculizar su recepción en España, donde el conjunto de las derechas era abrumadoramente católico y monárquico. Además, la concepción nacionalista de Barrès carecía de raíces en la intelectualidad española, derechista o no. Y es que, como tendremos oportunidad de ver, el nacio-

---

[2] Véase Marcel Gauchet, *El desencanto del mundo: una historia política de la religión,* Madrid, 2005. *La condición histórica,* Madrid, 2007. Luc Ferry-Marcel Gauchet, *Lo religioso después de la religión,* Barcelona, 2008.

[3] Véase Pedro Carlos González Cuevas, «Charles Maurras y España», en *La tradición bloqueada,* Madrid, 2002, págs. 77-176.

nalismo barresiano suponía la aceptación del relativismo cultural con todas sus consecuencias; algo que chocaba con las ideas y la mentalidad de las elites intelectuales y políticas españolas. Por todo ello, quedaba mucho menos espacio social y político en nuestro país para una derecha de tipo barresiano que para la maurrasiana, lastrada esta última igualmente por su agnosticismo y, sobre todo, por la condena papal de 1926. A ello es preciso añadir que España carecía de enemigo exterior, dada su posición subordinada en el ámbito internacional; y no existía la cuestión judía. En consecuencia, una derecha nacionalista, populista, republicana y secular carecía de posibilidades en la sociedad española. La influencia de Barrès se redujo a un sector de la elite intelectual, pero fue más literaria que propiamente política. No deja de ser significativo que la mayoría de los intelectuales españoles rechazaran su nacionalismo omnicomprensivo.

«Ortega y Gasset: el conservadurismo heterodoxo» pretende dar una interpretación de la actitud dominante en las derechas españolas hacia la obra del filósofo de la «razón vital». Los contenidos mentales e ideológicos de esta actitud no dejan de ser significativos. Como ha sostenido el historiador israelí Tzvi Medin, la figura de Ortega y Gasset se ha convertido en «un ineludible referente identitario del ser español»; y, por lo tanto, la valoración de su obra implica una autodefinición «en medio de la confrontación por la nueva faz de España y de los españoles, y también de España en medio de su renovada dimensión europea»[4].

A ese respecto, creo que nos encontramos ante lo que podríamos denominar el «problema Ortega», ya que su pensamiento político y su filosofía han sido interpretados de forma muy variada e incluso antagónica. Desde posiciones más o menos de izquierda, se le ha tachado sumariamente de reaccionario, de aspirante a intelectual orgánico del capitalismo español o de precursor del falangismo. Otro sector, más afín al filósofo, ha hecho referencia a un vago liberalismo «socialdemocrático». Ninguna de estas interpretaciones me parece válida. La primera resulta completamente insatisfactoria; sobre todo, por lo mucho que deja fuera. En ella no tiene cabida el Ortega crítico de la tradición católica y del conservadurismo oficial, portavoz de un nacionalismo crítico, liberal y proyectivo. Por otra parte, resulta evidente que Ortega apenas disfrutó, con la excepción del empresario Nicolás María de Urgoiti, del apoyo de las elites económicas. Sin duda, Ortega, pese a sus críticas al fascismo, in-

---

[4] Tzvi Medin, *El cristal y sus reflexiones. Nueve intérpretes españoles de Ortega y Gasset*, Madrid, 2005, págs. 9-10.

fluyó en Falange. El hecho en sí mismo no tiene nada de extraño. El fascismo es una ideología ecléctica que intenta sintetizar en su discurso elementos del liberalismo, del socialismo, del nacionalismo y de la contrarrevolución. En España ocurrió lo mismo que en Italia, donde los fascistas tomaron de dos liberales elitistas como Gaetano Mosca y Vilfredo Pareto algunas pautas de su discurso político. Pareto no tuvo tiempo de enjuiciar al fascismo, pues murió en 1923; y Mosca sería uno de los firmantes del manifiesto de los intelectuales antifascistas, propiciado por Benedetto Croce, en defensa del régimen liberal. A pesar de ello, Mosca no sufrió persecución por parte del régimen de Mussolini. De la segunda interpretación lo mejor que puede decirse es que resulta completamente arbitraria. Margina al Ortega fiel defensor de las jerarquías sociales, de la desigualdad creadora, elitista, crítico de la «democracia morbosa» y de la razón abstracta o mecánica. El pretendido «socialismo» orteguiano no pasa de ser una respuesta de carácter corporativo a la crisis del capitalismo liberal característica del período de entreguerras[5].

En nuestra opinión, el pensamiento político orteguiano ha de ubicarse necesariamente en la derecha; es de clara tendencia liberal-conservadora, en permanente diálogo con las corrientes derechistas finiseculares y de entreguerras, representadas no sólo por Nietzsche, sino por Barrès, Renan, Sombart, Pareto, Schmitt y los representantes de la denominada «revolución conservadora» alemana. Ciertamente, se trataba de una tendencia política en pugna con el conservadurismo oficial y la tradición católica. Y es que Ortega encarnó, a lo largo de su trayectoria vital, una profunda contradicción intelectual y política. Por una parte, su disconformidad, su actitud polémica hacia el pasado nacional, unida a su agnosticismo religioso, no podían sino alejarle del conjunto de la derecha española. Por otra, el indudable sesgo conservador de su pensamiento político de madurez, plasmado en sus ataques frontales al racionalismo con el apoyo del historicismo y del vitalismo; en el realismo político y en el sentimiento burkeano del valor de la continuidad; y, sobre todo, su concepción elitista de la sociedad y de la vida; todo lo cual le separaba de las izquierdas. En ese sentido, las razones del rechazo de que fue objeto por un considerable sector de la derecha española fueron de carácter fundamentalmente religioso. Su agnosticismo y su defensa del laicismo le enajenaron al apoyo de las derechas. Sin embargo, sin su aportación

---

[5] Véase al respecto, Charles S. Maier, *La refundación de la Europa burguesa. Estabilización en Francia, Alemania e Italia en la década posterior a la I Guerra Mundial*, Madrid, 1988.

intelectual resulta imposible dar cuenta de la emergencia de nuevas tradiciones en el seno de nuestra derecha.

«La Aufklärung conservadora y el final de la Teología política: *Pensamiento español,* de Gonzalo Fernández de la Mora», tiene por objetivo la descripción y el análisis histórico de la evolución político-cultural de un sector de la derecha española a partir de los años 50 del pasado siglo, cuyo máximo representante fue, a nuestro entender, el autor de *El crepúsculo de las ideologías.* Gonzalo Fernández de la Mora sigue siendo un autor menesteroso de justicia histórica, porque todavía no se ha valorado fielmente su rango literario ni su nivel intelectual ni el carácter de su proyecto político[6]. Y es que este pensador de la derecha española forma parte del grupo de intelectuales que suelen ser condenados sin tan siquiera ser oídos o leídos; alguien que ha dado lugar a erróneas interpretaciones y que ha terminado convirtiéndose en símbolo de un régimen político, el franquista, hoy universalmente aborrecido, y que hace sospechosos a quienes consideran ese régimen con un mínimo de objetividad. Su obra ha sido claramente minusvalorada y tergiversada. En general, se ha interpretado *El crepúsculo de las ideologías,* como un mero plagio del libro de Daniel Bell, *El fin de las ideologías,* así como de los estudios de Raymond Aron y Seymour Martin Lipset sobre la evolución económica, política y cultural de las sociedades occidentales desarrolladas. Craso error, porque para estos autores, liberales militantes, el fin de las ideologías significaba, entre otras cosas, el triunfo definitivo del sistema político demoliberal y del capitalismo sobre el modelo soviético. Y a poco que se profundice en el pensamiento de Fernández de la Mora podrá percibirse que ni el método ni la perspectiva filosófica ni los objetivos y mucho menos algunas conclusiones concordaban con lo sustentado por Bell, Aron o Lipset. Y es que el conjunto de la obra de Fernández de la Mora es mucho más que un pretendido plagio de las ideas de estos autores o una mera apología de la «tecnocracia». Como vio claramente uno de sus grandes adversarios intelectuales, José Luis López Aranguren, se trataba de un nuevo proyecto político característico de «una época de plena secularización» como la que se anunciaba en España a partir de los años 60[7]. En una sociedad como la española donde nunca existió un po-

---

[6] Una excepción es la obra de Luis Sánchez de Movellán de la Riva, *El razonalismo político de Gonzalo Fernández de la Mora,* Madrid, 2004. Véase también VV.AA., *Razonalismo. Homenaje a Fernández de la Mora,* Madrid, 1995.

[7] José Luis López Aranguren, *La democracia establecida. Una crítica intelectual,* Madrid, 1979, pág. 32.

sitivismo conservador digno de este nombre, ni un Renan, ni un Taine o un Littré, la obra de Fernández de la Mora supuso la aceptación final de la conciencia moderna, es decir, de la racionalidad del cálculo y la eficacia; de la racionalidad que asume el «desencanto del mundo» y con ello la pérdida de la unidad cosmovisional religiosa y la experiencia del relativismo. Era el final de la Teología política y la emergencia de un claro proyecto de *modernización conservadora*. La derecha tradicional nunca se lo perdonó. Para no pocos de sus representantes resultaba paradójico que un intelectual heredero de *Acción Española*, y en consecuencia católico y monárquico, fuese el teorizante de «un positivismo empirista», que desembocaría en «un Estado técnico e implícitamente laico»[8]. Durante la transición al régimen de partidos, Fernández de la Mora fue claramente marginado por la propia derecha, en parte por su fidelidad al régimen de Franco y en parte también por su rechazo al modelo político instaurado en 1978. Significativamente, la izquierda intelectual valoró de forma más positiva el conjunto de su obra que la derecha. Para el escritor Francisco Umbral, Fernández de la Mora era «el caso más logrado de escritor reaccionario con cualidades, y en él está representada toda una cultura de la derecha que no suele alcanzar, por ejemplo, la cualidad deslumbrante de la derecha francesa». A su entender, Fernández de la Mora era «el Spengler del Opus Dei»[9]. Joaquín Varela le considera «el más agudo intelectual franquista»[10]. En opinión de un historiador tan antifranquista como Alberto Reig Tapia, fue «una de las mejores inteligencias de la derecha española radical» y «disponía de una capacidad intelectual y de un bagaje teórico y cultura fuera de toda duda»[11].

Sin embargo, el proyecto político de Fernández de la Mora ha sido bastante malinterpretado, a derecha e izquierda, como una mera apología de la «tecnocracia», cuya legitimidad descansaría exclusivamente en magnitudes macroeconómicas, eficacia indiferente, seguridad ciudadana, y, en definitiva, «orden y progreso», según el conocido lema de Augusto Comte. Veremos que no es así. Tampoco tiene mucho que ver con la tesis defendida por Francis Fukuyama sobre el llamado «Fin de la His-

---

[8] Véase Rafael Gambra, «Paradojismo», en *Razonalismo. Homenaje a Fernández de la Mora,* Madrid, 1995, págs. 122-123. Del mismo autor y en el mismo sentido, *Tradición o mimetismo,* Madrid, 1976, págs. 77 y sigs.

[9] Francisco Umbral, «Fernández de la Mora», en *Diccionario de Literatura. España 1941-1995. De la posguerra a la posmodernidad,* Barcelona, 1995, págs. 86-87.

[10] Joaquín Varela, *Política y Constitución en España (1808-1978),* Madrid, 2007, pág. 551.

[11] Alberto Reig Tapia, *Anti-Moa,* Barcelona, 2006, págs. 119 y 326.

toria», que el propio Fernández de la Mora no dudó en tachar de «voluntarista» y «miope», porque la experiencia histórica demostraba, a su juicio, que «las necesidades que puede inventarse el hombre son ilimitadas y que el carácter dialéctico de la razón le exige un avance contradictorio». «Una Humanidad de nuestra especie plenamente satisfecha y sin retos es no sólo improbable, sino imposible»[12]. Y es que Fernández de la Mora distinguió claramente entre «ideas» e «ideologías». Las primeras eran creación de las elites intelectuales; mientras que las segundas no pasaban de ser subproductos mentales para consumo de las masas. En ese sentido, la lucha y el debate de ideas resultaba fundamental para la vida pública. El proceso de «racionalización» experimentado por las sociedades occidentales no sólo implicaba desarrollo económico y social, sino una auténtica reforma intelectual, complemento de aquél. De ahí la importancia de su obra *Pensamiento español,* donde expuso su concepción de la crítica conceptual; dialogó con las distintas tendencias políticas y filosóficas del momento; y defendió su alternativa político-cultural. Por todo ello, *Pensamiento español* supuso algo más que una lúcida reacción contra el dominio de las tendencias irracionalistas, esteticistas, fideístas e integristas en el seno cultura española contemporánea; fue, además, una obra que marcó un hito en la historia de nuestra crítica y en el desarrollo. de una nueva tradición conservadora abierta a la modernidad tecnocientífica, al tiempo que contribuía a la normalización de nuestra vida intelectual, con su reivindicación, por ejemplo, del mundo cultural del exilio.

La evocación de estos temas y de esas figuras puede igualmente permitirnos apuntar algunas ideas sobre el sentido de nuestra historia más reciente e incluso sobre la actualidad. Hoy por hoy, podemos preguntarnos, ¿cuál es la situación de la cultura de las derechas españolas? El advenimiento del Estado de partidos no ha traído consigo, como esperaban algunos, una mejora de nuestra situación cultural, ni en la derecha ni en la izquierda. Tampoco tenía por qué hacerlo, ya que no se encuentra entre sus facultades, ni en la de ningún otro régimen político, la de influir en la creación de formas superiores de cultura. El arte, la literatura, la filosofía o el pensamiento político se han desenvuelto históricamente al margen de las situaciones políticas y sociales concretas. Ninguno de ellos es género de improvisación fácil, cuya existencia dependa de una evolución política, social o económica. En cualquier caso, resulta evi-

---

[12] Gonzalo Fernández de la Mora, «El supuesto fin de la Historia», en *Estudios sobre Historia moderna y contemporánea. Homenaje a Federico Suárez Verdeguer,* Madrid, 1991, págs. 156 y sigs.

dente que el momento cultural español se caracteriza hoy por una falta de creatividad ciertamente singular, lo que inevitablemente refleja el hedonismo, la superficialidad y el narcisismo dominante en el conjunto de la sociedad española. Por otra parte, el debate público ha brillado —y sigue brillando— por su ausencia. En España, como en otras sociedades europeas, se ha ido desarrollando hasta límites difícilmente tolerables la tendencia denunciada por el historiador Pierre André Taguieff y su esposa Elizabeth Lévy a la instauración de una «oligarquía cultural» que, mediante múltiples rituales de exclusión simbólica, consolida un sistema de comunicación segregacionista, basado en la nítida distinción entre «discutidores legítimos» y los «excluidos» del debate político-cultural[13]. El sociólogo español Víctor Pérez Díaz ha hecho hincapié en este fenómeno, cuando, al describir la vida cultural española de los últimos años, menciona la preeminencia de los llamados «líderes exhortativos», es decir, al servicio de un partido o de un grupo mediático, frente a los «líderes deliberativos», independientes; y denunciaba la tendencia de los primeros a estrangular la emergencia de nuevas ideas y alternativas[14]. Este autor ha criticado igualmente la actitud de descuido dominante en las clases políticas españolas, tanto de derechas como de izquierdas, respecto a las cuestiones culturales; lo que ha propiciado, entre otras cosas, la hegemonía de los partidos nacionalistas en Cataluña y el País Vasco[15].

De hecho, los intelectuales han sido incapaces de conservar su influencia en la sociedad. La explosión de los medios de comunicación audiovisuales, sobre todo de las televisiones privadas a partir de 1989, ha contribuido decisivamente a eclipsar la figura del intelectual, cuyo lugar ha sido ocupado por el líder mediático. Además, los programas culturales ha sido erradicados de la programación de las televisiones privadas y en las públicas ocupan un rol marginal y periférico[16].

En ese contexto, la cultura de las derechas españolas ha entrado en un proceso de decadencia que parece, hoy por hoy, irreversible. Se diría que hemos llegado a lo que el gnóstico René Guénon denominó, siguiendo la tradición hindú, el *Kali-Yuga* o «edad sombría»[17]. Tanto es así

---

[13] Pierre André Taguieff, *Sur la Nouvelle Droite,* París, 1995, págs. 395 y sigs. Elizabeth Lévy, *Les maîtres censeurs. Pour finir avec la pensée unique,* París, 2002, pág. 26.

[14] Víctor Pérez Díaz, *Una interpretación liberal del futuro de España,* Madrid, 2002, págs. 100-101.

[15] Víctor Pérez Díaz, *El malestar de la democracia,* Barcelona, 2008, págs. 74-75.

[16] Francisco Rodríguez Pastoriza, *Cultura y televisión. Una relación de conflicto,* Barcelona, 2003.

[17] René Guénon, *La crisis del mundo moderno,* Barcelona, 2001, págs. 15 y sigs.

que el hispanista norteamericano Stanley G. Payne ha podido decir que «la derecha en términos históricos ha desaparecido, no se puede hablar de derechas, hay que referirse a la «no izquierda»[18]. El tradicionalismo católico desapareció con el Concilio Vaticano II; y sus últimos representantes, Francisco Elías de Tejada y Rafael Gambra, se limitaron a repetir las viejas consignas. La tradición liberal-conservadora orteguiana no ha tenido continuadores de altura. Julián Marías intentó actualizarla y hacerla compatible con el catolicismo, pero sin demasiado éxito, porque fue incapaz de superar a su maestro. En cualquier caso, la tradición orteguiana permanece abierta, a la espera de un continuador a la altura de su creador. Y lo mismo podemos decir de la tradición empírico-positiva inaugurada por Gonzalo Fernández de la Mora. Por su parte, la Iglesia católica —hasta hace poco, el gran bastión cultural de las derechas españolas— ha sido incapaz de renovar el apoyo de las elites intelectuales. Las figuras de Pedro Laín Entralgo, Xavier Zubiri o el ya mencionado Marías han carecido igualmente de continuidad. Hoy, como señaló Ignacio Sotelo, «en algunos ambientes un intelectual de altura que además sea católico, no deja de producir una cierta sorpresa»[19]. Los intentos de creación de una *Nouvelle Droite* española, siguiendo las ideas del filósofo francés Alain de Benoist, han quedado, como demuestra la experiencia de revistas como *Punto y Coma, Hespérides* o *El Manifiesto,* paralizadas, al menos por el momento; y no es previsible que sus seguidores sean capaces, a corto plazo, de articular una alternativa político-cultural viable.

La derecha hegemónica y, si se quiere, «oficial», representada por el Partido Popular, se ha mostrado igualmente incapaz de promover un proyecto cultural digno de ese nombre. Su discurso histórico-político, sobre todo bajo el liderazgo de José María Aznar, tuvo por base un pragmatismo sin horizontes, que no dudaba en amalgamar Cánovas y Azaña[20]. A ese respecto, la labor de la Fundación para el Análisis y los Estudios Sociales (FAES), que dirige Aznar, ha sido, en nuestra opinión, infructuosa de cara a la articulación de ese necesario proyecto cultural alternativo. Por de pronto, y eso es grave, ha ignorado por completo la existencia de

---

[18] *El Imparcial,* 14-III-2008.

[19] Ignacio Sotelo, «España como problema. La reflexión política de Laín Entralgo en la España del siglo xx», en *La empresa de vivir. Estudios sobre la vida y la obra de Pedro Laín Entralgo,* Barcelona, 2003, pág. 131.

[20] Pedro Carlos González Cuevas, «El retorno de la tradición liberal-conservadora», en *Ayer,* núm. 27, 1996, págs. 71-89.

un pensamiento español de carácter liberal y conservador, limitándose a difundir y traducir la obra de algunos intelectuales franceses o norteamericanos como Jean François Rével, Guy Sorman, David Boaz, Bruce Bawer, Thomas Sowell, Nicolás Sarkozy, Philippe Nemo, etc. Los autores españoles brillan por su ausencia. Por otra parte, el acrítico seguidismo de los denominados *neo-cons* norteamericanos, como se demostró con el torpe apoyo de Aznar a la guerra de Irak, ha sido una de las causas de la actual ruina política del Partido Popular[21].

Pero, en general, la derecha actual ha tendido a sustituir al intelectual y al pensador político por el agitador mediático y el polemista. Sobran nombres, porque son de todos conocidos. Los agitadores mediáticos han sido eficaces a la hora de movilizar a los sectores conservadores de la población, pero su perspectiva político-cultural es muy limitada, por no decir superficial y sumamente tosca. Los polemistas han conseguido articular una pseudohistoriografía presuntamente «revisionista» caracterizada por el oportunismo y la superficialidad. Se trata de obras carentes de credibilidad; son un conjunto de refritos, meras síntesis en el mejor de los casos, sin originalidad ni calidad alguna[22]. De esta forma, en el mundo de la derecha, y lo mismo podríamos decir en el de la izquierda, se han impuesto la más profunda banalidad y la más chabacana mediocridad, al tiempo que se propende por parte de los agitadores mediáticos y de los polemistas a la abolición de toda jerarquía o autoridad espiritual. Ya lo dijo Ortega y Gasset en uno de sus mejores momentos: «En un país donde la masa es incapaz de humildad, entusiasmo y adoración a lo superior se dan todas las probabilidades para que los únicos escritores influyentes sean los más vulgares, es decir, los más fácilmente asimilables»[23]. Tal es, a grandes rasgos, la triste situación de la derecha española en estos momentos. La solución no puede ser otra, a nuestro modo de ver, que lo que Ortega y Gasset denominaba «imperativo de selección»,

---

[21] Un ejemplo claro es el libro del Grupo de Estudios Estratégicos, *Qué piensan los neocon españoles,* Madrid, 2006. Una lúcida crítica a los planteamientos de esta tendencia política norteamericana, en John Gray, *Contra el progreso y otras ilusiones,* Barcelona, 2006.

[22] Véase Pedro Carlos González Cuevas, «La decadencia cultural de la derecha española», en *El Catoblepas,* núm. 61, marzo de 2007, págs. 15-19. Este artículo tuvo cierta repercusión. Fue bien recibido, entre otros, por el hispanista Henry Kamen, en «El colapso de una cultura literaria», *El Mundo,* 19-XII-2007. Pero provocó las iras de un pseudohistoriador cada vez más repetitivo y cansino.

[23] José Ortega y Gasset, «España invertebrada», en *Obras Completas,* t. III, Madrid, 2004, pág. 477.

es decir, la creación de auténticas elites intelectuales capaces de educar a las masas y de perfilar proyectos políticos y culturales a la altura de los tiempos[24]. Esperemos que así sea, aunque no nos engañemos, ésta es una labor que no se improvisa.

En otro orden de cosas, es obvio que la realización de cualquier trabajo de investigación conlleva siempre para su autor el reconocimiento de haber contraído toda una serie de deudas de gratitud, derivadas del apoyo desinteresado y de la paciencia de buen número de personas. Por todo ello, no podemos por menos que dar las gracias, en primer lugar, a Isabel Varela, viuda de Fernández de la Mora, sin cuya ayuda no podría haber llevado a cabo el capítulo dedicado al que fue su marido; a Feliciano Montero, a Carmen Rivera Fernández de Velasco, a Julio de la Cueva, a Jesús del Real Sanz, Alfonso Pérez Maura, Javier Varela, Andrés de Blas, Javier Zamora, Gonzalo Fernández de la Mora y Varela, Enrique Selua, Jerónimo Molina y a José Ferrándiz Lozano.

---

[24] Ibíd., pág. 511.

Capítulo 1

Maurice Barrès y España

1.1. Una Francia convulsa

La III República francesa nació en circunstancias muy desfavorables. El 4 de septiembre de 1870 fue consecuencia de una derrota ante las armas prusianas; y no de una insurrección heroica. La represión de la Comuna de París, en mayo de 1871, superó con creces la masacre de los obreros insurgentes de junio de 1848. El gobierno firmó una paz humillante ante Alemania, con la pérdida de Alsacia y Lorena. Las leyes constitucionales de 1875 fueron fruto de un compromiso entre los republicanos y los orleanistas. La táctica de moderación de los republicanos, bajo la dirección de León Gambetta, favoreció la progresiva adhesión de las elites rurales y condujo al fracaso del conde de Chambord y de la restauración de la Monarquía. Gambetta planteó hábilmente una República conciliadora, abierta a los sectores conservadores, a través, sobre todo, del Senado. Con ello, la III República, consiguió una legitimidad que permitiría centrar su ofensiva en el clericalismo y la restauración monárquica[1]. La elección en 1879 de Jules Grévy consagró la desaparición del poder presidencial y el refuerzo de un parlamentarismo sinónimo, para no pocos, de inestabilidad y división. La política anticlerical, que se legitimaba por la alianza de los católicos con los conservadores y monár-

---

[1] Véase Jean Marie Mayeur, *Les debuts de la III Republique,* París, 1973.

quicos, alienó del nuevo régimen a un sector de la población. Jules Ferry, influido por el positivismo, inició una reforma de la escuela con el objetivo de regenerar a la sociedad francesa y reforzar su unidad, para preparar la revancha frente al enemigo alemán. A sus ojos, la misión de la escuela no era otra que ayudar a los ciudadanos a actuar según la razón, introduciendo la ciencia en la escuela. Sin embargo, para Ferry y la mayor parte de las elites republicanas, la secularización de la escuela y de la sociedad no incluía la hostilidad respecto a la religión, sino una simple neutralidad ante las creencias religiosas[2].

A lo largo de la década de los 80, la III República no estaba aún plenamente consolidada. Amplios sectores ideológicos y políticos, tanto a la derecha como a la izquierda, no estaban realmente integrados dentro del sistema parlamentario y soñaban con distintas fórmulas constitucionales alternativas. Económicamente, Francia, además del conjunto de dislocaciones vinculadas a la transición hacia una sociedad industrial, experimentaba los efectos desde 1873 de la crisis mundial, a lo que habría que añadir el *crack* financiero de 1882 y la sucesión de escándalos como los *affaires* Panamá y Wilson, que contribuyeron a desacreditar a los gobiernos republicanos. A ello se sumó el alto nivel de desempleo y la desorganización del movimiento obrero después de la represión posterior a la Comuna; lo mismo que la desfavorable situación internacional y el permanente sentimiento de revancha dominante en amplios sectores de la sociedad francesa con respecto a Alemania. En tales condiciones, el sistema político era claramente vulnerable a cualquier tipo de iniciativa extraparlamentaria. El movimiento boulangista fue la expresión de esa triple decepción ante la política social, la política exterior y el funcionamiento de las instituciones republicanas. En su origen, el boulangismo fue un movimiento de izquierda. El general Georges Boulanger había sido ministro de la guerra, desde enero de 1886, nombrado por los radicales; y consiguió rápidamente una gran popularidad personal como partidario de una política exterior firme frente a Alemania. Cesado en su cargo al año siguiente y luego pasado al retiro, Boulanger quedó libre para intervenir en política abiertamente, obteniendo una serie de victorias electorales aplastantes, que culminaron en enero de 1889, cuando, tras un rotundo triunfo, la multitud demandó que marchara al Elíseo y tomara el poder; algo que podría haber hecho, ya que disponía del apoyo

---

[2] Véase Georges Weill, *Historia de la idea laica en Francia en el siglo XIX,* Sevilla, 2006, págs. 228-280. Jean Marie Mayeur, *La separation des Eglises et de l'Etat,* París, 2005. Albert Thibaudet, *La Republique des professeurs* (1927), París, 2006.

de un considerable sector del Ejército. Sin embargo, Boulanger dudó y finalmente abandonó el intento; lo que decidió su suerte. El gobierno, tranquilizado, tomó una serie de medidas que limitaron sus posibilidades y culminaron en llevarle a juicio. Boulanger escapó a Bruselas y viajó dos años entre Bélgica y Londres antes de suicidarse en 1891. Boulanger llegó a disfrutar de la confianza de los más diversos sectores políticos, ya que aglutinaba a los demócratas decepcionados, irritados por la inestabilidad ministerial, y a los partidarios de una república presidencialista con fuertes poderes ejecutivos aunque basados en el sufragio universal; también a los bonapartistas nostálgicos de Napoleón III, a los monárquicos representados por el conde de París, etc. Boulanger era la figura que garantizaba la unidad de unas fuerzas tan heterogéneas. A su muerte, la coalición de sus seguidores pronto acabó desintegrándose[3].

Al mismo tiempo, se produjo una clara modificación del clima intelectual y moral. Los años finales del siglo, marcados por el positivismo de las elites republicanas, se caracterizaron por una reacción contra el dogmatismo exclusivo de la ciencia, en nombre de la filosofía de la vida y de la acción. En ese sentido, resultó significativa, la novela de Paul Bourget, *El Discípulo,* publicada en 1889, y que se convirtió en un modelo de literatura de tesis muy crítica con los contenidos de la enseñanza secundaria y universitaria, en la que se denunciaba a los profesores de filosofía, mostrando los errores, e incluso los crímenes, a que conducía aquel modelo de enseñanza. En esa crítica al cientificismo, destacaron otros autores como Henri Bergson, cuyos cursos en el Colegio de Francia, desde 1901, seguidos por Peguy, Sorel, Jacques y Raïsa Maritain, Psichari y Massis, fueron un acontecimiento de importancia considerable por su crítica al racionalismo positivista. A esta ofensiva antipositivista se unieron otras corrientes de pensamiento y de arte, como el simbolismo, el decadentismo, el pujante nihilismo nietzscheano, etc. Frente a la razón formal del positivismo, lo irracional resurgía[4].

En ese contexto, el llamado *affaire* Dreyfus acabó por convertirse en una especie de «mito fundador» para los sectores republicanos[5]. Conde-

---

[3] Guy Hermet, *Les populismes dans le monde. Una histoire sociologique XIX-XX siècles,* París, 2001, págs. 181-192. Zeev Sternhell, *La droite revolutionnaire 1885-1914,* París, 1997, págs. 17 y sigs.

[4] H. Stuart Hughes, *Conciencia y sociedad. La reorientación del pensamiento social europeo 1890-1930,* Madrid, 1972. John W. Burrow, *La crisis de la razón. El pensamiento europeo 1848-1914,* Barcelona, 2001.

[5] Véase Michel Winock, *La France politique. XIX-XX siècle,* París, 2003, págs. 151-165.

nado en 1894, por traición a la patria, el capitán de origen judío Alfred Dreyfus, se convirtió en el símbolo de las izquierdas republicanas frente a los sectores nacionalistas, dado que las pruebas aducidas en su contra por el tribunal militar demostraron ser falsas. El *affaire* dividió a la sociedad francesa; y supuso la movilización de los intelectuales de distinto signo político. Los dreyfusards, representados por el Partido Radical y la Liga de los Derechos del Hombre, clamaron por la revisión del proceso; mientras que los antidreyfusards, con la Liga de la Patria Francesa y la Liga de Patriotas al frente, defendieron al Ejército y denunciaron las presiones del «sindicato judío» sobre los jueces. Paul Déroulède, líder de la Liga de Patriotas, intentó desatar un golpe de Estado, con la complicidad de elementos bonapartistas y boulangistas del Ejército, pero la iniciativa no tuvo éxito[6]. El antisemitismo ocupó un lugar de primer orden en la gestación del *affaire*. Aunque la población judía en Francia no sobrepasaba las ochenta mil personas, se encontraba sólidamente situada en la banca y en los medios de comunicación; lo que provocaba el resentimiento de sus rivales franceses. Además, importantes núcleos de la sociedad francesa insistían en su extranjerismo y en su supuesto parentesco con el enemigo alemán. De hecho, en la Francia finisecular, el antisemitismo era un rasgo ideológico característico de los más diversos sectores sociales, políticos e ideológicos. Católicos, anarcosindicalistas o socialistas, contribuyeron, cada uno desde su particular perspectiva, a la extensión de los sentimientos antisemitas. Los católicos relacionaban a los judíos con las medidas secularizadoras de Jules Ferry, acreditando el dogma del complot judeomasónico como promotor del anticlericalismo. Para los sectores de la izquierda, el judaísmo se identificaba con el capitalismo, la banca y la opresión económica. Aunque a partir de la década de los años 80, el socialismo fue abandonando progresivamente el antisemitismo, éste tardaría en desaparecer. El ala izquierda de la Confederación General del Trabajo, se mostró, a lo largo del *affaire,* despectiva hacia ambas partes. Muchos socialistas radicales contemplaron la batalla entre partidarios y enemigos de Dreyfus como una pugna entre los distintos sectores de la clase dominante, incluso después de que el líder socialista Jean Jaurès se declarase en favor del militar represaliado y en contra de la «conspiración militar»[7].

Como es sabido, el *affaire* se saldó con la derrota de los sectores nacionalistas y conservadores y la victoria de los republicanos de izquier-

---

[6] Pierre Miquel, *El caso Dreyfus,* México, 1988.

[7] Véase Eugen Weber, *Francia, fin de siglo,* Madrid, 1989, págs. 160-165. León Poliakov, *Historia del antisemitismo. La Europa suicida, 1870-1933,* Barcelona, 1986.

da, que lograron consolidar el régimen parlamentario y la separación de la Iglesia y el Estado. Sin embargo, al lograr el triunfo del parlamentarismo, el *affaire* Dreyfus de ningún modo erradicó a los detractores de la III República o a los defensores del nacionalismo conservador, cuya influencia en la sociedad francesa continuó siendo considerable. Por el contrario, los excesos de los vencedores iban a servir a sus enemigos. El nacionalismo conservador tendría singular transcendencia en el posterior desarrollo de la vida política francesa. Ciertamente, a ello contribuyó en gran medida el constante peligro de guerra, que, al acreditar en la opinión pública los temas de la revancha frente a Alemania, la existencia del enemigo exterior e interior y el diagnóstico de la decadencia nacional, puso en primer plano, según las circunstancias, el nacionalismo. Así se vería finalmente en 1914.

La obra y la trayectoria política de Maurice Barrès resulta inexplicable fuera de este contexto político e intelectual. Su teorización de un nuevo nacionalismo conservador fue un intento de articular una alternativa político-cultural a las instituciones de la III República. Fue asimismo un gran hispanófilo. Su interpretación de la historia y de la realidad españolas, heredera de la tradición romántica, resultó ser igualmente el reflejo de su visión pesimista de la situación francesa. Barrès creyó ver en España a una nación resistente al proceso de racionalización económica y burocrática que, a su juicio, amenazaba a Francia. Su obra tuvo, como tendremos oportunidad de ver, una cierta repercusión entre la élite intelectual española; pero más a nivel estético y literario que propiamente político. Y es que, en España no hubo espacio político ni intelectual para una derecha de tipo barresiano.

1.2. NACIONALISMO, RELATIVISMO Y LITERATURA

Nacido en 19 de agosto de 1862, en Charnes, pequeña localidad de los Vosgos, Maurice Barrès[8] asistió, a la edad de ocho años, a la ocupación por las tropas prusianas de su región natal. Sus padres, notables de la ciudad, se vieron obligados, a lo largo de tres años, a dar albergue a un militar alemán; algo que marcó vivamente al joven Barrès, alimen-

---

[8] Sobre Barrès, véase, Albert Thibaudet, *La vie de Maurice Barrès*, París, 1921. Pierre Boisdeffre, *Maurice Barrès*, París, 1962. Jean Marie Domenach, *Barrès par lui-même*, París, 1969. Zeev Sternhell, *Maurice Barrès et le nationalisme français*, París, 1972. François Broche, *Maurice Barrès. Biographie*, París, 1987.

tando un sentimiento hostil hacia la nación alemana. Posteriormente, en sus autobiográficos *Cahiers* recordó a los soldados alemanes como unas «gruesas bestias, tan pronto desagradables como lastimeras»[9]. Después de sus estudios de Derecho y Letras en Nancy, se instaló, a los veintiún años, en París, donde comenzó a colaborar en diversas revistas literarias. Ávido lector de Stendhal, Nietzsche, Schopenhauer, Stirner, Renan, Taine, Leconte de Lisle, Victor Hugo, Augusto Comte, Anatole France, Pascal, los simbolistas y decadentistas, los comienzos de la vida intelectual de Barrès se caracterizaron por un profundo nihilismo; fue quizá el representante más extremo, junto a Gabriele D'Annunzio, del anarquismo intelectual finisecular. Su obra viene marcada por un claro inconformismo, que delatan los títulos de sus primeras obras literarias, deliberadamente provocadores: *El culto del yo, El enemigo de las leyes, Un hombre libre*. Para el joven Barrès, sólo existía una realidad tangible: el «yo»[10]. A partir de su afirmación egotista, los valores tradicionales eran rechazados: «Nuestra moral, nuestra religión, nuestro sentimiento de nación son cosas hundidas.» El mundo carecía de «reglas de vida»; y el «yo» era el creador de toda realidad, de toda verdad; pero no era «inmutable: debe defenderse cada día y cada día crearse»[11]. La tensión entre el «yo» y el mundo exterior se realiza en el enfrentamiento con los «no-yo», con los que Barrès denomina «bárbaros». El «bárbaro» es todo aquel que desafía al «yo» y su voluntad, «sea la clase vulgar o la élite, cualesquiera fuera del yo no es más que bárbaro». Los «bárbaros» son «los convencidos, los sordos y los ruidosos»[12]. De la misma forma, manifestó «su repugnancia frente las condiciones nuevas de nuestra vida francesa, donde el funcionarismo, la especialización y la dominación exclusiva del dinero acentuan cada día su progreso»[13]. En consonancia con sus planteamientos, Barrès ensayó, en su vida pública, una especie de estrategia de distinción, presentándose ante la sociedad parisina como un dandy, un elegante que desafiaba, con su actitud rebelde y nihilista, las convenciones sociales; era un rebelde, aunque no un revolucionario. En las fotos de la época, Barrès aparece como un joven de aspecto distinguido, aunque pá-

---

[9] Maurice Barrès, *Mes Cahiers 1917*. Citado en François Broche, *Maurice Barrès. Biographie,* París, 1987, pág. 31.

[10] Sobre este tema, véase Emmanuel Godo (dir.), *Ego scriptor. Maurice Barrès et l'escriture de soi,* París, 1997.

[11] Maurice Barrès, «Le Culte du Moi» (1888), en *Romans et voyages,* París, 1994. *Un hombre libre,* Valencia, 1907, pág. 31.

[12] Maurice Barrès, *Sous le soleil des barbares,* París, 1888, págs. 141 y 161.

[13] Maurice Barrès, *Taine y Renan,* París, 1922, pág. 108.

lido y delgado; con bigote, pelo oscuro y lacio; siempre perfectamente vestido, con un gesto entre ensimismado, lángido y triste[14]. Como dijo en un pasaje autobiográfico: «Los que no gustaron nunca la embriaguez de desagradar, no puede imaginar la inmensa satisfacción de mis veinticinco años: he escandalizado a las gentes; mis libros los enfurecían y su tontería me llenaba de júbilo»[15].

Pronto, sin embargo, el joven Barrès iba a abandonar esa perspectiva anarcoaristocrática y estetizante, para embarcarse, a partir de abril de 1888, en la política nacionalista, al lado del general Boulanger. Barrès conoció a Boulanger y se lanzó a la vida política, logrando rápidamente su primer éxito, al ser elegido diputado boulangista, por Nancy. Al mismo tiempo, colaboró en revistas y periódicos como *Le Courrier de l'Est y La Cocarde,* junto a otros intelectuales de distinto signo y procedencia ideológica —neocatólicos, mistralianos, socialistas y proudhonianos—, unidos en torno al nacionalismo. La epopeya boulangista terminó, como sabemos, trágicamente, pero Barrès dedicó al general una de sus primeras obras, *L'Appel au soldat,* una clara apología de la tentativa de tomar el poder por parte de Boulanger y de la idea de una «monarquía republicana». Para Barrès, Boulanger no tuvo «ninguna doctrina», «ignoró la ciencia política»; y «sus amigos no se preocuparon de dotarle de cinco o seis ideas maestras». En realidad, fue un producto de las circunstancias, y «todo flotaba a su alrededor»[16]. Para Barrès, la situación francesa exigía «suscitar un poder intelectual para orientar los destinos nacionales». Y es que Francia se encontraba, a su juicio, «disociada y descerebrada, es decir, no une sus fuerzas y carece de dirección». Ni la burocracia, ni las iglesias, ni las organizaciones económicas o los restos de la aristocracia estaban coordinadas en torno a un poder superior».

> Nuestro mal profundo es estar divididos, turbados por mil voluntades particulares, por mil imaginaciones individuales. Estamos destrozados, no tenemos un conocimiento común de nuestras metas, de nuestros recursos, de nuestros centros. Felices las naciones donde todos los movimientos están ligados, donde los esfuerzos de acuerdo, los planes hubieran estado concebidos por un cerebro superior[17].

---

[14] Broche, ob. cit., págs. 91 y sigs.

[15] Maurice Barrès, *El Culto del Yo. Un hombre libre,* Valencia, 1904, pág. 5.

[16] Maurice Barrès, «L'Appel au soldat» (1902), en *Romans et voyages,* París, 1994, págs. 835 y sigs., 1031 y sigs.

[17] Maurice Barrès, «L'Affaire Dreyfus», en *Scènes et docrines du nationalisme* (1902), París, 1984, págs. 56 y 72. *Los desarraigados* (1897), Madrid, 1996, págs. 280-282.

A partir de tales experiencias, Barrès se convirtió en el teorizante de una nueva forma de nacionalismo.

Se ha sostenido con frecuencia que Barrès no fue, a diferencia de Charles Maurras, un auténtico doctrinario político; y que en sus obras se impuso claramente la literatura sobre el pensamiento; el ensueño sobre la teoría; la suya fue más que nada, según algunos, una pedagogía lírica[18]. Sin embargo, la obra de Barrès ha soportado mejor el paso del tiempo que la de Maurras; fue mucho menos dogmático que el provenzal; y acertó a interpretar mejor que él algunos de los fenómenos políticos característicos de su época. Barrès no llegó a la teorización del nacionalismo a través de una vía pretendidamente científica, sino, siguiendo su propio esquema intelectual, sentimental, a partir del análisis de su «yo». Barrès necesitó buscar un asidero sólido a la angustia de lo efímero y banal de la existencia individual. El hallazgo de ese fundamento fue consecuencia de una revelación sentimental, que consiste en reconocerse limitado por unas realidades superiores, aunque inmanentes, mostrándose dispuesto a servirlas:

> En medio de un océano y de un sombrío misterio de olas que me estrujan, me acojo a mi concepción histórica como un naúfrago a su barca. No alcanzo el enigma del comienzo de las cosas ni este otro doloroso enigma del fin de todas ellas. Me aferro a mi pasajera integridad. Me coloco en una colectividad un poco más amplia que mi yo e invento un destino un poco más razonable que mi mezquina vida[19].

Barrès fue, desde su juventud, admirador de Taine y su método de análisis positivo de la inteligencia y de la sociedad. Ahí encontró los fundamentos de su nueva actitud:

> El individuo, su inteligencia, su facultad de comprender las leyes del universo, es necesario salir de ese engaño. La razón humana está encadenada de tal suerte que examinamos todos los pasos de los unos a los otros. Según el medio en que nos hemos desarrollado, elaboramos los juicios los razonaminentos. No somos señores de los pensamientos que nacen en nosotros. Son reacciones de los movimientos de

---

[18] Véase Pascal Ory, Jean François Sirinelli, *Los intelectuales en Francia. Del caso Dreyfus a nuestros días,* Valencia, 2007, págs. 66 y 101. Jean Marie Domenach, *Barrès par lui-même,* París, 1969, pág. 55.

[19] Maurice Barrès, *El Culto del Yo. Un hombre libre,* Valencia, 1904, pág. 17.

nuestros organismos en un medio dado. Son modos de reaccionar que son comunes a todos los seres inmersos en el mismo medio[20].

La quiebra de la subjetividad, de la razón autónoma para guiar la conducta humana en la vida convierte en el dogma fundamental del nacionalismo barresiano. El determinismo de Barrès es un determinismo psicológico, naturalista. El hombre viene al mundo como heredero y carece de capacidad para crear un mundo diferente al legado de sus antepasados. La psicología humana no sólo refleja el medio, sino que implica una forma de comportamiento. El hombre es un mecanismo determinado por su pertenencia a una colectividad dada. No aparece nunca como un ser aislado, sino que es producto del medio, del clima, de un estado general del espíritu y de las costumbres. Así, el individuo se encuentra «ligado a sus antepasados muertos, por el trabajo de los individuos y los sacrificados que le han precedido, como la piedra es el conglomerado por el martillo que ha formado el trabajo de los estratos sucesivos»[21]. La nación, por ello, no podía considerarse como un mero agregado de individuos, sino un organismo; era un fruto de la historia en la cual se revelan las leyes que deben obedecerse, y que indica los criterios de comportamiento. La nación queda definida, según la formula barresiana, por «la Tierra y los Muertos», es decir, el espacio y las tradiciones de los antepasados[22]. La nación no se identificaba con una raza particular: «Digamoslo de una vez por todas: es inexacto hablar en un sentido estricto de una raza francesa. No somos una raza, sino una nación; ella continua cada día haciéndose y bajo pena de disminuirnos, de aniquilarnos, nosotros, individuos que ella absorbe, debemos protegerla»[23]. Cuando Barrès utiliza el término «raza» no lo hará en un sentido biológico, sino como sinónimo de una colectividad que se reconoce en una tradición común. Tampoco identificó explícitamente a la nación francesa con la religión católica. Barrès consideraba el catolicismo como un elemento importante de la tradición nacional; pero percibió que la progresiva secularización de la sociedad francesa hacían ya imposible cualquier proyecto de unidad religiosa:

> Los católicos ven en el patriotismo una prolongación de la moral. Es sobre los mandamientos de la Iglesia que se fundamenta su idea de

---

[20] Maurice Barrès, *Taine et Renan,* París, 1922, pág. 65. «Nationalisme, déterminisme», en *Scènes et doctrines du nationalisme* (1902), París, 1994, pág. 18.

[21] Maurice Barrès, «Nationalisme, déterminisme», en ob. cit., pág. 20.

[22] Ibíd., pág. 12.

[23] Ibíd., pág. 20.

Patria. Pero ¿si no soy creyente? Para un cierto número de personas lo sobrenatural ha caído. Su piedad tiene un objetivo que no está en los cielos. Yo he devuelto mi piedad del cielo a la tierra, a la tierra de los muertos[24].

En gran medida, Barrès, como Maurras, transfirió los atributos divinos a la nación como sujeto cultural y político. Aunque lector apasionado de Pascal y absorto en la meditación sobre la muerte y sensible a la dimensión estética de la liturgia católica, Barrès no era creyente; y no pocas de sus obras, y en particular *La colina inspirada* o *El jardín sobre el Oronte*, consternaron a la opinión católica de su época, dado su fondo pagano y su insistencia en las fuerzas instintivas, eróticas y telúricas. Como señaló Mario Praz, Barrès fue un romántico tardío, fascinado por la decadencia, los amores incestuosos y la muerte[25]. La valoración que hizo del catolicismo fue en buena medida estética y política[26]. Su defensa de las órdenes religiosas no era sólo consecuencia de sus simpatías o de sus reflexiones íntimas, sino de cálculo político. En concreto, las órdenes católicas podían favorecer en el exterior la influencia cultural y política de Francia[27]. Y consideraba que el catolicismo proporcionaba «a las naciones una disciplina moral que hasta ahora nadie ha podido extraer de la ciencia». «¿Por qué buscar otra cosa? La verdad es lo que satisface las necesidades de nuestra alma, como un buen alimento se reconoce porque mantiene nuestra salud física»[28].

Barrès se mostraba partidario de una síntesis de todas las tradiciones francesas, desde la revolucionaria a la bonapartista, pasando por la monárquica y católica, la clásica y la romántica:

> ¿Por qué hundirnos en las vías hipotéticas donde Francia hubiera debido pasar? Vemos un provecho más cierto en confundirnos con to-

---

[24] Ibíd., págs. 13-14.

[25] Mario Praz, *La carne, la muerte y el diablo en la literatura romántica,* Barcelona, 1999, págs. 695-712.

[26] El historiador católico de la literatura Gonzague Truc señalaba significativamente: «Preguntémonos esto claramente y ya es bastante grave poder hacerse esta pregunta: siendo cristiano y patriota, ¿no fue Barrès más patriota que cristiano?» (Gonzague Truc, *Historia de la literatura católica contemporánea*, Madrid, 1961, pág. 127.

[27] Maurice Barrès, *La Grande Pitié des églises de France,* París, 1914. *Faut-il autoriser les congregations. Les frères de écoles chretiennes, les Péres Blancs, les Missionnaires africains de Lyon, les Missionnaires de Levant, les Franciscans,* París, 1924, págs. 23, 24, 57-58.

[28] Maurice Barrès, *Los desarraigados* (1897), Madrid, 1996, pág. 352.

das las horas de la historia de Francia, a vivir con todos sus muertos, a no colocarnos fuera de ninguna de sus experiencias. Entre todas estas evoluciones, que parecen contradecirse, de nuestro país después de un siglo, aquella angustia moral si es preciso que nuestra preferencia propia decida. Después de todo la Francia consular, la Francia monárquica, la Francia de 1830, la Francia de 1848, la Francia del Imperio autoritario la Francia del Imperio liberal, todas estas Francias en fin que, con una prodigiosa movilidad, van en excesos contradictorios, proceden del mismo fondo y tienden al mismo fin; son el desarrollo del mismo género y sobre un mismo árbol dan los frutos de diversas casas[29].

La consecuencia última de la lógica barresiana era el relativismo. De alguna manera, el individuo, como producto social, determinado por el medio, es incapaz, por su propia naturaleza, de desprenderse de toda una visión del mundo o de los presupuestos morales que han heredado de sus ancestros. Y, en ese sentido, plantear la posibilidad de una verdad y de una moral universales no pasaba de ser una peligrosa abstracción. Verdad y moral sólo podían contemplarse desde una postura necesariamente parcial, basada en los supuestos del interés nacional:

> ¿Qué es la verdad?... Es preciso asentarse en el punto exacto que reclaman mis ojos tal y como me lo fijan los siglos, en el punto en que todas las cosas se disponen a la medida de un francés. El conjunto de estos rendimientos justos y verdaderos entre los objetos dados y un hombre determinado, el francés, es la verdad y la justicia francesas; ver estos productos, es la razón francesa. Y el nacionalismo neto no es más que el saber de la existencia de este punto, de buscarlo y, habiéndolo alcanzado, tomar ahí nuestro arte, nuestra política y nuestras actividades[30].

A partir de tales supuestos, su participación en el affaire Dreyfus fue de una coherencia total. Barrès tuvo incluso oportunidad de esta presente en la ceremonia de degradación del oficial judío, de cuyo espectáculo dejó algunas páginas vibrantes[31]. Y pronto se convirtió, junto a Charles Maurras, en el líder intelectual de las sectores antirrevisionistas y antidreyfusards. Barrès colaboró en Liga de la Patria Francesa, que contó con la adhesión de intelectuales como Jules Lamaître, Paul Bourget, el

---

[29] Maurice Barrès, «L'Affaire Dreyfus», en *Scènes et doctrines du nationalisme* (1902), París, 1994, págs. 63-64.

[30] Maurice Barrès, «Nationalisme, determinisme», en ob. cit., pág. 15.

[31] Maurice Barrès, «L'Affaire Dreyfus», en ob. cit., págs. 99 y sigs.

duque de Broglie, José María Heredia, Frederic Mistral, León Daudet, Charles Maurras, Jules Verne, etc.[32]. Sin embargo, la cabeza política del movimiento fue Jules Lemaître, y no Barrès, a quien le correspondió la elaboración doctrinal. A su entender, Alfred Dreyfus era, ante todo, un símbolo; y poco importaba, desde una perspectiva estrictamente política, si era inocente o culpable de los cargos de alta traición que se le imputaban. El problema no era él, sino los revisionistas dreyfusianos, que, con sus ataques al Ejército, ponían en peligro la propia existencia de la nación, su independencia: «*In abstracto,* puede sostenerse cualquier teoría; puede sostenerse, según el corazón que aprecie o desprecie al Ejército, la jurisdicción militar, la lucha de raza. Pero no actúa vuestro corazón; actúa Francia y estas cuestiones deberán ser tratadas según el interés de Francia»[33]. De ahí su célebre y conocida crítica a los intelectuales partidarios de Dreyfus. Barrès acusaba a estos intelectuales de ser «logiciens de l'absolu»; los campeones de un pensamiento abstracto, ahistórico. Los intelectuales eran un grupo social que estaba «persuadido de que la sociedad debe fundarse sobre la lógica y que desconoce que ella reposa de hecho sobre necesidades anteriores y quizá extrañas a la razón individual». Su principal representante, y objeto de sus iras, era Emilio Zola, que se había distinguido en su lucha por la revisión del proceso, con su célebre artículo *J'Accuse*. Barrès, en consecuencia, le negó su condición de francés. Zola era «un hombre, pero no un francés». «Se pretende un buen francés; no juzgo sus pretensiones, ni tampoco sus intenciones. Reconozco que su dreyfusismo es el producto de su sinceridad. Pero yo contesto a esta sinceridad: hay una frontera entre usted y yo. ¿Qué frontera? Los Alpes.» A su lado, se encontraba Anatole France, al que calificó de «anarquista», y Ernest Psichari, un «meteco», un extranjero[34].

En sus campaña antidreyfusard, Barrès atacó a protestantes y judíos. No se trataba de una mera defensa del catolicismo. Desde su perspectiva relativista, se trataba de una cuestión política, no de la búsqueda de una «religión más razonable»; y es lo que, de nuevo, se encontraba en litigio era el interés nacional, ya que el protestantismo podía reducir la influencia francesa en Alsacia y Lorena, favoreciendo la ocupación alemana[35]. Con respecto a los judíos, Barrès los presentaba como un pueblo refrac-

---

[32] Jean François Rioux, *Nationalisme et conservatisme. La Ligue de la Patrie Française 1899-1904,* París, 1977, págs. 11 y sigs. Ory-Sirinelly, ob. cit., págs. 32 y sigs.

[33] Maurice Barrès, «L'Affaire Dreyfus», en ob. cit., pág. 30.

[34] Ibíd., págs. 35, 38, 42, 45.

[35] Ibíd., pág. 49.

tario al trabajo manual, al esfuerzo. El judío era «un mercader de hombres o de bienes, en caso de necesidad usurero»; nunca obrero, campesino u honesto comerciante. Además, los judíos eran un sector abiertamente cosmopolita, ajeno a la identidad francesa:

> Para nosotros, la patria es el sol y los antepasados, es la tierra y los muertos. Para ellos, el entorno donde ven su más grande interés. Sus «intelectuales» llegan así a su famosa definición: «La Patria es una idea.» Pero ¿qué idea? Aquella que les es más útil; por ejemplo, la idea de que todos los hombres son hermanos, que la nacionalidad es un prejuicio a destruir, que el honor militar apesta a sangre, que hay que desarmarlo (y no dejar otra fuerza que la del dinero)[36].

La actitud de Barrès respecto a los judíos encaja más bien, por emplear la terminología del sociólogo Zygmunt Bauman, en el rechazo del extraño que en la propiamente racista; y enlaza con las diversas tradiciones antisemitas, tanto de izquierdas como de derechas, que ven al judío no sólo al explotador económico, sino igualmente a la avanzadilla de la modernidad, la industria, el comercio y la igualdad política[37]. Además, como tendremos oportunidad de ver, sus opiniones antisemitas variarán considerablemente a la largo del tiempo. A partir del estallido de la Gran Guerra, Barrès integrará a los judíos entre las grandes familias espirituales de Francia.

Frente a los intelectuales y los sectores dreyfusistas, Barrès exaltaba como figuras ejemplares y carismáticas al nacionalista marqués de Morès, mano derecha del periodista antisemita Eduard Drumont; al general Gallieni, colonizador de Madagascar; al general Marchand, célebre por sus expediciones a África y víctima del conflicto de Fachoda con Inglaterra; todos ellos prototipos de un genuino patriotismo francés[38]. Y, sobre todo, a Napoleón, auténtico «profesor de energía» para el conjunto de los franceses:

> Cuando los años hayan destruido la obra de este gran hombre, cuando su genialidad no aconseje ya útilmente a los pensadores ni a los pueblos, porque todas las condiciones de la vida social e individual que él consideró se hayan modificado, algo, sin embargo, subsistirá:

---

[36] Ibíd., pág. 50.

[37] Zygmunt Bauman, *Modernidad y Holocausto,* Madrid, 2006, págs. 86-90. Véase también Renzo de Felice, *Storia degli ebrei italiani sotto el fascismo,* Turín, 1988, págs. vii-xix.

[38] Maurice Barrès, «Quelques bonnes figures», en *Scènes et doctrines du nationalisme* (1902), París, 1984, págs. 229-269.

su poder para multiplicar la energía. Que la elite de la humanidad, para utilizarlo según sus necesidades, lo reconozca y lo honore como tal.

A su lado, Victor Hugo: «Su fuerza mística actúa directamente sobre nuestro organismo; por la disposición y fuerza de su verbo... dilata en nosotros la facultad de sentir los secretos del pasado y los enigmas del futuro; hace que resplandezcan las etapas de nuestros orígenes y la dirección del porvenir»[39].

El nacionalismo barresiano tuvo un acusado sesgo populista. Cuando se presentó a diputado por Nancy, en 1900, se autodenominó candidato republicano-socialista-nacionalista. Y es que, a su juicio, nacionalismo y socialismo eran, a veces, sinónimos o, por lo menos, aliados: «El nacionalismo engendra necesariamente el socialismo: mejora material y moral de las clase más numerosa y más pobre.» En su opinión, el mayor error intelectual y político del socialismo marxista era su internacionalismo. Un planteamiento que era antitético de los principios políticos nacidos al calor de la Revolución de 1789, auténtico motor histórico y político del principio de las nacionalidades:

> Los pueblos liberados del contrato histórico por el derecho natural, por la Revolución, se organizan en nacionalidades. (...) La Revolución francesa ha dicho simplemente que los derechos del hombre y del ciudadano eran iguales para todos, porque son derechos que tienen la cualidad humana, pero de ello no se desprende ninguna consecuencia en la manera en que la humanidad se organiza. Invitada a organizarse, Europa se ha agrupado según el principio de nacionalidades.

Menos convincente aún era la presunción marxista de que el internacionalismo avanzaba como consecuencia del desarrollo económico y de la lucha de clases. Antes al contrario; el futuro pertenecía a la afirmación de las identidades nacionales por encima de las clases sociales y de los intereses económicos:

> ¿Qué vais a responder Jaurès? El no hace sino murmurar con disgusto: ¡patriotero!, ¡patriotero! No puede más que sustituir a la realidad y los sistemas en el aire a una tradición viviente. ¡El nacionalismo, os digo, es la ley que domina la organización de los pueblos modernos y en todas partes no vemos más que la reaparición de las nacionalidades![40].

---

[39] Maurice Barrès, *Los desarraigados* (1897), Madrid, 1996, págs. 268-269 y 452.

[40] Maurice Barrès, «Le programme de Nancy», en *Scènes...*, págs. 311-312.

Los grandes enemigos de la nación eran no sólo los intelectuales desarraigados, sino «la feudalidad financiera» y «los grandes barones de la industria», que formaban una «terrible plutocracia exótica», compuesta por la alta banca de origen protestante y judío, al lado de los «explotadores franceses que siguen el ejemplo forjado por el genio judío»[41]. Para contrarrestar esa influencia, el programa barresiano se basaba en los supuestos de «Nacionalismo, Proteccionismo y Socialismo». Y es que el objetivo del nacionalismo era «proteger a todos los nacionales contra esta invasión, y es también que debe guardarse contra el socialismo demasiado cosmopolita o a menudo demasiado alemán, que obstaculiza la defensa de la patria». Barrès denunciaba la inseguridad del obrero francés, lo mismo que la de los sectores de las clases medias y de la burguesía. Y propugnaba medidas para «asegurar la unidad de todos los franceses»: proteccionismo económico; primacía de los nacionales a la hora de ocupar los trabajos públicos; cajas de pensiones para los trabajadores; reforma de los impuestos; organización del crédito agrícola; libertad de asociación; desarrollo de la instrucción pública; revisión del texto constitucional para «dar al sufragio universal su plena y entera soberanía, sobre todo en el referendum municipal», etc.[42]. Al mismo tiempo, Barrès, enemigo del centralismo jacobino, propugnaba el refuerzo del poder regional, anteriormente provincial. Siguiendo algunos planteamientos de Taine, creía que «el dominio del Estado paraliza actualmente la espontaneidad de toda asociación, es decir, de los grupos locales y de los grupos morales». «Los dos males de mayor gravedad que sufre nuestro país, es el corte de la vida local y la incapacidad de operar espontáneamente. El grupo local, región o comuna, debería ser un sindicato de vecinos, una compañía involuntaria, una sociedad natural y limitada donde sus miembros son propietarios en común.» El ejemplo a seguir sería Suiza, modelo de república federal: «Autonomía comunal y regional en la unidad nacional, es la única solución y la mejor transición»[43].

Los temas de sus novelas de «energía nacional» son una proyección explícita de sus tesis y campañas políticas. En *El Jardín de Bérénice*, Philippe, el protagonista, descubre el alma de la raza a través de su relación con Bérénice, criatura instintiva, arraigada en la tradición de su tie-

---

[41] Ibíd., págs. 316-318.

[42] Maurice Barrès, «Le Programme de Nancy», en *Scènes et doctrines du nationalisme* (1902), París, 1994, págs. 306-308 y 327-328.

[43] Maurice Barrès, «Notes sur les idées fédéralistes», en ob. cit., págs. 341-342, 348 y sigs.

rra natal. Philippe se haya inserto en el típico conflicto barresiano, entre el «yo» y el medio. Su contacto con Berenice le reconcilia con la tradición de la patria, logrando arraigarse en el medio definido por la tierra y los muertos[44]. *Al servicio de Alemania,* narra la historia de un médico alsaciano que se niega a huir de su tierra natal invadida por Alemania; y hace el servicio militar en un regimiento germano, saliendo finalmente de ese ambiente hostil tan alsaciano y francés como el primer día. La misma trama nacionalista puede percibirse en *Colette Baudoche,* una joven alsaciana que acepta contraer matrimonio con un profesor alemán; pero que, al asistir a una misa en sufragio de los soldados franceses caídos en defensa de Metz, las almas de los muertos se le aparecen; y tras esa experiencia, a la salida de la catedral, la joven se niega a casarse con su novio[45]. Más ambiciosa e importante fue otra de sus novelas, *Los desarraigados,* obra dedicada a Paul Bourget, donde critica la moral impartida en los institutos franceses durante III República. Uno de los personajes, Paul Bouteiller, seguidor de Gambetta, era el representante del profesorado republicano formado en el kantismo; un hombre capaz de seducir, con sus buenas maneras, al conjunto de su alumnado. Para Barrès, la moral kantiana impartida en las escuelas era un instrumento de desarraigo y alienación:

> Hay en esta regla moral un elemento de estoicismo, y también un elemento de gran orgullo —puesto que equivale a decir que se puede conocer la regla aplicable a todos los hombres—, y además un germen de intolerancia fanática —puesto que concebir una regla común a todos los hombres es estar firmemente tentado a someterlos a ella por su bien—, hay en fin un desconocimiento total de los derechos de los individuos, de todo lo que la vida entraña de variado, de poco análogo, de espontáneo en mil direcciones diversas.

Esa moral tenía como consecuencia la supresión de «la conciencia nacional, es decir, el sentimiento de que exista un pasado del propio cantón natal y el placer por ligarse a este pasado más próximo»[46]. El destino ulterior de los siete protagonistas centrales de la novela, todos jóvenes formados por Boutelier, está en función de su capacidad para apartarse o no de sus enseñanzas perjudiciales.

---

[44] Maurice Barrès, «Le Jardin de Bérénice», en *Roman et voyages,* París, 1994, págs. 189-257.

[45] Maurice Barrès, *Al servicio de Alemania. Colette Baudoche,* Valencia, 1918.

[46] Maurice Barrès, *Los desarraigados* (1897), Madrid, 1996, págs. 106 y 119.

Pese a su enemistad hacia la III República, Barrès nunca fue monárquico. Cuando Charles Maurras le propuso militar en *L'Action française* y que colaborase en la restauración de la Monarquía tradicional, Barrès respondió que los monárquicos en Francia eran muy poco numerosos, que no existía una auténtica aristocracia, y que la Revolución y la III República eran ya hechos consumados. Y, en ese sentido, escribió a Maurras:

> Ya que no podeis lograr lo que os parece razonable sea aceptado por todos, ¿por qué no procurais que lo que la mayoría acepte se haga razonable? En la cima del Estado, la autoridad; en la base y en los grupos, la descentralización: he aquí unas reformas compatibles con el sistema republicano y que garantizarían el desarrollo de las fuerzas francesas, hoy gravemente debilitadas[47].

Con todo, Maurras consideró a Barrès uno de los padres del nuevo nacionalismo francés. Sus artículos en el *Figaro* y el *Journal*, su revista la *Cocarde*, inauguraron una campaña en favor de la nación francesa. Su novela *Los desarraigados* aportaba, a juicio de Maurras, «una primera solución», el provincialismo; y una política de autoridad, en *L'Appel au soldat*. No obstante, el provenzal acusaba a Barrès de inconsecuencia política. Para él, la restauración de Francia era inseparable del advenimiento de la Monarquía tradicional. Sus objeciones no le parecían incontestables. En primer lugar, era cierto que la aristocracia francesa estaba «harto desorganizada»; pero «si no lo estuviese, si pudiéramos disponer de una selección hereditaria poderosa, es cuando podríamos tener en Francia República». Con respecto al retorno de la Monarquía, podía parecer «a distancia un hecho extraordinario, pero lo extraordinario es lo único que ocurre. Lo ordinario no ocurre, *es*. De modo que es un cálculo erróneo el que establece que nada puede reemplazar a aquello que *es* actualmente»[48].

Pese a la derrota política de los sectores antidreyfusards, Barrès consolidó su posición intelectual y política. En 1906, fue designado miembro de la Academia, en sustitución del poeta franco-cubano José María Heredia, leyendo su discurso de recepción el 17 de enero del año siguiente. Y logró salir elegido diputado por París, conservando el escaño

---

[47] Inserto en Charles Maurras, *Encuesta sobre la Monarquía*, Madrid, 1935, pág. 303.

[48] Charles Maurras, *Encuesta...*, págs. 664-670. Véase también Henri Massis, *La vida intelectual de Francia en tiempo de Maurras*, Madrid, 1956, págs. 79-110. Y *La Republique ou le Roi. Correspondance inédite 1883-1923. Correspondance Barrès-Maurras*, París, 1970.

hasta su muerte. Barrès nunca ocultó su prevención hacia el sistema parlamentario y hacia los políticos profesionales. De ahí su afirmación de que no estaba seguro de la lealtad de los políticos parlamentarios, porque no podía asegurarse que «lo que hacen sea la expresión completa de su pensamiento»[49]. Especialmente resonante fue su intervención parlamentaria en contra del traslado de los restos mortales de Emilio Zola al Panteón de los Hombres Ilustres, porque era una inconveniencia hacer desfilar a las tropas francesas ante el féretro del escritor que, durante el *affaire* Dreyfus, les había ofendido. Poco después, defendió, en otra de sus intervenciones, a la Iglesia católica, con motivo de una nueva ley sobre bienes eclesiásticos. Barrès se interesó, sobre todo, por la conservación de los templos y los edificios religiosos, que no estaría asegurada por sus principales usuarios y, por lo tanto, cada vez dejaría más de desear. Lo que podría provocar la ruina de las iglesias. Y, en ese sentido, dijo: «La faz de Francia ha sido transformada por el derrumbamiento de nuestras iglesias. No es solo una religión que se hunde, es una civilización, una forma de comprender a Francia»[50]. Otra de sus intervenciones más polémicas fue con ocasión del bicentenario de Jean Jacques Rousseau, en junio de 1912, cuando se negó a votar los créditos que el gobierno pedía para homenajear al escritor ginebrino. Barrès se declaraba admirador del «artista, todo pasión y todo sensibilidad, el músico, podría decirse, de los *Ensueños de un paseante solitario,* de las *Confesiones* y de la *Nueva Eloísa»;* pero juzgaba nefasta la influencia de su doctrina política que, llevada hasta sus últimos límites, conducía a la anarquía[51].

A la muerte de Paul Déroulède, en julio de 1914, Barrès fue elegido por unanimidad presidente de la Liga de los Patriotas. Su primera declaración fue el deseo de unión de todas las fuerzas políticas francesas, frente a la cada vez más clara amenaza de Alemania: «Republicanos, bonapartistas, legitimistas, orleanistas, no estarán aquí, entre nosotros, más que de nombre. Es Patriota el nombre de familia.» La Liga debía estar «por encima de los partidos». Poco después moría asesinado por un nacionalista, su viejo adversario el líder socialista Jean Jaurès. Barrès expresó en una carta su condolencia a la hija del tribuno socialista: «El asesinato bajo el que sucumbe, cuando la unión de todos los franceses está

---

[49] Maurice Barrès, «Nationalisme, déterminisme», en *Scènes et doctrines du nationalisme* (1902), París, 1984, pág. 10.

[50] Véase François Broche, *Maurice Barrès. Biographie,* París, 1987, págs. 411-413.

[51] Maurice Barrès, *Le Bicentenaire de Jean-Jacques Rousseau,* París, 1912, págs. 25 y sigs.

lograda, levanta el duelo nacional.» Ante el estallido de la Gran Guerra, su obsesión fue la recuperación de Alsacia y Lorena: «Revancha de Alsacia, revancha del Ejército»[52].

A partir de estonces, Barrès se convirtió en el prototipo del «escritor patriota». Dedicó 269 artículos a la contienda en *L'Echo de París;* y algunos periódicos le denominaron, por ello, «el literato del territorio», reivindicando explícitamente la «tarea de animador patriótico»[53]. La guerra, para Barrès, suponía la resurrección del espíritu nacional. Francia había sido, a su juicio, la primera nación europea que tuvo «la idea de que formaba una patria», pero, sobre todo desde 1870, se había sumido en la frivolidad, entregando al «instinto y a la pasión la conducta de su vida; su fin supremo era la dicha, y se iba a París a participar en esa dicha». El estallido de la contienda lo había cambiado todo. El estado de ánimo del conjunto de los franceses se transformó ante la amenaza alemana, resucitando su ancestral patriotismo y el afán de victoria. De nuevo, la tierra y los muertos inspiraban la actividad del conjunto de la población:

> ¡Mes de agosto de 1914! Resuena el llamamiento a las armas. Las campanas de todas las aldeas, oscilan sobre la vieja iglesia cuyo cimiento reposa en medio de los muertos. Han vuelto a ser de repente las voces de la tierra de Francia. Convocan a los hombres, compadecen a las mujeres; su clamor es tan fuerte que parece quebrar la piedra de las tumbas, y enseguida hace salir del corazón francés todo lo que éste encierra[54].

Su mayor preocupación fue garantizar la «Unión Sagrada» entre los franceses. La guerra debía suponer la «unanimidad profunda» en favor de la continuidad de Francia como nación; de ahí la necesidad de que las pugnas intestinas desaparecieran. Católicos, protestantes, judíos, socialistas y tradicionalistas, es decir, las diversas familias espirituales de Francia, al defender la patria común, defendían, en el fondo, «su fe particular». Lo que no suponía «renegar de nuestras creencias»; tampoco «ningún olvido de lo que hacía vivir nuestras conciencias». «Cada fami-

---

[52] Maurice Barrès, *L'Ame française et la guerre. L'Union Sacrée,* París, 1915, págs. 1-2, 2-3 y 39.

[53] Véase Pascal Ory-Jean François Sirinelli, *Los intelectuales en Francia. Del caso Dreyfus a nuestros días,* Valencia, 2007, págs. 88 y sigs.

[54] Maurice Barrès, *Los rasgos eternos de Francia,* Barcelona, 1917, págs. 6 y 8.

lia espiritual ha de mantener sus derechos, pero bajo su forma más pura y por ello mismo ha de verse muy próxima a la de las otras familias que habían creído enemigas.» Y es que Francia era «superior a nuestros pequeños intereses personales y un cierto instinto nos hace aceptar alegremente el sacrificio activo de nosotros mismos en el triunfo de este ideal». A partir de la experiencia bélica, Barrès renunció a su anterior antisemitismo. El lorenés quedó conmovido ante el ejemplo del viejo rabino Abraham Bloch que ayudó a morir a un soldado católico; y dijo:

> Un largo cortejo de ejemplos nos viene a demostrar que Israel se comporta en esta guerra para probar su gratitud hacia Francia. Poco a poco, nos percatamos; aquí la fraternidad se ve espontáneamente con su gesto perfecto: el viejo rabino presentando al soldado que muere el signo inmortal de Cristo sobre la cruz, es una imagen que no morirá nunca[55].

Al mismo tiempo, era necesario que Francia se reconociera en «caballero de la justicia», en «el campeón de Dios». «Nos hace falta estar persuadidos de que luchamos contra los bárbaros, el Islam antes, hoy el Pangermanismo o contra los déspotas, militarismo prusiano o imperialismo alemán. Los franceses al defender Francia han creído casi siempre luchar y sufrir porque la humanidad fuese más bella»[56].

Tras la victoria de los aliados en 1918, Francia recuperó Alsacia-Lorena, lo que significó, para Barrès, según dijo a su amigo español Alberto Insúa, «la hora suprema de la revancha»[57]. En noviembre, tuvo oportunidad de visitar su Alsacia recuperada. Y en las elecciones de 1919, fue elegido diputado por la lista del Bloque Nacional. No cejó en su pasión antigermana. Celebró el Tratado de Versalles, cuyo contenido revanchista apoyó como diputado. Y, en el Parlamento, dijo: «No es hora de examinar la conveniencia de las condiciones que han sido fijadas a Alemania... Los aliados no pueden tolerar que Alemania no ejecute las cláusulas del Tratado de Versalles... Si aflojamos sobre cualquier punto, será todo el Tratado el que dejará de existir.» De la misma forma, fue el adalid de la campaña en favor de una política internacional centrada en

---

[55] Maurice Barrès, *Les diverses familles spirituelles de la France* (1917), París, 1930, págs. 53, 73, 204-205.

[56] Maurice Barrès, *Los rasgos eternos de Francia*, Barcelona, 1917, pág. 40.

[57] Alberto Insúa, *Amor, viajes y literatura. Memorias*, t. III, Madrid, 1959, pág. 7.

Renania, clave para la contención de Alemania y para la seguridad e influencia de Francia en Europa[58].

Su influencia literaria e ideológica continuó en algunos de los representantes de la joven élite intelectual francesa. Pierre Drieu La Rochelle, François Mauriac, Henry de Montherlant, André Gide y otros se declararon sus discípulos. En obras como *Gilles,* de Drieu de La Rochelle, o *Los bestiarios,* de Montherlant, puede percibirse la influencia barresiana en su interpretación de la realidad española. No obstante, Barrès fue objeto de acerbas críticas por parte de los jovenes representantes de la vanguardia, y en particular de los dadaístas, que, bajo la presidencia de André Breton, organizaron un tribunal para juzgar su figura y su obra, colocando en el banco de los acusados un maniquí representando al autor de *Los desarraigados,* perseguido bajo la acusación de «crimen contra la seguridad del espíritu». Tristan de Tzara le acusó de ser «el más grande cerdo», «el más grande canalla»[59]. Sin embargo, una personalidad tan relevante para el futuro de Francia, como Charles de Gaulle, no fue tampoco inmune a la influencia barresiana. Desde su juventud, De Gaulle fue lector apasionado del escritor alsaciano; y más tarde se suscribió a la edición de sus obras completas. De Gaulle valoraba en Barrès su aceptación del legado de la Revolución y del Imperio napoleónico; su fe republicana y sus desdén hacia el parlamentarismo[60]. No deja de ser significativoque el primer biógrafo del general fuese el hijo de Barrès, Philippe, quien, en 1941, publicó, en Montreal, *Charles de Gaulle.* Barrès fue un ferviente gaullista, aunque posteriormente quedó muy decepcionado por la actitud del dirigente francés ante la independencia de Argelia[61].

1.3. UNA VISIÓN DE ESPAÑA

En una entusiasta semblanza de Barrès, Vicente Blasco Ibáñez, unido al escritor francés por una común militancia aliadófila, pero no en ideales políticos, señalaba: «La pluma de Barrès es en Francia una pluma española. La vida presente de España y su antigua literatura le han

---

[58] Maurice Barrès, *La politique Rhénana. Discours parlamentaires,* París, 1922, págs. 6, 49 y sigs.

[59] Broche, ob. cit., págs. 520-521.

[60] Véase Jerôme Grondeux, «Maurice Barrès», en *Dictionnaire De Gaulle,* París, 2006, págs. 93-94.

[61] Véase Jean-Luc Barré, «Philippe Barrès», en ob. cit., pág. 95.

dado tema para numerosos estudios.» Y, en una conversación, Barrès le dijo al valenciano: «De no ser francés hubiera querido ser español. Si algún día tengo que abandonar mi patria, iré a vivir a España»[62]. Lo cierto es que Barrès no hablaba bien el castellano. Según confesó a su amigo Alberto Insúa, conocía el idioma lo suficiente «para hacerse entender en los hoteles y que leía *pas mal,* pero con la ayuda del diccionario»[63]. Los estantes de su biblioteca, señalaba Blasco Ibáñez, estaban ocupados por «centenares de volúmenes españoles, desde los autores del Siglo de Oro hasta los modernos estudios de Menéndez Pelayo»[64]. Desde su juventud, había manifestado su admiración por los místicos españoles, por Teresa de Jesús e Ignacio de Loyola. Sus *Ejercicios espirituales,* a través de cuya lectura se podía experimentar una depuración del «yo», era «el libro de la sequedad, pero infinitamente fecundo, cuya mecánica fue siempre para mí las más inquietante de mis lecturas; libro de deleitante y de fanático». «Aumenta mi escepticismo y mi desprecio; desmorona todo lo que se respeta, al mismo tiempo que conforta mi deseo de entusiasmo; sabría hacerme hombre libre, todopoderoso sobre mí mismo»[65].

Su imagen de España era deudora, en el fondo, de la visión romántica creada por no pocos de sus compatriotas, a partir del siglo XIX, como Chateaubriand, Merimée, Gautier, Bizet, etc. España representaba la antítesis de todo lo que Barrès despreciaba en su patria: el prosaísmo, la mediocridad, el espíritu burgués, la moral abstracta y desarraigada. Próxima y lejana a un tiempo, su España imaginada se caracterizaba por su exotismo, por la contraposición entre misticismo y voluptuosidad, por la peligrosidad, por el primitivismo, por los valores puramente vitales y elementales de la sangre y de la muerte. Y es que históricamente, España era fruto de la fusión entre Castilla y Andalucía o, lo que es lo mismo, de Oriente y Occidente. Lo que tenía como consecuencia sus rasgos acusadamente antimodernos y su idiosincrática rebeldía frente al proceso de racionalización económico-burocrático característico de otros países del entorno europeo: «España es un gran recurso para romper con la atonía. No conozco un sólo país en que la vida tenga tanto sabor. Despierta al hombre más dominado por la administración moderna. (...) Es un África

---

[62] Vicente Blasco Ibáñez, «Maurice Barrès», en *Al servicio de Alemania. Colette Baudoche,* Valencia, 1918, págs. 24-25. Blasco reprochaba, por otra parte, a Barrès su militancia antidreyfusard y sus críticas a Zola y Rousseau (ibíd., págs. 5-6).

[63] Alberto Insúa, *Memorias,* t. II. Madrid, 1953, págs. 157 y sigs.

[64] Blasco Ibáñez, ob. cit., págs. 24-25.

[65] Maurice Barrès, *El Culto del Yo. Un hombre libre,* Valencia, 1904, pág. 39.

que deja en el alma una especie de furor tan rápido como una guindilla en la boca»[66]. «¡No me hableis de Alemania, ni de Inglaterra!», dirá. Porque, para Barrès, los hombres del Norte se encontraban hundidos en «la mediocridad del trabajo y de los contactos profesionales iluminados por pequeñas chispas»[67]. Sin embargo, en alguna ocasión, percibió que, bajo el manto del misticismo religioso, se encontraban valores más apegados a los valores modernos de racionalización económica: «Los conventos de ascetismo fueron, en realidad, colmenas de trabajo y de buena administración.» Las enseñanzas de Santa Teresa y de Loyola lograron cristalizar en esos ámbitos «las cualidades de la organización que reencontramos en estos prodigiosos trabajadores, los Colbert y los Necker, empleados de Napoleón. Para Loyola, la misma clarividencia y la sensatez pertinaz unidas en las exaltaciones de un visionario»[68].

Barrès visitó España en cuatro ocasiones, en 1892, 1893, 1895 y 1902, fruto de las cuales son los textos donde ofreció su interpretación de la realidad española. La mayoría de ellos formaban parte del volumen más amplio *Du sang, de la volupté et de la mort*. En *Un amateur d'âmes*, contempla, por vez primera, el paisaje del Toledo y el río Tajo, que «están entre las cosas más apasionadas y más tristes del mundo». Toledo le producía entonces «una impresión de energía y pasión»; era «un lugar significativo para el alma», «una imagen de la exaltación en la soledad, un grito en el desierto». El protagonista del cuento, Delrío cree que la estancia en España sería beneficiosa para su hermana enferma, Pía, ya que era «el país más desenfrenado del mundo». «En sus artes, en sus costumbres, los españoles no salen a buscar la medianía a las dos de la tarde; bajo un cielo de color violento, se acomodan a sus sensaciones. Es un país para el salvaje que no sabe nada o para la filosofía que está hastiada de todo, menos de la energía.» Con todo, España era un país vitalmente dual. El norte se caracterizaba por «la sequedad: aún así sabrosa, porque esta desecación está hecha de sensibilidad contraida». El centro representaba «la sensualidad», que arrastra «al sentido de la naturaleza». «En este doble país, por un lado todo blandura y por nada de energía; la lucha eterna de castellanos contra moros, contra el encantamiento de Andalucía.» Delrío y su hermana contemplaban, en su viaje, el monasterio de El Escorial, «lugar de esteticismo, la realización en granito del estado de

---

[66] Maurice Barrès, «En Espagne, Avril-mai 1892», *Du sang, du volupté et de la mort*, en *Romans et voyages*, París, 1994, págs. 414.

[67] Ibíd., págs. 413.

[68] Ibíd., págs. 418.

ánimo que la nación católica de la muerte le impuso al genio castellano», «cuartel de abstracción», «que nos coloca a las afueras del tiempo y nos aporta un sentimiento independiente de todo accidente individual». «El oro sobre los osarios es todo el divertimiento que El Escorial debe ofrecer a la imaginación.» Ante tal espectáculo, Pía desfalleció «por una mezcla de fatiga y miedo»; una situación que, en el fondo, le satisfacía: «Es aquí donde encuentro lo mejor como tú me eres único en este mundo.» Pero poco después se trasladan a Granada, cuyo encanto se encontraba en «los árboles más bellos del norte y las aguas más vivas bajo un sol africano». «Su nombre atrae al universo, pero no es más que una carpa en un oasis y, bajo el parasol deliciosamente bordado, una de las almohadas más blandas del mundo.» Mientras caminaban por el Generalife, se dedicaron a leer algunas piezas del teatro español del Siglo de Oro —Cervantes, Vélez de Guevara, Lope de Vega, Tirso de Molina—; todas ellas tenían la virtud de unir el catolicismo y la sensualidad; lo que seducía a Pía, porque «tenía un corazón que latía tan rápido como el de esos hombres y esas mujeres, y su imaginación, como la de ellos, superaba rápidamente cinco o seis asociaciones de ideas para alcanzar impresiones extensas». En la visita al Albaicín pudieron contemplar el elemental ímpetu de los gitanos, «mendigos semidesnudos de todos los sexos», que encarnan «los desórdenes del deseo y las humillaciones que arrastran consigo ciertas partes confusas de nuestra sangre». Al regresar a Toledo, Pía muere, tras confesar al protagonista el incestuoso amor que siente por él. Prueba, en fin, de «una voluptuosidad más que ávida»[69].

En otro de los cuentos, Toledo aparece como una especie de tónico de voluntad para la joven Berenice:

> En Toledo, pequeña mía, te habría hecho cocer por el sol. Te veo por la noche de un día de calor infernal, sentada o más bien recostada sobre la puerta de Bisagra, en la terraza más alta desde la que la ciudad domina el barranco respirando el frescor que asciende desde los barrizales del Tajo, mientras que frente a ti, la espalda pelada de la dura pendiente, doblada ante el clima como un mulo, contribuye aún más con su ahogo a tu desfallecimiento.

El contacto con el paisaje de la ciudad del Tajo, la habría convertido en «un animalillo alegre, libre, duramente herido por las reglas»; hubiese amado «el Inconsciente», arrojándose «con urgencia a los brazos de

---

[69] Maurice Barrès, «Un amateur dâmes», en ob. cit., págs. 351-370.

hombres apasionados». En definitiva, Toledo hubiese sido, para Berenice, «una jaula conveniente en extremo»[70].

No menos vitales y exóticas resultaban a sus ojos las ciudades de Córdoba y Sevilla. «Córdoba antigua, mezcla de leyendas romanas y moras, ¡siniestra y atractiva en la historia como un anillo en un charco de sangre!» Su visión de Sevilla era muy semejante a la de Merimée. No por casualidad, el primer lugar que visitó de la ciudad fue la célebre Fábrica de Tabacos, donde tuvo la ocasión de observar a «cerca de cinco mil mujeres, las famosas cigarreras sevillanas que, con un alboroto inaudito de cánticos y comadreos, enrollaban puros y cigarros con hojas de tabaco». La Fábrica se convertía, así, en «verdadero establo de amor».

> ¡Cinco mil sevillanas! que, en estos talleres constantemente refrescados con agua y sembrados de un excitante polvo de tabaco, están a medio vestir y dejan ver, sin más incomodidad que la de sus incomparables ojos, sus hermosos cabellos o sus pequeñas manos morenas, sus brazos redondos, sus senos dorados, todo el escote, las pantorrillas, y por aquí y por allá esas bonitas joyas de nombres demasiado poco amables como para que me aventure a degradar esta cuadro.

Igualmente significativa fue su visita al Hospital de la Caridad, seducido por la figura de Miguel de Mañara, supuesto inspirador de la figura de Don Juan. Barrès se detiene y extasía ante el cuadro de Valdés Leal *Finis Gloriae Mundi,* típica representación barroca acerca de la caducidad de la vida, que le provoca «un ávido placer en los horrores de la descomposición».

> Estos espantos atraen a seres que han agotado muchas de las maneras de emocionarse. Los sacude por un momento, les distrae, despierta su sensibilidad gastada en el restos de los puntos. La voluptuosidad y la muerte, un amante, un esqueleto, son las únicas fuentes serias que logran sacudir nuestra pobre máquina que todo lo agota; y otra vez, ¡bien rápido que nos quedamos dormidos a su lado!

En la línea de Chateaubrinad, Barrès comparaba Mañara con Rancé, el fundador de la orden de La Trapa, en su juventud tan pecador como el español: «Uno y otro se consagran a prácticas ascéticas. ¡Como me gustaría inclinarme sobre sus ojos en el instante mismo en que sus cadáve-

---

[70] Maurice Barrès, «Excuses a Bérénice», en ob. cit., págs. 401-403.

res se reflejan transformados de manera brusca como seres!» Y con su admirado Pascal: «Este Don Juan que, sin duda, no escribió los *Provinciales,* pero que argumentaba de manera apasionada y que, también él, para convertirse, estableció su terror a la muerte y su desencanto como base de su fe, no me desconcierto cuando sus rasgos, ennoblecidos por la agonía, adquieren un aire familiar con los del febril Pascal.» Lo que no dejaba de asombrar a Barrès era que los restos y la máscara del gran pecador se encontraran entonces bajo el control de las Hermanas de la Caridad; algo que no podía interpretarse sino como un contrasentido y una paradoja. Don Juan estaba «prisionero de frías vírgenes», para las que su reproducción estaba «prohibida». El barrio sevillano de Triana le hizo disfrutar de «lo pintoresco de los gitanos, con sus borricos y la basura amontonada, y me retrasaba en las iglesias siempre frescas e inesperadas»; «mendigos que rezaban, obreros agotados que esperaban el tranvía, muchachas medio desnudas con sus bastardos, vendedoras de frutas; todo lleno de moscas y del hedor de la descomposición». Pero Sevilla, como ciudad española, tenía una tradición más específica: las corridas de toros, «la banalidad de España, como las góndolas lo son en Venecia». «El largo grito que cada pueblo lanza al aire cuando se reúne en torno a su circo y cae su toro es el signo más vehemente de la sensibilidad española»[71].

El Greco o el secreto de Toledo supone el culmen de la hispanofilia barresiana. A la hora de escribir la obra, Barrès contó con la inestimable ayuda de Francisco Navarro Ledesma —biógrafo de Cervantes y en 1893 director del Museo Provincial de la ciudad del Tajo— y de Aureliano de Beruete, pintor relacionado con la Institución Libre de Enseñanza, y muy influido por la visión de España y de su paisaje defendida por los krausistas. Ambos autores «tradujeron» Toledo al escritor francés[72]. Cuando Barrès visita Toledo y se interesa por la pintura de El Greco, tanto la ciudad como el pintor cretense se hallaban en alza entre los intelectuales españoles. Desde finales de siglo, el tema de las «ciudades muertas», típicamente decadentista, era principal objeto de interés de los escritores, como lo demuestra el éxito de la novela de Georges Rodenbach, *Brujas-la-Muerta*[73]. El propio Barrès había buscado en Venecia, como luego hizo en Toledo, la «ruina romántica», producto de una irreversible, pero, en el fondo, estéticamente gratificante deca-

---

[71] Maurice Barrès, «En Espagne. Avril-mai 1892», en ob. cit., págs. 401-414.

[72] Véase Alberto Insúa, *Memorias,* t. II, Madrid, 1953, págs. 157-158.

[73] Véase Hans Hinterhaüser, «Ciudades muertas», en *Fin de siglo. Figuras y mitos,* Madrid, 1980, págs. 41 y sigs.

dencia[74]. Además, Toledo fue redescubierta por los representantes del espíritu noventayochista, como Pío Baroja, en su obra *Camino de perfección;* Azorín, en *La voluntad;* y Blasco Ibáñez, en *La catedral.* Por otra parte, El Greco superó el olvido de que fue víctima, gracias a los esfuerzos del institucionista Manuel Bartolomé de Cossío y de Navarro Ledesma, o de pintores como el catalán Santiago Rusiñol. Como señalara Azorín: «El "descubrimiento" del Greco realizado por estos escritos se halla enlazado con el entusiasmo por las viejas ciudades españolas y, en especial, por Toledo. De entonces arranca la preocupación en el arte —poesía, novela, pintura— por el paisaje castellano y por las vetustas ciudades»[75].

El libro de Barrès es inseparable de este contexto cultural. Escrita en 1913, *El Greco o el secreto de Toledo* fue publicada en España el año siguiente, con una traducción y un prólogo del escritor Alberto Insúa, a quien Barrès había prologado la edición francesa de su novela *Las flechas del amor.* Insúa fue el escritor español más relacionado con Barrès, a quien había conocido en París en el invierno de 1913. Le recibió en su despacho de diputado sito frente al Mercado Central, «en un caserón vetusto y algo sombrío, entre balzaciano y zolesco». «No era aquello *Le coeur* sino *Le ventre* de París.» «En venideras ocasiones, le vi en su propia casa, en la sala de los *pas perdus* de la Cámara, en la redacción de *L' Écho de París* y en la exposición de pintura española que se efectuó en la Petit Palais, a los pocos meses del armisticio.» «Era —continuaba Insúa— el Barrès todavía *dandy,* del famoso lienzo de Zuloaga. El Barrès enjuto y cetrino que recordaba en algo al perfil de Cartesio. El Barrès del mechón, ala de cuervo en la línea diagonal sobre la frente huidiza. Sin la lumbre de sus ojos, la vibración refrenada de toda su persona y la energía de su voz chirriante, me hubiera parecido enteco. Su vigor era voluntario: predominio del espíritu sobre la materia.» Insúa se había familiarizado con la obra de Barrès gracias a la influencia de Bernardo G. Candamo[76].

En la primera parte de la obra, Barrès narra su visita a la iglesia de Santo Tomé, «obra maestra de un sentimiento católico y árabe a la vez».

---

[74] Maurice Barrès, *La mort de Venise,* París, 1921. *El Culto del Yo. Un hombre libre,* Valencia, 1904, págs. 161 y sigs.

[75] Azorín, «El tricentenario del Greco», en *Clásicos y modernos,* Buenos Aires, 1971, págs. 105-106. «Azorín», «La luna de Toledo», en *Valencia y Madrid,* Madrid, 2005, págs. 232 y sigs. Gregorio Marañón, *El Toledo del Greco,* Madrid, 1956, págs. 7 y sigs.

[76] Alberto Insúa, «Barrès y la canción de España», prólogo a *El Greco o el secreto de Toledo,* Buenos Aires, 1948, págs. 10-11. Alberto Insúa, *Memorias,* t. I, Madrid, 1952, pág. 472.

Al contemplar *El entierro del Conde de Orgaz,* el escritor francés creía sentirse «delante de un alma fuerte y singular, de la que si es razonable sentir desconfianza, es más razonable escuchar atentamente los secretos». Toledo era «el alma de España». De ahí su sincero amor a la ciudad: «He vivido en éste una vida especial, abandonada a las influencias del ambiente, de tal modo, que en mi memoria algunas de esas horas, aproximándome a los cuadros del Greco, forman como una prolongación de su obra.» Y es que, tras pasar por Burgos, «gótica y glacial»; por Valladolid, «donde se arrumban todos los muñecos de sacristía»; o por Ávila, en Toledo, Barrès creía respirar «el Oriente». La ciudad representaba una tradición poco menos que intemporal: «En tiempos del Greco era la misma ciudad que yo veo ahora; era el mismo río que corre delante de mis ojos.» Toledo representaba el «soberbio diálogo entre la cultura cristiana y la árabe, que se atacan y se confunden luego». «Nitidez, inmovilidad», tales eran sus características esenciales. Lo que se reflejaba en su catedral, «la perfecta imagen de la nacionalidad española.» «Aquí todo proclama el triunfo de la orgullosa iglesia militante que creó esta alma compuesta.» Las calles eran, en cambio, un trasunto de su componente oriental y africano: «África resucita en los escombros de los palacios castellanos. Una canción oriental, aquella misma que cantaba sempiternamente mi cochero del camino de Esparta, se eleva en medio de lugares para afirmar la raza indeleble.» «Y si yo —continuaba Barrès— en Toledo no tengo jamás frío en el corazón ni tedio en la mirada es porque a cada paso contemplo en él la contienda más hermosa del romanismo y del semitismo: un elemento árabe o judío que persiste bajo la espesura del barniz católico.» El Cristo de la Luz, antigua mezquita convertida en iglesia, era una obra realizada por artífices católicos, según «unos planos donde se reconoce un pensamiento árabe»; y en San Juan de los Reyes, los escudos existían como elementos decorativos orientales: «¡Escudos pensados en árabe! ¡Qué rica complejidad en el alma de los artífices!» Y es que, a pesar de la Inquisición y los esfuerzos católicos, la ciudad seguía ofreciendo y revelando «un alma oriental». De ahí que Theotocópuli y su pintura reflejaran mejor que nadie el «secreto» toledano, porque a través de su ascendencia greco-bizantina podía interpretar mejor que nadie la parte semítica existente en Toledo, que, unida al catolicismo, tenía como síntesis el misticismo:

> Esos cuerpos que parecen estirarse hacia el cielo no son sino almas que se purifican, se transforman. Sobre las ruinas del egoísmo vencido ganan los reinos del espíritu. (...) Los toledanos, hincados de

rodillas entre las losas de sus iglesias, pasan horas y horas ante las verdades teológicas de tan buen grado como los orientales frente a las decoraciones entrecruzadas de sus murallas. Una simple colgadura de cuero cae entre su placer contemplativo y las calles, cuyo propio ruido no consiguen alejar[77].

El prólogo de Alberto Insúa era una lúcida y exhaustiva introducción al conjunto de la obra de Barrès, al que presentaba al público español como un «profundo estilista». «¡Oh estilista! ¡Oh estilizador extraordinario de amarguras y ensueños mentales!» Destacaba, además, su influencia en algunos escritores españoles como Ortega y Gasset y Azorín; pero juzgaba «simplista» la tesis nacionalista defendida en la novela *Colette Baudoche*. A su entender, Barrès era un escritor que requería «una clave», «un aprendizaje», porque era un «hombre de secretos, de laberintos espirituales»[78].

De esta forma, Barrès se convirtió en el intérprete por antonomasia de Toledo y de la pintura de el Greco. En 1913, su amigo el pintor Ignacio Zuloaga, tan querido por algunos intelectuales noventayochistas, llevó a cabo su proyecto de hacer un retrato del escritor francés. En el lienzo aparecía Barrès con su libro sobre *El Greco* en la mano, ante un esplendoroso Toledo. Su amante Anna de Noaïlles y el novelista argentino Enrique Larreta solían asistir a las sesiones de pose, que fueron, al parecer, una docena. «¡Imaginaos —decía Zuloaga—. Estos tres cerebros, sus conversaciones infinitas y prodigiosas! Estaba en perpetua admiración.» El artista vasco aseguraba a Barrès que, en el fondo, físicamente era un español, con su nariz, su mecha negra y, por debajo de todo aquello, la «ferocidad en la cara»; y el lorenés estaba encantado. El retrato, que media dos metros cuarenta centímetros, dejó muy satisfecho al escritor[79].

No fue Zuloaga el único en defender el carácter hispano de la fisonomía barresiana. En su semblanza del lorenés, Vicente Blasco Ibáñez afirmó: «La cabeza de Barrès es una cabeza de criollo de las Antillas, de moro de ciudad, fino y exagüe, de judío rico levantino, hasta si se quiere de hidalgo castellano subido de color y opulento en narices, de los que nos pintó el Greco; de todo lo que se quiera menos de francés; y espe-

---

[77] Maurice Barrès, *El Greco o el secreto de Toledo,* Madrid, 1914.
[78] Alberto Insúa, Prólogo a *El Greco o el secreto de Toledo,* de Maurice Barrès, Madrid, 1914, págs. 5-14.
[79] Véase François Broche, *Maurice Barrès. Biographie,* París, 1987, pág. 449.

cialmente de francés del Norte, vecino de Alemania.» «Su tez pálida tiene el mismo tono verde oliva que caracteriza a los portugueses. Sus ojos son semitas, y además hay en él la nariz, la inconfundible nariz, enorme, audaz, ganchuda, semejante a los picos de ciertas aves de pelea, y que ocupa gran parte del rostro»[80].

1.4. BARRÈS VISTO POR LOS ESPAÑOLES

La figura y la obra de Barrès tenían, por fuerza, que suscitar el interés de un sector importante de la élite intelectual española. Su egotismo, su obsesión nacional, su esteticismo, coincidían, en gran medida, con algunos de los ingredientes de lo que se ha denominado «espiritu» del 98[81]. Como el escritor francés, los noventayochistas intentaron en su juventud llamar la atención, epatar; y utilizaron recursos efectistas como el monóculo y el paraguas de Azorín; la boina de Baroja; la barba nazarena de Valle-Inclán y el cuellialto chaleco de Unamuno; pero ninguno cayó en el dandysmo de que hizo gala el joven Barrès. Sin embargo, la influencia barresiana en España fue más a nivel literario y estético que propiamente político, si excluimos el caso catalán. Y es que la situación francesa y española eran muy distintas. España carecía de un enemigo exterior como Alemania; y tampoco existía el problema judío. Además, las derechas españolas eran mayoritariamente católicas y monárquicas; mientras que Barrès era agnóstico y republicano. De ahí que a nivel político e ideológico la repercusión de Barrès fuera mucho menor que la de Maurras. No existía un espacio intelectual o político para una derecha de tipo barresiano. A ello se unió, lo que también le diferenciaba de Maurras, la soledad del escritor lorenés, que no dejó una doctrina política acabada y sistemática; menos aún una escuela de pensamiento que continuara su obra.

El noventayochista español más interesado por Barrès fue José Martínez Ruiz, Azorín. El anarquismo intelectual del lorenés guarda no pocas analogías con el del joven alicantino. Y lo mismo puede decirse de su ulterior evolución hacia el conservadurismo y el nacionalismo. Muy compenetrado con la cultura francesa, Azorín se ocupó en más de una

---

[80] Vicente Blasco Ibáñez, «Maurice Barrès», en *Al servicio de Alemania. Colette Baudoche,* Valencia, 1918, pág. 6. «Parece un cuervo mojado», dijo Ramón María del Valle-Inclán, al ver a Barrès durante un viaje a Francia, durante la Gran Guerra. Véase Melchor Fernández Almagro, *Vida y literatura de Valle-Inclán,* Pamplona, 2007, pág. 136.

[81] Véase Gonzalo Fernández de la Mora, *Ortega y el 98,* Madrid, 1979, págs. 81-96. Javier Varela, *La novela de España,* Madrid, 1999, págs. 170 y sigs.

ocasión de la obra de Barrès, sobre todo en su etapa de militancia conservadora y de adhesión a Juan de la Cierva. En su significativo libro *Un discurso de La Cierva,* el alicantino propugnó un auténtico proyecto conservador en la línea del «tradicionalismo positivista» de Taine, Renan y Maurras; pero no olvidó a Barrès. Y es que el proyecto conservador debía abarcar tanto la estética como la política y la sociología. Y la estética conservadora debía reposar en el lema barresiano de la «tierra y los muertos», como base de la nación[82].

Al mismo tiempo, el alicantino se ocupó de la trayectoria de Barrès, haciéndose eco de la polémica que había suscitado en la sociedad francesa la aparición de su obra *La colina inspirada.* Barrès representaba «ciertas aspiraciones de una burguesía no monárquica, pero sí tradicionalista y católica». Y la obra había sido acogida «con grandes muestras de admiración y simpatía»; pero tampoco habían faltado «elementos de extrema derecha que han mostrado ante la novela, si no franca hostilidad, por lo menos significativo recelo». Y es que, a su juicio, el Barrès de 1913 no difería del de 1892. Su tradicionalismo era «sentimental» y «determinista»; pero por debajo de ese conservadurismo, de su adoración por la disciplina y de su defensa del catolicismo, las huellas de Goethe y Stendhal «no han desaparecido aún en absoluto de la obra de Barrès». «Mauricio Barrès no puede ser considerado el "anarquista" de 1892 ni puede ser clasificado entre los ortodoxos a lo Bourget. ¡Extraña posición espiritual!»[83]. Con motivo de la publicación de un libro de Victor Giraud sobre el escritor francés, Azorín hizo una especie de balance de la producción barresiana. Al hacer referencia a su primera época, la del anarquismo individualista, el alicantino vino a realizar, en el fondo, un análisis de su propia trayectoria:

> Mauricio Barrès, inteligencia de primer orden, llega joven, ambicioso de gloria, a París. Su ansia ferviente es ser célebre, conquistar la gloria. Como otros han echado por otro camino (el del escándalo, por ejemplo), Barrès ha escogido este de las sutilezas y las complicaciones... y bien miradas todas estas ideologías de Barrès tienen un poquito de Gedeón o del capitán La Paliza. ¿Qué joven fuerte, original, impetuoso como Barrès no se han anunciado como un desenfrenado individualista? La inteligencia, el genio son siempre individualistas.

---

[82] Azorín, *Un discurso de La Cierva,* Madrid, 1914, págs. 87-88, 148-149.

[83] «Barrès o la autonomía espiritual», *ABC,* 14-XII-1913. «El espíritu de Barrès», *La Vanguardia,* 8-V-1913.

Barrès eleva a sistema su instintiva impetuosidad. Su primitivo individualismo es el individualismo de todos los hombres inteligentes, de un Montaigne, de un Pascal, de un Racine. Pero Barrès, gran artista, va avanzando en la vida; Barrès observa el mundo y trata a los hombres; los años van pasando. Entonces el artista va viendo que en el mundo su yo no existiría si no hubieran existido los otros yo de las generaciones anteriores. Las niñerías primitivas, la petulancia juvenil desaparece en Barrès. El escritor realiza un gran acto transcendental: incorpora su yo al conjunto social.

El Barrès nacionalista se había convertido, así, en «un maravilloso ensoñador de modalidad germánica», cuyo encanto descansaba en su «vaguedad sentimental», su «tinte de melancolía, de afectividad y de pasión difusa, nebulosa». Por último, Azorín hizo referencia a la visión barresiana de España. De su obra *Du sang, de la volupté et de la mort* destacaba sus páginas dedicadas a Córdoba; y de su libro sobre Toledo decía que «hay de todo»[84]. Durante su estancia en París a lo largo de la Gran Guerra, Azorín no dió excesiva importancia a Barrès. Recordó a Renan, Taine, Jaurès; y el centro de su atención fue Maurras, a quien visitó en los locales de *L'Action française*. No sólo apenas mencionó a Barrès, sino que censuró su antigermanismo militante durante la contienda:

> Las afirmaciones que en Francia se está haciendo respecto a los alemanes tienen salvada, archisalvada excusa; que un Barrès diga lo que está diciendo diariamente en *El Eco de París,* ¿no será natural y lógico, aun tratándose de espíritu bien fino, selecto y ecuánime? La intensidad del dolor lo justifica todo, pero en España debemos proceder con más serenidad. Antes de pasar por delante: en la misma Francia se han puesto también correctivos a ciertos tópicos.

El alicantino creía que, como neutrales en el conflicto, los españoles debían ver *«como complementarios* el pensamiento francés y el pensamiento alemán»; y ponía como ejemplo a las figuras de Taine y Renan, cuya obra era inseparable de la influencia alemana[85].

Como afirmó en una ocasión José Luis López Aranguren, Miguel de Unamuno veía España «como pudieron verla un Barrès, un Verhaeren,

---

[84] «Lecturas francesas. Mauricio Barrès», *La Prensa,* Buenos Aires, 16-VII-1922.

[85] Azorín, *Con bandera de Francia,* Madrid, 1950, pág. 22.

un Larreta o un Zuloaga»[86]. Resulta evidente que el desarrollo de obras como *En torno al casticismo* tienen no pocas analogías con el método barresiano. Pero el vasco nunca congenió con las ideas políticas del lorenés. Unamuno buscaba dar fundamento a una nueva idea de nación española, oponiendo al concepto de tradición el de «intrahistoria» como «sustancia del progreso, la verdadera tradición, la tradición eterna, no tradición mentida que se suele ir a buscar al pasado enterrado en libros y papeles, y monumentos y piedras». En lo que Unamuno venía a coincidir con Barrès era en la vía propuesta para acceder a esa «intrahistoria», a través de una relectura vitalista de las tesis positivistas de Taine, según las cuales el pasado y el presente forman una sola y única realidad, dada la similitud de los condicionamientos geográficos y raciales que vienen conformando los más remotos orígenes hasta el momento actual. Pero en aquellos momentos, el pensador vasco se consideraba un regeneracionista liberal; y veía la «intrahistoria» como una vía mediante la cual los intelectuales europeístas entrarían en contacto con la realidad profunda española y a partir de él lograr la transformación de la sociedad[87]. En lo que Unamuno se mostró intransigente hacia Barrès y el conjunto del nacionalismo conservador francés fue ante su utilización del catolicismo como *instrumentum regni*[88]. Lo que se hizo más patente cuando Azorín publicó su libro *Un discurso de La Cierva,* cuyas invocaciones a «la tierra y los muertos» escandalizaron al catedrático de Salamanca:

> ¡La tierra y los muertos!, exclama Barrès, y esa fórmula sagrada de la realidad y de la continuidad le sirve a nuestro Azorín para símbolo del conservadurismo. Y al oirla surgió al punto en mi espíritu el símbolo del liberalismo, de la doctrina de la personalidad frente a la realidad, de la renovación —y si se prefiere la revolución— frente a la continuidad, del ideal frente al interés. Y fue ésta: la Humanidad y los vivos. Frente a la tierra, la Humanidad, y frente a los muertos, los vivos[89].

Muy crítico con el nacionalismo barresiano se mostró, aunque por motivos distintos, Pío Baroja. A diferencia de la mayoría de los noventa-

---

[86] José Luis López Aranguren, «Catolicismo y protestantismo como formas de existencia», en *Obras,* Madrid, 1965, págs. 192-193.

[87] Miguel de Unamuno, *En torno al casticismo* (1895), Madrid, 2002, págs. 78, 82 y sigs.

[88] Miguel de Unamuno, «El Rousseau de Lemaître», en *Ensayos,* t. II, Madrid, 1964, págs. 1120 y sigs.

[89] «La Humanidad y los vivos», *La Nación,* Buenos Aires, 4-I-1915. Miguel de Unamuno, *Pensamiento político,* Madrid, 1964, págs. 471-473.

yochistas, el escritor vasco fue un ferviente germanófilo durante la Gran Guerra. A su entender, Alemania era el auténtico bastión del progreso y de la modernidad económica y tecnológica. Curiosamente, en su juventud, Baroja expresó un egotismo semejante al de Barrès. Su «culto del yo» era una afirmación de «nuestras ansias de poder, de amor, de orgullo»[90]. Baroja consideraba a Francia «una gran nación, quizás la primera nación del mundo; pero creemos también que no ha fecundado a España, que no la ha servido, que no la ha ayudado». La auténtica necesidad que experimentaba España era la de «crear una ideología nacional moderna, saltar por encima de las ideas francesas que no nos convienen»[91]. En contraste, Alemania podía convertirse en el ejemplo a seguir por los españoles. Y es que, a diferencia de lo defendido por los germanófilos españoles, como el tradicionalista Vázquez de Mella, Alemania significaba ciencia, industria, secularización, frente a todo lo cual la retórica de «Paul Bourget o de Barrès» no era más que «la eterna bazofia del drapeau, del honneur, de la patrie, de la bravure, etc., etc.». Y concluía: «Si hay algún país que pueda acabar con la vieja retórica, con el viejo tradicionalismo español, soez y grosero, con toda la sarna semítica y latina, es Alemania»[92].

No existen en la obra de Ramiro de Maeztu demasiadas menciones a la obra y a la figura de Barrès. Sin embargo, como en el caso de Azorín, existen no pocas analogías entre ambos. En sus comienzos, Maeztu fue, como Barrès, un anarquista intelectual, a la vez que nacionalista español. La juventud del vitoriano se caracterizó por su nietzscheanismo y su darwinismo radicales. Sus ídolos intelectuales eran Schopenhauer, Huxley, Benjamin Kidd, H. G. Wells, D'Annunzio, Sudermann, Novicow, Ibsen, Malthus, Stirner, Spencer; pero nunca mencionó a Barrès[93]. Por otra parte, su nacionalismo era distinto del barresiano; se caracterizaba por el dinamismo y afán modernizador, antitradicional centrado en factores de cohesión y desarrollo económico[94]. Además, durante el affaire Dreyfus, Maeztu estuvo —como otros noventayochistas— a favor del oficial judío, cuya defensa demostraba que «entre muchas cobardías

---

[90] Pío Baroja, «El culto del yo», en El tablado de Arlequín, Madrid, 1982, pág. 47.

[91] Pío Baroja, «Nuestra francofobia», en Nuevo tablado de Arlequín, Madrid, 1982, pág. 149.

[92] Pío Baroja, «Cosas del mundo», en Nuevo tablado de Arlequín, Madrid, 1982, pág. 184.

[93] Véase Pedro Carlos González Cuevas, Maeztu. Biografía de un nacionalista español, Madrid, 2003, págs. 47-58.

[94] Ramiro de Maeztu, Hacia otra España, Madrid, 1899.

y miserias, aún son posibles las generosidades». Y cuando Dreyfus fue absuelto, estimó que la causa de la justicia había triunfado, y que gracias al veredicto, el Ejército francés, «que amenazaba convertirse en privilegio, será, como ha de ser, un servicio, pero ello redundará, principalmente, en beneficio de la fuerza armada»[95]. Por otra parte, Maeztu rechazaba los estereotipos dominantes en el imaginario francés respecto a España y los españoles: «Nos tienen acostumbrados los franceses a relatos fantasmagóricos; somos para ellos el pueblo de las guitarras y de los toreros, del fanatismo y del valor, del clima tropical, de la pereza musulmana, de la Inquisición y de las navajas en la liga»[96].

Sin embargo, llegó a tener una buena opinión del Barrès escritor; y no dudó en recomendar las lectura de sus obras al poeta Ramón de Basterra, porque encarnaba «la palabra precisa y sorprendente»[97]. Durante su estancia en Gran Bretaña, consideró a Hilaire Belloc «el Maurice Barrès de Inglaterra, pero un Barrès tiene que diferenciarse —añadía— bastante del francés»; era un Barrès «más lírico y menos literario, más entusiasta y menos irónico»; «más popular y menos egotista», «más práctico, más sincero y más eficaz, pero menos esteta y menos distinguido»[98].

En su etapa conservadora, Maeztu fue comparado con el escritor francés por Ernesto Giménez Caballero, quien veía en el pensador vasco un «perfil barresiano», cuya muestra era su proyecto de articular un ideal nacional, antiindividualista y lejano al romanticismo noventayochista, y que estaba presente en su libro *Don Quijote, Don Juan y la Celestina*[99]. Sin embargo, Maeztu apenas nombró a Barrès en los escritos de esa nueva etapa, que culmina con su asesinato en 1936. Sus interlocutores básicos fueron Sardinha, Spengler y Maurras. La excepción fue un párrafo en su *Defensa de la Hispanidad,* donde criticaba, como haría con Maurras y Cánovas, su nacionalismo omnicomprensivo, al tiempo que interpretaba positivamente su concepto de tradición nacional:

> Quizá penetrara mejor en el espíritu de las naciones Mauricio Barrès al definirlas como «la tierra y los muertos», aunque tampoco se

---

[95] «La decadencia de París», *El Imparcial,* 1-IV-1901. «La absolución de Dreyfus», *La Correspondencia de España,* 17-VII-1906.

[96] «Los obreros intelectuales», *El Imparcial,* 23-I-1902.

[97] «Ramón de Basterra», *Diario de Navarra,* 3-II-1933.

[98] «Los fondos secretos», *La Correspondencia de España,* 25-II-1908. «La censura teatral», *Nuevo Mundo,* 8-II-1912.

[99] «El 98 pelao», *El Sol,* 19-XII-1925. Ernesto Giménez Caballero, *Carteles,* Madrid, 1927, págs. 125-127.

le ha de entender al pie de la letra, porque en ese caso describirían sus palabras más la esencia de un cementerio que la de una nación. Los muertos de Barrès no son los cadáveres, sino las obras, las hazañas, los ideales de las generaciones pasadas, en cuanto marcan orientaciones y valores para la presente y los que han de sucederla[100].

Mayor afinidad política e ideológica mostró hacia Barrès el escritor y periodista José María Salaverría, cuyo obra ha sido relacionado en alguna ocasión con la del lorenés. No en vano Ramón Gómez de la Serna concibió al escritor vasco como un «profesor de energía» que merecía ser comparado con Barrès y Maurras[101]. Como Barrès y los escritores noventayochistas, Salaverría pasó por una etapa dominada por el egotismo y el nihilismo a otra caracterizada por la afirmación del nacionalismo español[102]. En sus reflexiones político-intelectuales, Salaverría consideraba que la derecha española había perdido, desde la muerte de Cánovas, todo horizonte intelectual; lo que contrastaba con el éxito del conservadurismo en Francia entre las gentes de letras, como lo demostraba la influencia de Maurras, Péguy o Barrès: «Este elemento cultural, fino, universitario y fogoso, es el que les falta a las derechas españolas»[103].

Salaverría se sintió más influido por Maurras, pero la huella de Barrès está igualmente presente en su obra. Salaverría interpretaba el hecho nacional en un sentido muy próximo al lorenés, como la cristalización de una realidad política y vital definida por el espacio territorial y las tradiciones vividas a lo largo de la historia:

> El país de nuestros antepasados será también la tierra de nuestros hijos, y esa tierra sagrada en que la suerte nos hizo nacer no podemos considerarla como una expresión fría y como un simple territorio material donde respiramos y vivimos. La tierra de nuestros mayores nos pertenece, pero nosotros le pertenecemos a ella con mayor motivo, porque el prestigio de nuestra Patria nos hace mejores, su historia nos ennoblece, su honor nos hace respetables, y sus armas defenderán nuestra vida, nuestro trabajo y nuestra propia dignidad[104].

---

[100] Ramiro de Maeztu, «Defensa de la Hispanidad» (1934), en *Obra,* Madrid, 1974, pág. 986.

[101] Véase Beatrice Petriz Ramos, *Introducción crítico-biográfica a José María Salaverría (1873-1940),* Madrid, 1960, pág. 14.

[102] Véase Francisco Caudet Roca, *Vida y obra de José María Salaverría,* Madrid, 1972, págs. 1-37.

[103] «Doctrina conservadora», *ABC,* 9-XII-1916.

[104] José María Salaverría, *El muchacho español,* Madrid, 1918, pág. 7.

De estirpe barresiana es igualmente su crítica a los intelectuales europeístas y cosmopolitas como *logiciens de l'absolu*. La crítica de Salaverría se centró en la llamada «generación del 98», representante, a su entender, de posturas antipatrióticas, antimilitaristas, derrotistas y puramente negativas, generadoras de decadencia y de pesimismo:

> Los europeizantes del 98 carecían de la virtud esencial; no sentían de ningún modo confianza en sí mismos, en cuanto españoles; empezaban a mirar a su patria con ojos de extranjero, y como todo lo habían aprendido en textos extraños, veían a su nación previamente humillada y disminuida. Si hubieran ido de España a Europa, de dentro hacia afuera, se podría haber pensado en su renacimiento; pero partían de fuera, pensaban posible traer a Europa de una vez y por golpe de Estado[105].

No obstante, a lo largo de la Gran Guerra, el escritor vasco fue un germanófilo radical. En sus crónicas como corresponsal de guerra presentaba a Francia como una nación frívola y mezquina; y exaltó las hazañas militares de los soldados alemanes. Y señaló: «No puede Francia perder jamás su civilización gracias al contacto con Alemania... La mejor suerte de Francia es tener a Alemania en un costado»[106]. Paradójicamente, descubrió *L'Action française* y a Maurras durante su estancia en el París asediado[107]. Sin embargo, podemos percibir cierta influencia barresiana en una de sus últimas obras, *El instante dramático,* donde Salaverría se mostró muy hostil hacia la II República y su clase política, en la que vió «una mezcla de radicalismo francés del tipo dreyfusista envuelta en una especie de ensalada rusa»[108].

Líder espiritual de la llamada «generación del 14», José Ortega y Gasset fue un hombre de formación francesa. Entre sus lecturas juveniles, estuvieron Renan, Taine, Gobineau, Chateaubriand y, por supuesto, Barrès. El lorenés tuvo una influencia nada desdeñable en la formación del madrileño. Su obra, dirá Ortega, «nos obliga a remover, en tanto le discutimos, las cenizas originales en el sacro altar grecolatino». Sin embargo, como admirador de la cultura alemana, censuró el «chauvinismo indelicado» que se desprendía de la tesis de su novela *Colette Baudoche.* De la misma forma manifestó si oposición al egotismo barresiano, «que

---

[105] José María Salaverría, *La afirmación española,* Barcelona, 1917, pág. 55.
[106] José María Salaverría, *Cuadros europeos,* Madrid, 1916, pág. 205.
[107] «El luchador pertinaz», *ABC,* Sevilla, 18-V-1938.
[108] José María Salaverría, *El instante dramático,* Madrid, 1934, pág. 29.

no es ley, sino barbarie»[109]. Su desdén hacia el «culto del yo» venía de lejos. En una carta a su amigo Navarro Ledesma. Ortega calificaba a Barrès de «comerciante», «boulevader», por su defensa del «yoísmo», para él «un sistema de fabricación de monstruos chinos»[110]. Celebró, en cambio, la publicación de *El Greco o el secreto de Toledo,* donde Barrès, «árbitro de las elegancias continentales», había hecho ingresar a Theotocópuli en «la conciencia europea»[111]. Barrès representaba, era el símbolo del poder social que los intelectuales disfrutaban en Francia. Tanto Anatole France como él eran «cimas del paisaje literario», ante las cuales el francés medio sentía «el místico contacto con una fuerza gigantesca»[112].

Con motivo de la muerte del escritor francés, Ortega y Gasset le dedicó, en uno de los primeros números de su flamante *Revista de Occidente,* una severa necrológica. No había duda de que con Barrès se consumía «la fauna maravillosa de los semidioses literarios que comienza con Chateaubriand». Su estilo era «un estilo sexual», cargado de «voluptuosidad»; era «el último feudal literario». Y confesaba que en su juventud fue «un delirante lector de Barrès»; pero en aquellos momentos encontraba sus libros «deshabitados y como llenos de ausencia». «No hallo en ellos más que formalismos melódicos, gestos inválidos de marchita gracia ornamental.» «Antes que poético, su lirismo es de actor. No crea, representa. Necesita de un público urgentemente, hasta el punto que de la mitad de sí mismo hizo un espectador ante el cual gesticulaba su otra mitad.» El otro error fue su dedicación a la política: «Cuando un escritor no se contenta con ser escritor, sino que aspira a ser héroe, hay vehemente sospecha de que no tiene limpia su conciencia literaria, que su inspiración no satura su sensibilidad ni la nutre suficientemente.» Tal era el caso de Byron, Chateaubriand o D'Annunzio, «todos ellos llenos de remordimientos estéticos». «La consecuencia de esta deslealtad al arte —continuaba el filósofo madrileño— es trágica. La política anula la poesía de que aún es capaz el escritor. Así Barrès se ha ido paralizando poéticamente conforme avanzaba en los escalafones políticos. (...) Sus to-

---

[109] José Ortega y Gasset, «Renan», «Al margen del libro Colette Baudoche, de Maurice Barrès» (1909), en *Obras Completas,* t. II, Madrid, 2004, págs. 33, 53-57.

[110] Carta 4-VIII-1905. Inserta en José Ortega y Gasset, *Cartas de un joven español,* Madrid, 1991, páginas 639-640.

[111] «El Greco en Alemania», *La Prensa,* 28-XI-1911. José Ortega y Gasset, *Obras Completas,* t. I, Madrid, 2004, pág. 525.

[112] «El poder social», *El Sol,* 30-X-1927. José Ortega y Gasset, *Obras Completas,* t. IV, Madrid, 2004, pág. 96.

mos de escritos sobre la guerra obrarán como un lastre plúmbeo que puede arrastrar el resto de su prosa hasta el fondo del olvido.» En fin; lo peor de Barrès eran sus ideas: «El "culto del yo", "la tierra y los muertos" son lúcidos animales sobre los cuales ha caracoleado en sus campañas.» Las tesis barresianas contra la educación kantiana defendidas en *Los desarraigados* eran meramente formales, sin contenido positivo: «En vez de una doctrina positiva, hallamos solo una frase formal e inane, un formalismo más estéril aún que el del imperativo kantiano, al cual pretende sustituir.» «Barrès no ha extraído nada sustancial de los clásicos franceses, y del que más ha estimado, de Pascal, sólo ha aprendido qu'il faut s'abêtir.» En su opinión, de Barrès sólo podía salvarse la «gracia verbal». «Diez años antes de morirse, Barrès no significaba ya nada importante para las nuevas generaciones»[113].

Sin embargo, en las reflexiones de Ortega y Gasset sobre la vida y la obra de Barrès existía una profunda contradicción. Quizás el filósofo sangraba por la herida del fracaso de su Liga de Educación Política, fundada en 1914. Pero, paradójicamente, luego reincidiría en su vocación política a lo largo de la crisis de la Dictadura primorriverista y en los inicios de la II República, abogando por un sistema político presidencialista y descentralizado[114].

Otro miembro de la denominada «generación del 14» interesado por la obra y la figura de Barrès fue Manuel Azaña, al que algunos autores han considerado «príncipe de nuestros francófilos»[115]. Como en el caso de Ortega, desde su niñez, según narra en una novela de claros perfiles autobiográficos, fue un lector voraz de la literatura francesa[116]. A ese respecto, se ha hablado del «barresismo» del escritor y político alcalaíno[117]. A la muerte de Barrès, Azaña le dedicó un artículo en la revista *España*, en el que decía aborrecer al «Barrès sectario, agitador y proselitista, voluntariamente obcecado por la pasión nacional». Su etapa nacionalista era, en su opinión, «la menos brillante», la que se «ha de apagar primero... y la menos noble». «Pero —añadía Azaña— su testimonio es tan significativo, y ha resonado tanto en algunas almas, que el recordarlo es

[113] «Maurice Barrès», *Revista de Occidente,* diciembre de 1923. José Ortega y Gasset, *Obras Completas,* t. V, Madrid, 2004, págs. 156-159.

[114] José Ortega y Gasset, *Vieja y nueva política* (1914), Madrid, 1973. *Rectificación de la República* (1932), Madrid, 1972.

[115] Antonio Tovar, Prólogo a *España ante Francia,* de Hans Jurechscke, Madrid, 1940, pág. XVI.

[116] Manuel Azaña, *El jardín de los frailes* (1923), Madrid, 1981, pág. 17.

[117] Véase Juan Marichal, *La vocación de Manuel Azaña,* Madrid, 1968, págs. 75-77.

avivar las formas de sentir de una generación ya en el ocaso.» Fue «un gran artista». Su nacionalismo era «peculiar, de su invención», «romántico», obra de «un lírico», cuyo punto de vista era, a diferencia del sustentado por Charles Maurras, «puramente subjetivo»[118]. No era la primera vez que Azaña se ocupaba de Barrès. En 1919, había publicado sus *Estudios de política francesa contemporánea,* donde dedicó un capítulo al nacionalismo barresiano, cuya influencia en la sociedad española recaía, sobre todo, en el nacionalismo catalán, considerando que era «fácil hallar en las polémicas que estremecen al Principado teorías y fórmulas que son casi una traducción de las fórmulas y de las doctrinas barresistas»[119].

Y no le faltaba razón al escritor alcalaíno. Sin embargo, Barrès no simpatizó excesivamente con el catalanismo. En marzo de 1895 fue invitado a la sesión inaugural de la constitución de la Asociación Popular Regionalista, pero no asistió. Su visita al Principado tuvo lugar un mes después, en abril; lo que fue bien recibido por algunos representantes del catalanismo, como Narciso Verdaguer i Callís, que le dedicó un extenso editorial en *La Veu de Catalunya*[120]. No obstante, Barrès, según expresó a Henri Charriaut, biógrafo de Alfonso XIII, no veía en el catalanismo más que un movimiento «muy egoísta en su espíritu que propicia a las buenas voluntades de la joven España una anarquía irritante mucho más que una disciplina fecunda». Para él, Cataluña se mostraba exasperada por haber perdido en el Desastre de 1898 Cuba y Filipinas que eran «el mejor mercado para sus productos de fábrica». Y es que los catalanes eran, sobre todo, «gentes prácticas».

> Ellos saben que no se nutren de historia, ni de poesía, ni de sueños. Aman las artes. Uno de sus jefes, el señor Rusiñol, es pintor y escritor. Pero no entienden subordinar los negocios a las artes ni a la política. Quieren ponerse al nivel de otros pueblos como los ingleses, los alemanes, los belgas, los franceses, y se cansan de tener a remolque a todas las otras regiones de España, fijadas en un estático sueño. De ahí el movimiento esencialmente realista que les pone a trabajar, al mismo tiempo que disminuye en ellos el sentimiento de la patria una e indivisible[121].

---

[118] «Maurice Barrès y el nacionalismo determinista», *España,* 15-XII-1923. Manuel Azaña, *Obras Completas,* t. I, Madrid, 1990, págs. 253-256.

[119] Manuel Azaña, «Estudios de política francesa contemporánea» (1919), en *Obras Completas,* t. I, Madrid, 1990, pág. 357.

[120] Véase Joaquim Coll i Amargós, *Narcís Verdaguer i Callís i el catalanisme possibilista,* Abadia de Montserrat, 1998, pág. 347.

[121] Henri Charriaut, *Alphonse XIII intime,* París, 1908, pág. 163.

Como en el caso francés, Barrès veía en su regionalismo federalista una posible solución al problema catalán:

> El federalismo, no es sólo para la política interior, es una política de exportación que tendrá resonancia sobre Alemania, que, se olvida a menudo, es un imperio federal; sobre Austria, donde se impone; sobre Italia, donde reaparece para el mayor bien de la civilización italiana y para nuestra seguridad; sobre España, donde Cataluña lo reclama; sobre las Islas Británicas, donde resolvería la cuestión irlandesa[122].

Fue esta última faceta la que más interesó a los catalanista. *La Veu de Catalunya* publicó algunos artículos y conferencias de Barrès sobre temas centrados en el regionalismo[123]. La juventud catalanista celebró igualmente las tesis defendidas por Barrès en *Los desarraigados*. Y, además, los nacionalistas catalanes defendieron, al estallar el affaire Dreyfus, posturas abiertamente antisemitas y antidreyfusards[124]. El líder de la Lliga Regionalista, Francecs Cambó, consideró, por aquellas fechas, a Barrès como uno de «los maestros de mi juventud»[125].

Y en no pocas ocasiones el nombre de Barrès apareció en los escritos de Eugenio D'Ors, maître-à-penser del movimiento Noucentista. D'Ors nunca conoció personalmente a Barrès, pero tuvo ocasión de verle, por vez primera, en el entierro del poeta Jean Moréas. Durante el sepelio, Barrès pronunció unas palabras; y le oyó una afirmación que nunca olvidaría: «El francés es radical-socialista»[126]. A pesar de que el escritor francés ejerció una cierta influencia en su pensamiento, D'Ors se refirió, con frecuencia, a su figura en un tono abiertamente peyorativo. En una carta a Ortega y Gasset, le calificó de «palúdico anarquista»[127]. Sin embargo, consideraba a Barrès un auténtico intelectual, a diferencia

---

[122] Maurice Barrès, «Notes sur les idées fédéralistes», en *Scènes et doctrines du nationalisme* (1902), París, 1987, pág. 351.

[123] Véase Coll i Amargós, ob. cit., págs. 348-350.

[124] Véase Joaquim Coll i Amargós, *El catalanisme conservador davant l'afer Dreyfus, 1894-1906,* Barcelona, 1994, págs. 51 y sigs.

[125] Francecs Cambó, *Meditacions. Dietari (1936-1940),* Barcelona, 1982, pág. 752. Véase también Jesús Pabón, *Cambó,* t. I, Barcelona, 1952, págs. 91, 127 y sigs. Enric Ucelay Da Cal, *El imperialismo catalán,* Barcelona, 2002, págs. 425 y sigs.

[126] «Entendimiento de Francia», en *Arriba,* 3-XII-1946. Eugenio D'Ors, *Ultimo Glosario. I. Helvecia y los lobos,* Granada, 1997, págs. 352-353. «Funerals de Moréas» (1910), en *Obra Catalana Completa. Glosari 1906-1910,* Barcelona, 1950, pág. 1319.

[127] Carta de 17-III-1927. Inserta en Vicente Cacho Viu, *Revisión de Eugenio D'Ors,* Madrid-Barcelona, 1997, pág. 355.

de otros nacionalistas franceses como Paul Déroulède[128]. Igualmente, celebró su defensa de la órdenes religiosas y de los templos de Francia[129].

La obra barresiana que suscitó su interés juvenil fue *El jardín de Berenice*, a la que mencionó en uno de los primeros artículos de su célebre *Glosari,* publicado en *La Veu de Catalunya*[130]. Esta obra influyó directamente en su célebre libro *La Bien Plantada,* en la que, como Berenice, Teresa aparece como representación arquetípica de la tradición y de la «raza»[131]. Como crítico de arte, D'Ors no compartió la admiración de Barrès por El Greco. A su entender, el pintor cretense era una manifestación del Barroco; lo contario del clasicismo que él predicaba como ideal artístico. Y es que sus cuadros poseían una serie de cualidades dinámicas que se oponían a la perfección del dibujo, característica de la idea orsiana de clasicismo. En ese sentido, hizo referencia a la «factalidad de la deformación» de la obra del cretense, en la que se acusa una libertad de las formas como muestra «la ascética deformación» en las imágenes de los santos. Sus figuras alargadas lo hacían un «pintor maldito». D'Ors lo llama «poseído», porque rompe con un orden al que denomina «ritmo» y «razón». Cuando lo califica de «músico» se está refiriendo al triunfo de la pasión, con la exaltación de lo inconsciente reflejada «en los miembros torcidos, con los misteriosos celajes, en el color opulentamente podrido»[132]. Por ello, consideraba natural que Barrès se sintiera atraído por Theotocópuli, ya que era un admirador de Pascal. Y tanto El Greco como Pascal era «los dos primeros grandes barrocos». «Son los primeros a quienes el torrente de dinamismo rompe cualquier canal clásico»[133]. Por lo tanto, Barrès era, a su entender, un «romántico», representante de la anarquía intelectual[134].

Además, D'Ors no siguió a Barrès en sus campañas antigermánicas a lo largo de la Gran Guerra. Su postura ante el conflicto fue de neutralidad con la organización de un grupo de *Amigos de la Unión Moral de Europa,* que editó un manifiesto por él redactado, de cuyo contenido se

[128] Eugeni D'Ors, «Strauss» (1907), en *Obra Catalana Completa. Glosari 1906-1910,* Barcelona, 1950, pág. 478.

[129] Eugeni D'Ors, «En l'incendi de la catedral de Narbona» (1910), en ob. cit., pág. 1442.

[130] «Sant Steve, protomartir», en *La Veu de Catalunya,* 16-XI-1907. Eugeni D'Ors, *Glosari 1906-1907,* Barcelona, 1996, pág. 794.

[131] Eugenio D'Ors, *La Bien Plantada* (1912), Barcelona, 1982.

[132] Eugenio D'Ors, *Tres horas en el Museo del Prado,* Madrid, 1989, pág. 33-41 y sigs.

[133] «El Greco y Pascal y Maurice Barrès», *ABC,* 20-VI-1924. Eugenio D'Ors, *Nuevo Glosario,* t. II, Madrid, 1947, pág. 116.

[134] Eugenio D'Ors, «Marcial», en *El Valle de Josafat,* Madrid, 1961, págs. 45-46.

hizo eco el escritor francés Romain Roland, que mantuvo una actitud hostil a la guerra y se había refugiado en Suiza[135]. Lo que mereció las críticas y los reproches de los nacionalistas franceses[136].

En uno de sus viajes por la Francia de la postguerra el joven periodista conservador Josep Pla percibió un claro declive literario e intelectual de Barrès:

> El final de la guerra ha sido fatal para Maurice Barrès. En los inicios de su carrera escribió páginas inolvidables, de una languidez romántica y chateaubrianesca de gran categoría. *Le Jardín de Bérénice* es un gran libro que recuerdo como una inolvidable lectura de adolescencia. Tras emprender la carrera de patriotismo político, el nombre de Barrès llegó al cenit en el momento de las psicosis de guerra. Ahora, estos sentimientos se resquebrajan por todas partes y ya hay muchos franceses que creen que la responsabilidad de la guerra no es un monopolio alemán.

Por ello, Barrès era considerado ya como un escritor de «cotización escasa y de un porvenir momentáneamente impreciso». «Políticamente tiene muchos enemigos y su literatura se ve arrastrada por una animadversión creciente.» Lo que también podía ser interpretado como un reflejo del cambio de sensibilidad de la burguesía gala que se encontraba «en un estado de reticencia muy acentuada sobre el arte demasiado artístico». Incluso tuvo oportunidad de verle en el Parlamento: «Maurice Barrès, lineal y acusado, nariz considerable, muy moreno de piel, ojos negros, plastrón oscuro, chupado e inmóvil, acusadamente faraónico-gitano dice José María Sert»[137]. Con todo, Pla considaraba a Barrès «un estilista extraordinario, elagantísimo», cuya doctrina nacionalista juzgaba «muy ligada a la realidad plausible»[138].

Por su parte, el poeta Josep M. López Picó dedicó a Barrès, lo mismo que a Maurras, entusiastas elogios por su estética clasicista, cuyo objetivo era la restauración de «la disciplina íntima de la conciencia en el orden del pensamiento»[139].

---

[135] Véase Enric Jardí, *Eugenio D'Ors,* Barcelona, 1968, págs. 156-157. Eugeni D'Ors, *Glosari 1915,* Barcelona, 1990, págs. 44-55.

[136] Marcel Robin, «Un artículo del Mercure», en *Iberia,* núm. 5, 8-V-1915.

[137] Josep Pla, *Notas sobre París,* Barcelona, 1990, págs. 124-125, 171, 295.

[138] Josep Pla, *El cuaderno gris,* Barcelona, 1994, pág. 309.

[139] Josep M. López Picó, «Maurice Barrès», en *La Revista,* núm. XXXIII, 16-II-1917, págs. 80-81.

El carlismo no dio excesiva importancia a la obra de Barrès. Juan Vázquez de Mella y Víctor Pradera le ignoraron. En cierta manera, resultaba lógico; se trataba de un nacionalista republicano, cuya heterodoxia religiosa les era más que sospechosa. Una excepción fue Salvador Minguijón, catedrático de Derecho en la Universidad de Zaragoza. Minguijón conocía la obra del francés y solía citarlo en alguna de sus obras; sobre todo, en sus referencias a la necesidad de articular una nueva doctrina política, siguiendo los moldes tradicionalistas. De la misma forma, alababa su regionalismo y su opción por «la libertad para el municipio, para la región». Y es que las instituciones liberales eran «instituciones sin raíces». «Han sido puestas sobre el suelo, pero no han sido plantadas»[140]. Al tiempo que se hacía eco de las críticas de Barrès a los políticos profesionales: «En opinión de Mauricio Barrès, la gran objeción contra los hombres públicos se reduce a esto, que no está seguro de que sus afirmaciones sean leales, es decir, que se duda siempre de que sean expresión completa de sus meditaciones»[141].

Otro lector de Barrès en el campo político de la derecha tradicional fue José Pemartín Sanjuán, ideólogo de la Unión Patriótica primorriverista y hombre de formación francesa. En su crítica al liberalismo individualista, estimaba que había que tener en cuenta «la virtud regeneradora del sentido histórico, según frase de Maurice Barrès»; y «hacer tabla rasa de los principios racionalistas políticos», para construir un orden político tradicionalista y autoritario[142]. Sin embargo, como en el caso del carlismo, el tradicionalismo de Pemartín tenía muy poco que ver con el nacionalismo barresiano. A diferencia del francés, Pemartín identificó a la nación española con el catolicismo y nunca trató de realizar una síntesis entre las diversas tradiciones existentes en el conjunto nacional. Además, el populismo y la aceptación del republicanismo estuvieron por completo ausentes de su proyecto político[143].

Víctima de una crisis cardíaca, Maurice Barrès murió en su casa de Neuilly-Sur-Seine el 5 de diciembre de 1923. Sus funerales nacionales tuvieron lugar el día 8 en Nôtre-Dame, con presencia del jefe del Estado Alexandre Millerand, y el presidente del Consejo Raymond Poincaré, del

---

[140] Salvador Minguijón, *La crisis del tradicionalismo*, Zaragoza, 1914, págs. 22-23, 57.

[141] Salvador Minguijón, *Al servicio de la tradición*, Madrid, 1930, pág. 187.

[142] «Las ideas de nuestra política (II)», *La Nación*, 31-I-1927. Sobre Pemartín, véase Alejandro Quiroga Fernández de Soto, *Los orígenes del nacionalcatolicismo. José Pemartín y la Dictadura de Primo de Rivera*, Granada, 2006, págs. 26 y sigs.

[143] Véase José Pemartín, *Los valores históricos en la Dictadura española*, Madrid, 1929. *¿Qué es Lo Nuevo? Consideraciones sobre el momento español presente*, Santander, 1938.

mariscal Foch y de multitud de generales. Después de que los destacamentos del Ejército le hubiesen rendido honores, los discursos fueron pronunciados en el interior del templo, dado el mal tiempo reinante, por el decano del Colegio de Abogados Chenu en nombre de la Liga de Patriotas; Jules Cambon, en nombre de la Academia, y León Bérard, ministro de Instrucción Pública, en nombre del Gobierno[144].

Los intelectuales españoles no le olvidaron. El 15 de junio de 1924, se le ofreció un homenaje en Toledo. La idea había sido de Gregorio Marañón; y de la comisión organizativa formaron parte Ortega y Gasset, Azorín, Pérez de Ayala, Gómez de Baquero, Zuloaga, e Insúa. Según señalaría éste último posteriormente, hubo una «Semana Barrès» con gira a Toledo y un banquete en la embajada de Francia. A la ciudad del Tajo acudieron un centenar de escritores, pintores y críticos. Azorín pronunció en discurso en el acto de cambiar el nombre de la calle toledana de «Las Barcas» por el de «Mauricio Barrès». En el cigarral de Buena Vista, propiedad del conde de Romanones, se celebró un banquete al aire libre; y en cigarral de Marañón se ofreció un refresco. Los excursionistas fueron luego a la Iglesia de Santo Tomé, donde Eugenio D'Ors hizo una exégesis de *El entierro del conde de Orgaz;* más tarde, se dirigieron a la Santa María La Blanca, al Museo y a la casa del Greco, acompañados por el marqués de la Vega Inclán, y a la Virgen del Valle. Dos franceses les acompañaron: el historiador Maurice Legendre y el hijo del homenajeado Philippe Barrès, «un joven muy delgado y muy alto, en cuyo semblante —dirá Insúa— se reflejaba una pura emoción, y en quien las rosquillas de mazapán, el vino de Yepes y la sangría —vino, limón y melocotones partidos— suscitaban un entusiasmo práctico». «Nunca estuvo excluida —continuaba Insúa— de la gran obra barresiana la sensualidad: cierto epicureísmo de buen tono, por decirlo así.» Marañón confió a Insúa el discurso en el banquete de la embajada francesa. Entre los comensales se encontraba Antonio Maura, entonces Presidente de la Real Academia de la Lengua. Y, en un primer momento, se instó al político mallorquín a que fuese él quien realizara el elogio de Barrès. Pero, según narra Insúa, se negó a «usurparme ese honor»[145].

---

[144] Véase François Broche, *Maurice Barrès. Biographie,* París, 1987, págs. 531-532.

[145] Véase Alberto Insúa, «Barrès y la canción de España», prólogo a *El Greco o el secreto de Toledo,* Buenos Aires, 1948, págs. 16-19. Del mismo autor, *Amor, viajes y literatura. Memorias,* t. III. Madrid, 1953, págs. 479-480, 483. José Ferrandiz Lozano, *Azorín. La cara del intelectual. Entre el periodismo y la política,* Alicante, 2001, pág. 164. Azorín, «La memoria de Barrès y la belleza de Toledo», *La Prensa,* Buenos Aires, 6-VIII-1924. Gregorio Marañón, *El Greco y Toledo,* Madrid, 1960, págs. 22-24. Enric Jardí, *Eugenio D'Ors,* Barcelona, 1968, pág. 236.

Tras ese homenaje el nombre de Maurice Barrès comenzó a sufrir un eclipse entre los intelectuales españoles. No se tradujeron sus obras; y su influencia en las ideas de las derechas españolas fue prácticamente nula. Una cierta excepción fue la del escritor Ernesto Giménez Caballero, uno de los primeros teóricos del fascismo español. En su obra *Genio de España* pueden percibirse algunos ecos barresianos. Aunque adverso a Francia, a la que consideraba el secular enemigo de España en Europa, el escritor madrileño concebía el «genio» nacional como una entidad inconsútil, mística, determinable sólo mediante las características objetivas de la historia, la religión, la lengua, las costumbres y la geografía, es decir, el medio. La clave de la historia de una nación se encontraba en el pasado, en la tierra y los muertos. Como Barrès, Giménez Caballero consideraba el «genio» español como una síntesis de Oriente y Occidente[146].

En la postguerra española, Barrès fue olvidado casi por completo. La revista *Eclessia* consideraba *El Greco o el secreto de Toledo* una obra «inconveniente» y solo apta para «personas formadas». Señalaba los errores históricos en que, a su juicio, incurría el escritor francés; le acusaba de ser «anarquista en sus años mozos»; y concluía: «El sectarismo de Barrès hace del cuadro, que puede ser bellísimo, un boceto cuajado de chafarriones. Una españolada más, pese al prestigio que se quiere acumular sobre esta firma»[147]. Años después, Gregorio Marañón volvió a alabar su contenido y estilo de la obra[148]. No obstante, las traducciones de Barrès han proliferado últimamente en España[149]; pero se le sigue valorando más como estilista que como pensador político.

---

[146] Ernesto Giménez Caballero, *Genio de España. Exaltaciones a una resurrección nacional y del mundo,* Madrid, 1932, págs. 56, 100-101. Véase Enrique Selva Roca de Togores, *Giménez Caballero. Entre la vanguardia y el fascismo,* Valencia, 1999, págs. 139 213-214.

[147] «Semana Literaria», en *Ecclesia,* núm. 167, 23-IX-1944, pág. 23.

[148] Gregorio Marañón, *El Greco y Toledo,* Madrid, 1960, págs. 24-25 y sigs.

[149] En 1957, se tradujo al español *La colina inspirada.* Pero hubo que esperar hasta 1988 para la reaparición en nuestra lengua de *Un hombre libre,* ya traducida en 1904. En 1996 se tradujo por vez primera *Los desarraigados.* En 2005, *Paisajes de amor y de muerte.* Y en 2007, una nueva edición de *El Greco o el secreto de Toledo.*

CAPÍTULO 2

Ortega y Gasset:
el conservadurismo heterodoxo

2.1. LA CUESTIÓN ORTEGA

A la altura de 1965, José Luis López Aranguren se preguntaba por las razones que empujaban a «la torpe derecha española», a rechazar la obra de José Ortega y Gasset, cuando «tan fácilmente podía anexionársele»[1]. Acertaba el pensador abulense en señalar tan extraña anomalía; pero se equivocaba, a nuestro entender, y por partida doble, en sus juicios sobre «la» derecha española. En primer lugar, en el calificativo de «torpe» no resultaba justo, porque en toda latitud existen gentes berroqueñas, pero no lo son por pertenecer a la derecha o a la izquierda, sino por carecer de talento. Y en segundo lugar, porque en España, como en el resto de Europa, nunca ha existido una derecha homogénea y monolítica. Siguiendo a Thomas Sowell, una tendencia política y/o filosófica puede ser conceptualizada como de derechas o conservadora si tiene por base una *visión restringida* o *trágica* de la vida, es decir, cuando enfatiza las restricciones inherentes a la condición humana; lo que se traduce en el pesimismo antropológico, el elitismo, la defensa de la diversidad, de la desigualdad, de la continuidad y del reformismo frente a la revolución[2].

---

[1] José Luis López Aranguren, Prólogo a *Obras,* Madrid, 1965, pág. XXIX.

[2] Thomas Sowell, *Conflicto de visiones. Orígenes de las luchas intelectuales,* Barcelona, 1990.

Existen, no obstante, diversas formas de comprender y vivir la derecha, aunque coincidentes en la *visión trágica* de la vida humana. De ahí que la derecha haya alumbrado distintas tradiciones intelectuales y corrientes políticas, en no pocos casos enfrentadas entre sí: la derecha liberal, la democristiana, la tradicionalista, etc.[3]. El caso español viene matizado por la especial transcendencia del catolicismo como religión configuradora del «sentido común» dominante en el conjunto de las derechas. En ese sentido, puede hablarse, a nuestro juicio, de dos tradiciones hegemónicas, a lo largo de los siglos XIX y XX, en nuestro suelo. De un lado, la tradición conservadora-liberal, base ideológica del sistema de la Restauración, que admitía selectivamente las transformaciones sociales y políticas consideradas irreversibles tras el triunfo de las revoluciones liberales en Europa, pero que pretendía conservar, al mismo tiempo, instituciones que consideraba inherentes a la tradición nacional, como el catolicismo y la Monarquía. De otro, la «teológico-política», o tradicionalista sensu strictu, entendiendo este concepto a partir de la sistematización del hecho religioso como legitimador de la praxis política. Una tradición que no sólo se identifica con el carlismo, sino igualmente con el conservadurismo autoritario, en parte coincidente con áquel en su apelación al fundamento religioso y parecido rechazo del mundo liberal; y en parte divergente, no sólo por la diferente postura ante la cuestión dinástica, sino, sobre todo, por su nivel de adaptación a las nuevas realidades socioeconómicas. La tradición conservadora autoritaria encontraría su intérprete dotado de autoridad en Marcelino Menéndez Pelayo, cuyas ideas cristalizarían en la Asociación Católica Nacional de Propagandistas, de Ángel Herrera, y en *Acción Española,* dirigida por Ramiro de Maeztu. El clero y la filosofía escolástica siguieron disfrutando de gran influencia en los planteamientos de la derecha española. La preponderancia del factor religioso redujo a márgenes muy estrechos, cuando no cercenó, las posibilidades de difusión y desarrollo de las corrientes idealistas, positivistas, socialdarwinistas o del vitalismo nietzscheano; lo que bloqueó la emergencia de tradiciones tales como el conservadurismo radical y luego de la «derecha revolucionaria» o fascista. De la misma forma, la hegemonía católica redujo a la marginalidad tendencias como la derecha liberal-democrática o democristiana. A ello se unió la mediocridad intelectual y cultural del catolicismo español. La Iglesia española no se vio afectada por la angustia del modernismo, ni participó en la reno-

---

[3] René Rémond, *Les droites aujourd'hui,* París, 2005.

vación de la escolástica; y no tuvo en sus filas a figuras intelectuales de altura. Si exceptuamos a Menéndez Pelayo, la alta intelectualidad española vivía al margen del catolicismo oficial[4]. Por todo ello, la relación de Ortega y Gasset con las derechas españolas fue, en gran medida, un episodio de la historia religiosa de nuestro país; y reflejó las dificultades de arraigo y desarrollo de una derecha liberal y laica en la sociedad española.

En nuestra opinión, el pensamiento político orteguiano encaja a la perfección en la *visión trágica* de la realidad que caracteriza al pensamiento de la derecha. En el fondo, encarnó y teorizó una variante de lo que el historiador Ernst Nolte ha denominado «liberalismo crítico», cuyo mayor exponente fue Ernest Renan; «un liberalismo que se convirtió en crítico también con respecto a sí mismo y llegó a la convicción de que "libertad" es algo más que una mera forma de vida entre otras y que la realización de la libertad con sus realizaciones representa un problema de incomparable dificultad y problematicidad»[5]. De ahí se deducía el indudable sesgo conservador de su pensamiento político de madurez, plasmado en sus ataques frontales contra el racionalismo con apoyo del historicismo y del vitalismo; en el realismo político, el sentimiento burkeano del valor de la continuidad; y, sobre todo, su concepción fuertemente aristocrática de la sociedad y de la vida, en el que las elites, las minorías, están destinadas a dirigir a las masas. Sin la aportación orteguiana no puede entenderse la ulterior trayectoria de amplios sectores intelectuales de la derecha, ni la emergencia de nuevas tradiciones en su seno. Pero su agnosticismo religioso, su consecuente defensa del laicismo y su ulterior republicanismo resultaron inaceptables para los sectores católicos y monárquicos, hegemónicos en el conjunto de la derecha española.

2.2. MOCEDAD REBELDE: LIBERALISMO, SOCIALISMO Y NACIONALISMO

José Ortega y Gasset nació en Madrid el 9 de mayo de 1883, en el seno de una familia de la alta burguesía. Su padre, el escritor José Ortega y Munilla, era director de *El Imparcial,* uno de los diarios más influyentes de la época. La vida de Ortega y Gasset sería, como expresó en su filosofía, «un diálogo con el contorno», es decir, con su circunstancia es-

---

[4] Pedro Carlos González Cuevas, *Historia de las derechas españolas. De la Ilustración a nuestros días,* Madrid, 2000.

[5] Ernest Nolte, *El fascismo en su época,* Barcelona, 1969, pág. 52.

pañola. La España que le tocó vivir era una nación económicamente sub-
desarrollada, agraria, con fuertes diacronías en su seno; y cuya unidad
resultaba aún incipiente, y que iba a ser pronto amenazada por la emergencia de los nacionalismos periféricos, en el País Vasco y Cataluña.
Además, el régimen político de la Restauración era ineficaz y escasamente representativo, basado en el monopolio de los partidos liberal y
conservador, e incapaz de garantizar una auténtica institucionalización
de los conflictos sociales, dada su base caciquil y oligárquica. La vida intelectual era igualmente pobre. El siglo xix se caracterizó por la tensión
entre el krausismo y la neoescolástica del cardenal Zeferino González.
Las dos corrientes más fecundas del siglo, el positivismo y el idealismo,
tuvieron en nuestro suelo una recepción tardía y marginal[6]. El catolicismo español fue intelectualmente mediocre, si exceptuamos la figura de
Menéndez Pelayo, y a los entonces desconocidos Angel Amor Ruibal o
Juan González de Arintero. Lo que tuvo consecuencias en la trayectoria
vital e intelectual del joven Ortega y Gasset, quien fue enviado a estudiar
el bachillerato al internado del colegio jesuita de San Estanislao de Kots-
ka en Miraflores del Palo, en Málaga; y luego a la Universidad de Deus-
to. A juzgar por el contenido de su correspondencia juvenil, la experiencia resultó negativa. Su opinión de los maestros jesuitas fue casi
pesadillesca: «payasos de negrura», «hombres vestidos de negro dedica-
dos tan sólo a ennegrecer la vida», «los jesuitas reducen la religión a hablar de pecados», etc.[7]. Ortega perdió la fe católica muy pronto. Y siempre se mostró partidario del laicismo, aunque rechazó el anticlericalismo
de las izquierdas. La influencia del catolicismo fue insignificante en su
formación intelectual. Su valoración del tradicionalismo francés fue muy
negativa. De Bonald y De Maistre eran dos «archirreaccionarios», precursores del colectivismo[8]. Las tesis de Charles Mauras le parecieron
«tópicos ornamentales, críticas caprichosas y vagos proyectos». Su clasicismo equivalía, en la práctica, a «un extemporáneo convencionalis-
mo»[9]. Y es que cualquier tradicionalismo resultaba, en la vida pública y
cultural, suicida; era un «patriotismo sin perspectiva»[10]. El tradicionalismo español no salía mejor parado, en consecuencia. Ortega no menciona nunca a los carlistas; y tampoco a Donoso Cortés. Su punto de vista

---

6 Rodrigo Fernández Carvajal, *El pensamiento español en el siglo XIX*, Murcia, 2000.
7 José Ortega y Gasset, *Cartas de un joven español*, Madrid, 1991, págs. 81 y sigs.
8 José Ortega y Gasset, *La rebelión de las masas* (1930), Madrid, 1981, pág. 27.
9 «De puerta a tierra. Restauración», *El Imparcial*, 20-X-1912.
10 José Ortega y Gasset, *Meditaciones del Quijote* (1914), Madrid, 2005, pág. 78.

sobre Balmes fue más bien despectivo: «¿Qué idea determinada, qué hallazgo, qué invención, que *algo* concreto podríamos hallar los españoles en Balmes con lo cual enriquecernos la vida interior?»[11]. En la adolescencia, leyó a Menéndez Pelayo; pero muy pronto quedó desilusionado, acusando al polígrafo santanderino de «falta de perspectiva», fruto de su endeble formación filosófica[12]. No faltaron, además, críticas a sus obras. Frente a Menéndez Pelayo, vió en el krausismo el «único esfuerzo medular que ha gozado España en el último siglo, de someter el intelecto y el corazón de sus compatriotas a la disciplina germánica»[13]. Igualmente, criticó sus tesis sobre la ciencia española, porque, a su juicio, en España la actividad científica era «un hecho personalísimo y no una acción social, o como quiera decirse lo que se ha llamado sinergia». «Ciencia bárbara, mística y errabunda ha sido siempre y presumo que lo será, la ciencia española»[14]. Incluso polemizó con él, en defensa del laicismo, cuando Menéndez Pelayo dió su apoyo en una carta al obispo de Madrid-Alcalá en su pretensión de suprimir las escuelas laicas, cuya pedagogía calificó de indigna mutilación del entendimiento humano en lo que tiene de más ideal y excelso»; lo que fue calificado por Ortega de «capcioso», porque laico no se oponía a religioso, sino a «eclesiástico»[15].

En realidad, la figura de Ortega es inexplicable al margen del *espíritu* del 98. Su punto de arranque fue la crítica del sistema de la Restauración canovista y el patriotismo crítico; su ideal último, la europeización. Pero intentó completar el esquema noventayochista con la superación de los planteamientos recibidos, a partir de una concepción sistematizada de la sociedad y del Estado. La juventud orteguiana estuvo marcada por las lecturas de Joaquín Costa y por la amistad con Ramiro de Maeztu. Ortega tomó del jurisconsulto aragonés temas como la «europeización» y la «regeneración»[16]. Ramiro de Maeztu, a quien conoció en 1902, fue el precursor de numerosos temas orteguianos: el nietzscheanismo, la distinción entre la España «oficial» y la España «real» —o «vital»—, el elitismo intelectual y el patriotismo crítico[17].

---

[11] «Nueva Revista», *El Imparcial,* 27-IV-1910.

[12] José Ortega y Gasset, *Meditaciones...,* págs. 45 y sigs.

[13] «Una respuesta a una pregunta», en *El Imparcial,* 13-XI-1911.

[14] «La ciencia romántica», en *El Imparcial,* 4-VI-1906.

[15] «Catecismo para la lectura de una carta», en *El Imparcial,* 10-II-1910.

[16] José Ortega y Gasset, «La pedagogía social como programa político» (1910), en *Vieja y nueva política,* Madrid, 1973. «La herencia viva de Costa», en *El Imparcial,* 20-II-1911.

[17] Pedro Carlos González Cuevas, *Maeztu. Biografía de un nacionalista español,* Madrid, 2003, págs. 60-63 y sigs.

Al lado de los noventayochistas, se encuentran los neoconservadores franceses, como Hipólito Taine, Ernest Renan, Maurice Barrès, etc.[18]. El más celebrado de todos ellos fue Renan, en quien vió la representación de una nueva sensibilidad filosófica, basada en la preeminencia del saber científico sobre la subjetividad literaria; lo que posteriormente le llevaría a defender la moral de la ciencia como vehículo de la modernización de la sociedad española, su particular reforma intelectual y moral. En Renan celebraba, además, su «amor a la verdad», su «alma felina», su «tolerancia» e «ironía»[19]. Maurice Barrès tuvo un lugar no desdeñable en la formación del filósofo madrileño. Su obra, dirá Ortega, «nos obliga a remover, en tanto le discutimos, las cenizas originales en el sacro altar del alma grecolatina». Sin embargo, como admirador de la cultura alemana, censuró el «chauvinismo indelicado» que desprendía la tesis de su novela *Colette Baudoche*. Igualmente, manifestó su oposición al egotismo barresiano, «que no es ley, sino barbarie»[20]. Con respecto a Taine, mantuvo una postura ambivalente. En un artículo juvenil, recogió las críticas de Albert Aulard a *Los orígenes de la Francia contemporánea,* que, a su juicio, demostró «la mala fe científica de Taine». No obstante, reconocía «un gran ingenio y un fuerte temperamento retórico» al historiador y filosofo francés. Su principal objeción, en aquellos momentos, fue su enemistad hacia la «Razón» y hablar de «no sé qué realidad distinta de la racional, a cuyo amparo pueden llevar a cabo sus manejos los instintos reaccionarios». En ese sentido, Taine podía ser considerado como «el último baluarte teórico de los conservadores»[21].

Junto a estos autores franceses, Friedrich Nietzsche es otro de los ídolos intelectuales del joven Ortega. Estimulado por Ramiro de Maeztu, se dió, como luego reconocería, a la lectura del filósofo alemán[22]. La impronta nietzscheana, como a tantos de sus contemporáneos, fue permanente. El aristocratismo intelectual y político, el vitalismo, la moral de distinción como norma de vida social, la crítica de la decadencia, son constantes de su pensamiento inseparables de las lecturas de Nietzsche.

---

[18] «Alemán, latín y griego», en *El Imparcial,* 10-IX-1911.

[19] José Ortega y Gasset, «Renan» (1909), en *Mocedades,* Madrid, 1974, págs. 26, 32, 36 y sigs.

[20] José Ortega y Gasset, «Al margen del libro Colette Baudoche, por Maurice Barrès» (1910), «Renan» (1909), en *Mocedades,* Madrid, 1974, págs. 59 y 61, 26-27.

[21] «Taine, historien de la Révolution Française», en *El Imparcial,* 11-V-1908.

[22] José Ortega y Gasset, «¿Hombres o ideas?» (1908), en *Obras Completas,* t. X, Madrid, 1983, pág. 439.

A comienzos de 1905, Ortega viaja a la ciudad alemana de Leipzig, para matricularse en su Universidad. Allí asiste a las clases de Wundt y de Mirsch. Luego, pasó a Berlin, donde profundiza en la lectura de Kant, a través de Alois Riehl y de Georg Simmel. Más importante fue su estancia, al año siguiente, en Marburgo, donde se impregnó de la filosofía neokantiana de Hermann Cohen. La reinterpretación del kantismo llevada a cabo por éste tenía una clara dimensión política, y llevaba a una forma de socialismo liberal, evolutivo[23].

En 1910 ganó la cátedra de Metafísica de la Universidad de Madrid. De ágil pluma y armado de todo aquel bagaje intelectual, Ortega tuvo, desde el principio, una clara vocación de liderazgo no ya espiritual, sino político. La preocupación política de Ortega fue temprana y profunda. Sus críticas al sistema político de la Restauración fueron tan puntuales como radicales. Maura, La Cierva, Romanones eran los destinatarios predilectos de sus diatribas. Y es que el joven filósofo aspiraba, en aquellos momentos, a una renovación del liberalismo español, al que juzgaba hegemonizado por el conservadurismo. Pretendía resucitar un liberalismo que instaurase «con sus manos suaves y puras un verdadero partido liberal», porque «los partidos liberales son fronterizos con la revolución o no son nada». En el fondo, el liberalismo era «el sistema de la revolución»; encarnaba «la revolución ideal», frente a la cual el conservadurismo no pasaba de representar un mero instinto[24]. Claro que la construcción de ese nuevo liberalismo planteaba importantes problemas, no ya teóricos, sino políticos y tácticos. Como señaló Gabriel Maura, primogénito del líder conservador, en una polémica con Ortega, la alternativa de estos liberales disidentes del liberalismo oficial era «seguir el ejemplo francés, trocándose en racionalistas jacobinos, o el ejemplo inglés, aliándose con los socialistas para procurar una gradual implantación de su programa»[25]. Ortega intentó acercarse, en un primer momento, aunque sin fruto, al líder radical Alejandro Lerroux; y luego a los socialistas de Pablo Iglesias, quizás con la idea, a todas luces utópica, de dirigirlos intelectualmente. Porque lo que caracterizaba, a su juicio, al socialismo español era «la falta de una minoría intelectual»[26]. Recientes los acontecimientos de la «Semana Trágica» de Barcelona, Ortega pronunció en el

---

[23] Nelson Orringer, *Ortega y sus fuentes germánicas,* Madrid, 1979. Del mismo autor, *Cohen,* Madrid, 2000.

[24] «La reforma liberal», en *Faro,* núm. 1, 23-III-1908.

[25] «Liberales, radicales y socialistas», en *Faro,* núm. 7, 22-III-1909.

[26] «El recato socialista», en *El Imparcial,* 2-IX-1908.

Ateneo madrileño una conferencia sobre *Los problemas nacionales y la juventud,* donde criticó al gobierno de Maura y al régimen político, expresando su opinión sobre la situación española. En un primer momento, manifestó su dolor por pertenecer a una generación sin maestros: «No hemos heredado ni ideales ni virtudes; pero, ciertamente hemos heredado problemas.» La clase política padecía «analfabetismo moral»; y ello unía tanto a liberales y conservadores como a republicanos. La «masa-pueblo» era «por definición, la que no tiene opiniones políticas originales, la que necesita de los pocos, de los elegidos, de las aristocracias morales para que concreten y orienten su volición hacia un ideal social determinado». El problema era, por tanto, la educación del pueblo; pero no existía ninguna organización política fuerte que pudiese educar al pueblo español en «la conciencia de libertad»[27]. Poco después fue invitado por la Casa del Partido Socialista a pronunciar otra conferencia sobre *La ciencia y la religión como problemas políticos,* en la que se autodefinió como «socialista», pero no marxista, ante todo por su rechazo absoluto de la lucha de clases. En su disertación, Ortega evocó a Saint-Simon y su teoría del «poder espiritual», a Lassalle y a Rudolf Stammler. Era necesario un nuevo «poder espiritual» que educase a la sociedad en los valores de la cultura y en la ciencia, frente a la influencia clerical. Y tal debía ser la función del Partido Socialista, implantando la «escuela única», socializadora de la moral científica, y la comunidad de trabajo, no clasista, sino ética. De esta forma, el Partido Socialista se convertiría en «el partido europeizador de España»[28]. Un tema que tendría su continuidad en otra conferencia, pronunciada en la Sociedad *El Sitio,* de Bilbao, sobre *La pedagogía social como programa político,* donde ahondó en su proyecto, pero en esa ocasión el tema dominante fue la nación española y su situación socio-política. «España es un dolor enorme, profundo, difuso: España no existe como nación.» En definitiva, España era «un problema». Ante tal circunstancia, cabían dos actitudes: un patriotismo «inactivo, espectador, extático»; y un patriotismo crítico, capaz de construir una nueva nación: «La patria es una tarea que cumplir, un problema a resolver, un deber.» Esta construcción necesitaba de una pedagogía socializadora del pueblo español, en pos de una nueva comunidad nacional. A ese respecto, Ortega volvía a pronunciarse por la escuela laica y esta-

---

[27] José Ortega y Gasset, «Los problemas nacionales y la juventud» (1909), en *Obras Completas,* t. X, Madrid, 1983, págs. 105 y sigs.

[28] José Ortega y Gasset, «La ciencia y la religión como problemas políticos» (1910), en ob. cit., pág. 119 y sigs.

tal, que exigía una pedagogía científica[29]. Esta socialización era inseparable, pues, de la construcción de un nuevo nacionalismo español; de ahí la evocación de la figura de Ferdinand de Lassalle; y sus críticas al Partido Socialista, cuyo mayor defecto era haber llegado «a plena existencia sin la intervención de los intelectuales». El programa de los socialistas no le seducía en absoluto. Su internacionalismo era contrario a los intereses concretos del proletariado español, porque los partidos socialistas tenían que ser «tanto más nacionales cuanto menos construidas estén sus respectivas naciones». Y sentenciaba: «Lo internacional no excluye lo nacional, lo incluye»[30].

Para mayor heterodoxia, Ortega se decía socialista «por amor a la aristocracia»; era el suyo un socialismo desigualitario y elitista. Y es que el socialismo destruiría las jerarquías basadas en privilegios injustos; y, una vez consumadas las reformas sociales, al ser la sociedad necesariamente jerárquica, emergerían las nuevas distinciones nacidas del mérito y del esfuerzo: «Volverán las clases, ¿quien lo duda? Pero no serán económicas, no se dividirán los hombres en ricos y pobres; pero sí en mejores o peores»[31].

Tales planteamientos no gustaron a la dirección socialista. Ortega fue invitado de nuevo por los socialistas, en marzo de 1912, a disertar sobre el socialismo de Lassalle, en la Escuela Nueva, donde reiteró sus planteamientos nacionalistas[32]. *El Socialista* criticó los planteamientos del filósofo; y la conferencia, a pesar de estar anunciada su publicación por la *Biblioteca Socialista de la Escuela Nueva,* no fue publicada[33]. Ello marcó su ruptura con el Partido Socialista.

Desde entonces, su posición político-intelectual estuvo centrada en el liberalismo. Fruto de sus proyectos fue la organización de la Liga de Educación Política, muy relacionada con el Partido Reformista, de Melquíades Álvarez, en el que militaban antiguos republicanos, que habían evolucionado hacia el accidentalismo, con el objetivo de lograr una serie de reformas en sentido liberal dentro régimen de la Restauración. Según señalaba Ortega en el prospecto que servía de pórtico a la constitución de la Liga, perseguía «fomentar la organización de una minoría encargada

---

[29] José Ortega y Gasset, «La pedagogía social como programa político» (1910), en *Obras Completas,* t. X, Madrid, 1983, págs. 106-107.

[30] «Miscelanea socialista», en *El Imparcial,* 6-X-1912

[31] «Socialismo y aristocracia», en *El Socialista,* 1-V-1913.

[32] *El País,* 25-V-1912.

[33] Javier Zamora, *Ortega y Gasset,* Barcelona, 2002, págs. 136-137.

de la educación política de las masas». El porvenir de la nación española se encontraba ligado «al avance del liberalismo», que seguía siendo un
liberalismo «social», considerando anacrónicos «los entecos principios
individualistas». Muy crítica era su posición ante el liberalismo oficial,
al que deseaba «una muerte feliz»; y acusaba a los conservadores de defender «valores falsos y arcaicos». No obstante, y de igual forma, desca-
lificaba Ortega, al «republicanismo tradicional», cuya ideología era tan
sólo un «venerable dogma»[34].

No tardó en dar su adhesión a la Liga Ramiro de Maeztu, quien, en
una carta, consideraba que el prospecto estaba «realmente bien». Coincidía con Ortega en «lo de intentar formar un centro de información política, de cultura política»; pero el resto le parecía «impreciso», porque la
declaración principal sobre el liberalismo «puede suscribirla un conservador». «El fin, el liberalismo, la autonomía; el medio, la autoridad, diría un conservador consciente.» En definitiva, el escritor vasco veía en el
programa orteguiano «lo mismo el germen de un futuro conservatismo
que el de un futuro liberalismo y por eso no veo bien su congruencia con
el reformismo»[35].

Aparte de Maeztu, dieron su adhesión a la Liga, Manuel García
Morente, Antonio Machado, Federico de Onís, Francisco Bernis, Sal-
vador de Madariaga, Américo Castro, Manuel Azaña, Ramón Pérez de
Ayala, etc.

La presentación de la Liga tuvo lugar el 23 de marzo de 1914, en el
Teatro de la Comedia, con la célebre conferencia de Ortega, «Vieja y
nueva política». Su disertación fue una pieza magistral de retórica política. Ortega distinguió entre la España «oficial» y la España «vital»; caracterizó al sistema de la Restauración como una «panorama de fantas-
mas», donde existía un partido liberal «domesticado». Defendió la
Monarquía: «Somos monárquicos, no tanto porque hagamos hincapié en
serlo, sino porque ella —España— lo es. No vemos en la Restauración
el fracaso de la Monarquía, sino también de los republicanos.» Los
miembros de la Liga eran monárquicos «sin lealismo», porque por encima de la Monarquía estaban «la justicia y España». Ortega tuvo palabras
muy duras para Antonio Maura, representante, según él, del «trozo de la
raza que hoy yo llamaría trozo histérico de España»[36].

---

[34] José Ortega y Gasset, «Prospecto de la Liga de Educación Política Española»
(1913), en *Vieja y nueva política,* Madrid, 1973, págs. 180y sigs.

[35] Archivo Centro Ortega y Gasset, 22 y 23-X-1913.

[36] José Ortega y Gasset, *Vieja y nueva política* (1914), Madrid, 1973, págs. 235 y sigs.

El contenido de la conferencia no fue bien recibido por las derechas. Una excepción fue la carta de Gabriel Maura a Ortega, donde felicitó al filósofo, ya que la Liga podía convertirse, al lado del maurismo naciente, en una de las fuerzas renovadoras de la Restauración[37]. Sin embargo, para *El Debate,* el rechazo de la «vieja política» ya había sido formulado por políticos e intelectuales de diverso signo, como Nocedal, Aparisi, Costa, Pi y Margall, Silvela, Mella; y su política «nueva» no hacía sino seguir los planteamientos reformistas de Melquíades Alvárez. Además, Ortega no había hecho referencia a problemas más concretos como el de la representación nacional, la organización del Ejército y la Marina, o el de la agricultura[38]. De hecho, la Liga de Educación Política careció de transcendencia práctica. Posteriormente, Ortega dirigió la revista *España;* y sería una figura preeminente de *El Sol,* diario liberal fundado en 1917 por el empresario Nicolás María Urgoiti.

2.3. Madurez conservadora

1914 fue importante para el filósofo; aquel año publicó su primer libro, *Meditaciones del Quijote,* donde expuso ya los fundamentos de su filosofía, basada en la circunstancialidad de la vida humana. El individuo se halla inserto en una situación dada, a cuya problemática era preciso dar respuesta: «Yo soy yo y mi circunstancia, y si no la salvo a ella no me salvo yo.» De ahí su reiteración en la necesidad de un patriotismo proyectivo y, por lo tanto, antitradicionalista: «¡La tradición! La realidad tradicional de España ha consistido precisamente en el aniquilamiento progresivo de la posibilidad de España.» Igualmente rechazó el socialismo, al que acusaba de inmovilismo, de presentarse, en su concepción del mundo materialista, «envuelto en la piel de elefante de un determinismo rudo, de un fatalismo arcaico»[39].

El estallido de la guerra europea puso a Ortega en una difícil tesitura. De un lado, su liberalismo; de otro, su admiración por la cultura alemana. Fue acusado indistintamente de aliadófilo y de germanófilo[40]. De hecho, simpatizó con Inglaterra y Francia, pero se negó a reconocer la

---

[37] Javier Zamora, *Ortega y Gasset,* Barcelona, 2000, págs. 145 y sigs.
[38] «Política vieja y muy vieja», *El Debate,* 25-III-1914.
[39] José Ortega y Gasset, *Meditaciones del Quijote* (1914), Madrid, 2005, págs. 74, 145-146.
[40] Zamora, ob. cit., págs. 155 y sigs.

superioridad de la cultura francesa sobre la alemana. Y firmó un manifiesto, redactado por Ramón Pérez de Ayala, en favor de los aliados[41]. Pero Ortega nunca fue pacifista. La guerra no era consecuencia de la agresividad innata de la especie humana; era una invención útil de resolver conflictos y tenía la virtud de dinamizar la vida social: «Mas la guerra hace temblar en sus cimientos todas las aparentes inmovilidades»[42]. En su comentario a la obra de Max Scheler, *El genio de la guerra y la guerra alemana,* Ortega puso de manifiesto su concepción realista de la política y de las relaciones internacionales. El filósofo criticaba, en ese sentido, el pacifismo por partir de una «concepción estática y, por lo tanto, falsa de la historia». Todas las teorías pacifistas eran «falsas, abstraídas y utópicas». La fuerza puesta al servicio de intereses materiales no explicaba nada en relación a la guerra, porque ésta era «un motor biológico y un impulso espiritual que son altos valores de la humanidad». «El ansia de dominio, la voluntad de que lo superior organice y rija a lo inferior constituyen dos soberanos impulsos morales»[43].

La crisis del sistema de la Restauración tuvo su fecha emblemática en 1917. Y se produjo en una serie de sucesivas oleadas: aparición de las Juntas de Defensa; asamblea de parlamentarios, auspiciada por los enemigos del «turno» de partidos; y la huelga general revolucionaria de agosto, protagonizada por las grandes centrales sindicales, CNT y UGT, al lado del PSOE. Ante la aparición de las Juntas de Defensa y el subsiguiente desarrollo de los acontecimientos, Ortega sostendrá, por vez primera, que «la España del siglo xx es una España invertebrada»; y que la aparición de las Juntas «corta el último cíngulo de la autoridad normal que ceñía el cuerpo español». Además, señalaba que el conjunto de la sociedad había recibido «con desusada y misteriosa simpatía —este es el dato esencial— el airado ademán de la clase militar»; tal era «la cifra del inmediato porvenir». La única salida era la convocatoria de Cortes constituyentes[44]. Ortega, no obstante, se mostraba contrario a cualquier proceso de carácter revolucionario, porque, a su juicio, en aquellos momentos, tanto en España como en el resto de Europa, no sólo habían fracasado las instituciones tradicionales, sino también las instituciones

---

[41] «Manifiesto de adhesión a las naciones aliadas», en *España,* núm. 24, 9-VII-1915.

[42] José Ortega y Gasset, «En toda guerra grande» (1916), en *El Espectador,* t. I, Madrid, 1966, págs. 38.

[43] José Ortega y Gasset, «El genio de la guerra y la guerra alemana» (1916), en *El Espectador,* t. I, Madrid, 1966, págs. 108 y sigs.

[44] «Bajo el arco en ruina», en *El Imparcial,* 11-VI-1917.

democráticas. «Al arrumbar Europa en aquellas y estas, tal vez descubramos que muchos radicales españoles se hacen tradicionalistas de la democracia»[45]. Era necesario, pues, sustituir a las fracasadas elites políticas del sistema, por las fuerzas sociales organizadas[46]. A ese respecto, propugnó, tras el final de la Gran Guerra, un programa mínimo para lograr un cambio «ordenado»: reforma constitucional, con la instauración de «la absoluta libertad de conciencia», «aunque perduren las cargas de culto y clero»; supresión del senado; descentralización; y política social, mediante la cual el Estado debía lograr la «progresiva elevación de la clase obrera», cuyo primer paso sería la creación de «un Ministerio de la organización obrera»; y la instauración de un «Parlamento industrial», con representación paritaria de obreros y empresarios, y arbitraje estatal. Lo importante era, sin embargo, que la nueva institución estuviese «libre de toda la actual fauna política»[47].

Ortega condenó, desde el primer momento, la revolución rusa, a su juicio consecuencia de la trayectoria histórica de un país ajeno a la tradición europea. La dictadura del proletariado era incompatible con el principio de libertad individual. Y, por lo tanto, resultaba vital oponerse a la «rusificación de Europa». En un principio, el filósofo rechazó la posibilidad de una dictadura, que equivalía, en el contexto español, a la «anarquía». Casi un año después la realidad era muy distinta; y para entonces apostaba ya por un gobierno militar «responsable» o «irresponsable»; porque había sonado la «hora de Hercúles»[48].

A partir de esa experiencia, Ortega comenzó a indagar la razones de la «invertebración» nacional. No es extraño que los conceptos de «misión» y «empresa» cobraran una importancia capital en el lenguaje de su nacionalismo. A su juicio, lo que da a la nación consistencia son los horizontes ideales y políticos, suscitados por las elites, no «el ayer, el pretérito, el haber tradicional». Sin un programa para el mañana, sin la conciencia de que la nación «se está haciendo» continuamente no puede hablarse de un Estado dotado de vigor histórico. Sin embargo, la concepción orteguiana acerca de la sociedad y de la historia, pese a sus críticas al conservadurismo y al tradicionalismo, muchas veces puramente

---

[45] «Un poco de sociología», en *El Sol,* 15-II-1918.
[46] «El hombre de la calle busca un candidato», en *El Sol,* 24-II-1918.
[47] «Un parlamento industrial», en *El Sol,* 1-IV-1918.
[48] «Discrepancias radicales», en *El Sol,* 2-XI-1919. «La situación actual de España», en *El Sol,* 25-XI-1919. «En 1919 «Dictadura» es sinónimo de anarquía», en *El Sol,* 9-III-1919. «La situación político-militar», en *El Sol,* 20-II-1920.

retóricas, no se encuentra inserta en un dinamismo omnicomprensivo. Su maduración intelectual implicó, según el propio testimonio del filósofo, la progresiva liberación del «influjo de las ideas dominantes en nuestro tiempo», sustrayéndose de «la magia del deber ser». Buena prueba de ello fue el diagnóstico defendido en su célebre obra *España invertebrada,* cuyo contenido le aproxima, sin duda, al neoconservadurismo intelectual generalizado a lo largo del período de entreguerras. La concepción cíclica de la historia —épocas «kitra» y «kali», caracterizadas respectivamente por el ascenso o decadencia de las elites—, la valoración de la fuerza como signo de vitalidad histórica, la reivindicación del espíritu guerrero medieval frente a los valores burgueses y utilitarios representados por la sociología de Herbert Spencer, la crítica a la modernidad, el elitismo aristocrático y las referencias a un pasado preindustrial son rasgos concluyentes de la relación de Ortega con las corrientes conservadoras de la época. En sus análisis de la situación española, el filósofo parte, como ya hemos adelantado, de un concepto de nación como empresa colectiva suscitada por la acción proyectiva de las elites; es «una masa humana organizada, estructurada por una minoría de individuos selectos». Ortega ve en la formación de los estados un proceso de integración que a base de elementos primitivamente aislados va creando unidades cada vez más amplias, sin destruir empero la vida peculiar de los primeros elementos. Pero la historia de una nación no comprende sólo los momentos de formación y ascenso, sino también los de desintegración y decaimiento. Decadencia es desintegración y como tal es una parte esencial del proceso vital de la nación y su dinámica. La capacidad de formar una nación es un poder creador. En España, el elemento político creador ha sido Castilla y sólo Castilla. Desde el principio, se orienta hacia las grandes empresas. A través de la lucha contra los árabes, descubrió la idea de unidad nacional; y en cuanto la unión se hace, se lanza a nuevos y grandiosos fines: la expansión por el mundo de la energía española. Hasta 1580 el proceso vital de España es la integración, es decir, condensación y acopio de energías. En aquel momento, se invierte la dirección la dirección del desarrollo. Ahora bien, las tendencias particularistas sólo podían desarrollarse cuando el propio poder central de la sociedad está atacado de particularismo; y eso es lo que ocurría en España. La Monarquía y la Iglesia anteponen sus intereses privados a la nación. A ello se une el particularismo de las clases sociales. El militar, el industrial, el intelectual, el campesino, el obrero, el aristócrata, cada uno vive herméticamente cerrado dentro de sí mismo. Lo mismo ocurría con las diversas regiones. Por su parte, el pueblo español se caracteriza por la «aristofobia»; detesta al hombre ejemplar, a las minorías selectas. En España, todo lo ha hecho el pueblo y lo que éste no ha hecho ha quedado sin hacer. La razón de ello para Ortega se encuentra en la debilidad del feudalismo español. La diferencia entre Francia y España radica en la diferente calidad de los pueblos germanos que invadieron ambos territorios: los francos y los visigodos. En la escala de la vitalidad histórica del franco al visigodo va una gran distancia: el franco ocupa el grado más alto, y el visigodo un grado muy inferior. De este modo, España estuvo privada de una minoría noble dirigente. Esto se vio claramente a lo largo de la Reconquista, la lucha de ocho siglos para recobrar los territorios dominados por los moros. De existir un feudalismo fuerte, probablemente hubiera habido verdadera Reconquista, como en otras partes hubo Cruzadas. De todo ello se deduce que el problema capital de España es la ausencia de los aristoi, de los «mejores», de las minorías selectas[49].

El contenido de *España invertebrada* no gustó a algunos eclesiásticos, quizá por su visión desacralizada de la historia nacional. Así, el agustino Benito Garnelo, en *La Ciudad de Dios,* calificó sus tesis de «jeremíada», heredera del criticismo noventayochista; era «un libro de peseta y media», cuyo pesimismo no estaba justificado, porque «el pueblo continua siendo fuerte, generoso y optimista». Y le invitaba a llamar a «otros bárbaros que repitan las atrocidades cometidas por vándalos, alanos, suevos y godos», aunque, a esas alturas, «no podríamos traer más que bárbaros de segunda mano»[50]. Distinta fue la valoración del menéndezpelayista Pedro Sainz Rodriguez, para quien las reflexiones orteguianas cerraban «con broche de oro» el criticismo noventayochista: «Obra que responde a una rigurosa construcción lógica, debería haber producido, si el país no yaciera en la atonía, una viva preocupación para discutir los numerosos aspectos sugestivos e incitantes.» Y señalaba «el acierto con que está analizado y caracterizado el regionalismo separatista y la visión atinada y exacta, corroborada en parte por los hechos de la vida actual»[51]. José María Salaverría, conservador agnóstico, rara avis en España, interpretaba la figura y la obra de Ortega como continuadores del «espíritu y el aire» de la generación del 98; lo que en la pluma del escri-

---

[49] José Ortega y Gasset, *España invertebrada* (1922), Madrid, 1981.

[50] «La España de Ortega y Gasset», en *La Ciudad de Dios,* núm. 131, 1922, págs. 188 y sigs.

[51] Pedro Sáinz Rodriguez, «Evolución de las ideas sobre la decadencia española» (1924), en *Evolución de las ideas sobre la decadencia española y otros ensayos,* Madrid, 1962, págs. 133-134.

tor vasco distaba de ser un elogio. Influído por Charles Maurras, veía en los escritores noventayochistas un claro germen de «romanticismo», es decir, de individualismo crítico, generador de pesimismo y de negativismo nacional[52]. Y es que a Ortega su «ímpetu lógico» le empujaba a un agudo y, en ocasiones, injustificado pesimismo nacional, «a conclusiones negadoras, que son terribles callejones sin salida, abismos de razón dantescos, donde toda esperanza concluye». A ese respecto, *España invertebrada* llegaba a la triste conclusión de que nuestro país era «algo orgánica y fatalmente inferior»; lo que demostraba que al filósofo le faltaba siempre «un punto de cordialidad, de amor compasivo, cuando examina y juzga a su país». Sin embargo, celebraba que se hubiese convertido en «uno de los adalides del sentido aristocrático de las sociedades y en los individuos»[53].

Y es que Ortega tuvo siempre una actitud ambivalente hacia la democracia. Para él, la única democracia legítima era la liberal, que representaba, a su juicio, «la más alta voluntad de convivencia»; y era la «suprema generosidad: es el derecho que otorga la mayoría a las minorías y es, por tanto, el más noble grito que ha sonado en el planeta»[54]. Sin embargo, al espíritu aristocrático orteguiano le molestaba sobremanera el plebeyismo, la chabacanería y el envilecimiento que consideraba inherente al proceso de masificación y nivelación que experimentaban las sociedades europeas. En fecha tan significativa como 1917, publicó su artículo «Democracia morbosa», donde responsabilizó a la democracia del imperio de esas lacras; y es que la democracia era tolerable sólo si estaba limitada por el liberalismo. Pero «la democracia exasperada y fuera de sí, la democracia en religión o en arte, la democracia en el pensamiento o en el gesto, la democracia en el corazón y en la costumbre es el más peligroso morbo que pueda padecer una sociedad»[55]. Porque «contra la ingenuidad igualitaria es preciso hacer notar que la jerarquización es el impulso esencial de la socialización»[56]. En plena Dictadura primorriverista, el filósofo diferenció claramente entre liberalismo y democracia: «Democracia y liberalismo son dos respuestas a dos cuestiones de Derecho político completamente distintas.» Y es que mientras la democracia con-

---

[52] José María Salaverría, *La afirmación española,* Barcelona, 1917, pág. 40.

[53] José María Salaverría, «Ortega y Gasset», en *Retratos,* Madrid, 1926, págs. 189, 192, 196, 205, 221.

[54] José Ortega y Gasset, *La rebelión de las masas* (1930), Madrid, 1981, págs. 101.

[55] José Ortega y Gasset, «Democracia morbosa» (1917), en *El Espectador,* t. II, Madrid, 1969, págs. 24 y sigs.

[56] José Ortega y Gasset, *España invertebrada* (1922), Madrid, 1981, págs. 77 y sigs.

testa a la pregunta sobre el sujeto del poder político, haciendo recaer éste sobre la colectividad de los ciudadanos, el liberalismo contesta a la pregunta sobre las limitaciones de dicho poder y sostiene que éste no puede ser absoluto, por tener las personas derechos previos a toda interferencia del Estado. Y significativamente, añadía: «Se puede ser liberal y nada demócrata o, viceversa, muy demócrata y nada liberal»[57].

En 1923, Ortega publica *El tema de nuestro tiempo,* una de sus obras de mayor enjundia filosófica, en cuyas páginas acusa al racionalismo o «misticismo de la razón» de tres errores: identificación de la realidad con la imagen que nos hacemos de ella; no querer ver las irracionalidades que suscita por todos lados el uso puro de la razón misma; y la renuncia a la vida, porque se supone que la historia «carece de sentido y es propiamente la historia de los estorbos puestos a la razón para manifestarse». Frente a tales inexactitudes, Ortega afirma que la realidad es constitutivamente irracional; que la razón desemboca siempre en lo irracional; y que, en definitiva, el pensamiento es un instrumento para la vida, «órgano de ella, que ella regula y gobierna». Esta crítica al racionalismo tenía una claras consecuencias de orden filosófico-político y desemboca en el rechazo de la revolución. A su entender, la idea revolucionaria era un producto del racionalismo; lo que recuerda a Burke y a Taine. El racionalismo implica un ideal de intemporalidad en virtud de la cual la vida queda despojada de lo que «concretamente somos, de nuestra realidad palpitante histórica». La historia es, pues, la víctima propiciatoria de ese movimiento intelectualista, que termina por erigirse en culto a la razón, como supremo poder configurador de la realidad. El mundo que esta razón, desconectada de la vida y de la historia, es capaz de percibir, no será ya «el mundo inmediato y evidente que contemplan nuestros ojos, palpan nuestras manos, atienden nuestros oidos». El racionalismo sacrifica lo cualitativo a lo cuantitativo. La razón pura opera «more geométrico», elaborando esquemas racionales y deduciendo con «lógica maravillosa» a partir de supuestos muy simples. Resulta, pues, según esto, que los términos «racionalismo» y «revolución» son correlativos. Su reacción contra el racionalismo le empujó a la creación del llamado raciovitalismo, pretendiendo superar el realismo u objetivismo de la filosofía antigua, y el idealismo o subjetivismo modernos. Los antiguos no entendían debidamente el «yo» o sujeto; los modernos se desvinculaban de la realidad, que es la vida. La «razón vital» se convierte en

---

[57] José Ortega y Gasset, «Notas del vago estío» (1925), en *El Espectador,* t. V-VI, Madrid, 1972, páginas 31-33.

el centro o la clave de su pensamiento. De esta manera, Ortega lanzó un claro ataque contra el racionalismo con el apoyo del historicismo y del vitalismo; y, en consecuencia, su perspectiva filosófica supuso la revalorización del mundo de las pasiones, de las fuerzas vitales que mueven la historia, contra la abstracción cientificista, en pos de una nueva concepción de la razón distante del intelecto formal y abstracto de los positivistas[58].

Esta posición abiertamente conservadora puede percibirse igualmente en su delimitación de los mundos diferentes en que se mueve el político genuino, como Mirabeau, y el revolucionario. Mientras éste último cree en la necesidad de provocar cambios radicales «sin duración de tránsito», convirtiendo la sociedad en algo distinto de lo que siempre fue, el político sagaz sabe que todo cambio social exige una evolución, un ascenso gradual en pos de reformas concretas que los tiempos exigen. El método político por excelencia es el de la reforma, «emanada de una previa conformidad con lo real; la modificación ideal de la vida, que parte de haber reconocido previamente sus condiciones»[59].

Como liberal-conservador, Ortega rechazó el fascismo. En un primer momento, vió en él un «cariz enigmático», ya que aparecían en su seno los contenidos más opuestos: autoritarismo y rebelión; lucha contra la democracia y negativa a restaurar sistemas políticos pretéritos; forja de un Estado fuerte y empleo de las medidas más disolventes para lograrlo. Sus características más notables eran, sin embargo, la violencia y la ilegitimidad; lo primero consecuencia de lo segundo. El fascismo era un movimiento político «ilegítimo», porque no se preocupaba de dar fundamento a su práctica política. Lo que era consecuencia de la crisis de las instituciones liberales que padecía Europa desde el final de la Gran Guerra. «Y si se mira la Europa continental se advierte que el poder legítimo está, dondequiera, apoyado en telarañas y a merced del primer puño ilegítimo que quiera dar al traste con él»[60]. Posteriormente, desarrolló, desde su perspectiva elitista, una crítica del fenómeno fascista como una de las diversas formas de «rebelión de las masas», consistente en el derrocamiento de las instituciones liberales y la exaltación los valores plebe-

---

[58] José Ortega y Gasset, *El tema de nuestro tiempo* (1923), Madrid, 2002, págs. 143 y sigs.

[59] José Ortega y Gasset, *Mirabeau o el político. Contreras o el aventurero,* Madrid, 1974, págs. 61 y sigs.

[60] José Ortega y Gasset, «Sobre el fascismo» (1925), en *El Espectador,* t. V-VI, Madrid, 1972, págs. 137 y sigs.

yos, en el que se radicalizaban todas y cada una de las patologías de la sociedad de masas: libre expansión de los deseos y radical ingratitud hacia las elites, conformismo, ausencia de proyecto personal de vida, inercia mental, «acción directa», etc. Además, el antiliberalismo fascista representaba una discontinuidad histórica y, por lo tanto, resultaba anacrónico: «El pasado tiene razón, la suya. Si no se le dá esa que tiene, volverá a reclamarla, y de paso a imponer la que no tiene. El liberalismo tenía una razón, y esa hay que dársela por saecula saeculorum.» En ese sentido, condenaba igualmente el estatismo fascista, como «la forma superior que toman la violencia y la acción directa constituidas en norma»[61]. Sin embargo, ya en la II República, estimó que en el fascismo existían «gérmenes de inspiración aprovechable»[62].

En julio de 1923, Ortega había fundado la *Revista de Occidente,* en cuyas páginas iban a colaborar sobre todo los discípulos del filósofo; pero donde tampoco faltaron intelectuales de la derecha tradicional como Eugenio d'Ors, Eugenio Montes o Pedro Sainz Rodríguez; y futuros falangistas como Ramiro Ledesma Ramos o Ernesto Giménez Caballero. Ortega dio audiencia en la editorial afín a la revista y en sus páginas, lo mismo que en Espasa-Calpe, a intelectuales europeos afines a las nuevas perspectivas conservadoras, sobre todo alemanes: Carl Schmitt, Oswald Spengler, Jacob von Uexkull, Max Scheler, Hermann Keyserling, Werner Sombart, Carl Gustav Jung, Alois Dempf, Othmar Spann, o a románticos decimonónicos antiliberales como Adam Müller[63].

El pronunciamiento militar del 13 de septiembre de 1923 acaudillado por el general Miguel Primo de Rivera fue favorablemente recibido por el filósofo, que tres años antes, como ya sabemos, había pedido una dictadura militar. En unas declaraciones realizadas al *Diario de Lisboa,* Ortega señalaba que el golpe de Estado era consecuencia de la crisis de la civilización europea, que avanzaba hacia formas más «adivinhadas que conhocidas». El parlamentarismo, el sufragio universal, la obsesión por los derechos políticos eran, según él, «fetiches amenazados de ruina»[64]. Y es que el objetivo del nuevo Directorio militar debía ser acabar

---

[61] José Ortega y Gasset, *La rebelión de las masas* (1930), Madrid, 1981, pág. 140.

[62] José Ortega y Gasset, «Hacia un partido de la nación» (1931), en *Rectificación de la República,* Madrid, 1973, págs. 192 y sigs.

[63] Evelyne López Campillo, *La Revista de Occidente y la formación de minorías,* Madrid, 1972.

[64] Joaquín Manso, «A Espanha hoie. A revoluçao espanhola traduziu una necessidade vital segundo nos diz o ilustre catedratico Ortega y Gasset», en *Diario de Lisboa,* 3-X-1923. Citado en Zamora, *Ortega y Gasset,* págs. 237 y sigs.

con la «vieja política»; lo que era digno de elogio y coincidía con la opinión pública: «Si el movimiento militar ha querido identificarse con la opinión pública y ser plenamente popular, justo es decir que lo ha conseguido por entero.» No obstante, ahí se encontraba el problema, porque la vieja política era consecuencia de un mal mucho más profundo que la existencia y acción de las elites de la Restauración. En el fondo, la «vieja política» estaba íntimanente relacionada con la invertebración de la sociedad española; «era y es el sistema de gobierno que espontánea y entrañablemente corresponde al modo de ser de los españoles». El problema radicaba, pues, en «sustituir los usos de los gobernados»[65].

Ortega era consciente de la crisis del parlamentarismo; pero no se mostraba partidario de su abolición, sino de «inventar otro nuevo», dispensando al Parlamento de intervenir en «las menudencias de la existencia diaria» y en los asuntos locales. Su función debía centrarse «en las ingentes faenas de rango nacional, la alta legislación, la suprema vigilancia sobre los Gobiernos, la última instancia para el ciudadano que la autoridad vejase». Igualmente, era necesario «seleccionar el personal del Parlamento», cortando su comunicación con el pequeño distrito y dando su representación a las regiones; lo que contribuiría a «desaldeanizar» el sistema político[66]. Cuando el conde de Romanones intentó articular, a comienzos de 1925, un frente único en defensa de la Constitución de 1876, Ortega se opuso, acusándole de pretender volver a la «vieja política»[67].

No es extraño que, durante algún tiempo, el filósofo madrileño fuese citado como fuente de autoridad por los sectores afines al primorriverismo. Así, José Pemartín, uno de los ideólogos de la Unión Patriótica, celebró su crítica del kantismo y su defensa del vitalismo, al igual que sus crítica al régimen de la Restauración. Por ello, podía ser considerado como un autor «de la más alta autoridad en España»[68]. Posteriormente, ya durante la II República, Pemartín criticará, como tendremos oportunidad de ver, el laicismo del filósofo.

Con motivo de la muerte de Antonio Maura, a quien anteriormente no había regateado críticas, Ortega rindió homenaje al líder conservador,

---

[65] «Sobre la vieja política», en *El Sol,* 27-XI-1923.

[66] «El Parlamento: como dignificar su función», en *El Sol,* 12-VII-1924. «El Parlamento: como se pueden tener mejores parlamentarios», en *El Sol,* 19-VII-1924.

[67] «Entreacto polémico», en *El Sol,* 15-III-1925.

[68] «El porvenir de España», en *La Nación,* 30-III-1929. Véase Alejandro Quiroga, *Los orígenes del nacional-catolicismo. José Pemartín y la Dictadura de Primo de Rivera,* Granada, 2007, págs. 25-26 y sigs.

que fue «el único político que ha habido en España durante los últimos cuarenta años»; y cuyo acierto fundamental había sido el intento de fijar las bases de una reorganización de la vida política. Coincidía el filósofo con Maura en que la solución a la problemática suscitada por el caciquismo era la descentralización administrativa[69]. Fue este el punto de partida de su obra *La redención de las provincias,* publicada en 1930. Ortega creyó haber encontrado la solución al problema de la invertebración nacional, mediante la superación del localismo, potenciando la unidad inmediantamente superior, la provincia, y a través de ella suscitando la dinámica integradora. La estructura política que superaría la invertebración sería la consistente en intercalar entre los niveles negativos, pueblo y capital, ese agregado de provincias que era «la gran comarca». Se trataba de aprovechar lo que de movilizador tenía el regionalismo, para, a través de su reconversión, hacer de ella la base de la reconstrucción nacional[70].

Pero Ortega, en aquellos momentos, no sólo se dedicaba al análisis de la situación española, sino que redactaba su obra más célebre, *La rebelión de las masas,* donde intentó dar su diagnóstico sobre la crisis que atenazaba al mundo. No había duda de que las sociedades padecían una clara crisis moral. De nuevo, Ortega partía de su concepción elitista de la sociedad, que es siempre, se quiera o no, «una unidad dinámica de dos factores: minoría y masa». La minoría son los individuos o grupos de individuos «especialmente cualificados». Masa es «el hombre medio». El hombre-masa es «el hombre previamente vaciado de su propia historia, sin entrañas en el pasado, y, por lo mismo, dócil a todas las disciplinas llamadas «internacionales». En contraposición a éste, se encuentran los hombres selectos, los nobles, los únicos activos y no sólo reactivos, para quienes vivir es una perpetua tensión, un incesante entrenamiento; son «los ascetas». Pues bien; cuando las masas, incapaces de alentar un proyecto de vida colectiva, pretenden actuar por sí mismas, cuando se levantan contra su propio destino y aspiran al mando, podemos hablar, dice Ortega, de rebelión de las masas. Ello es evidente en el caso político. Bolchevismo y fascismo son conceptuados como «movimientos típicos de hombres-masa»; son claros ejemplos de «regresión sustancial». Pero lo mismo acontece en el arte, en la religión y en la propia vida intelectual. La rebelión de las masas ha producido, además, un tipo humano cuya psicología es la del «señorito satisfecho». Este modo deficiente de

---

[69] «Maura o la política», en *El Sol,* 18-XII-1925.
[70] José Ortega y Gasset, *La redención de provincias* (1931), Madrid, 1973.

ser hombre es propio de quien se comporta exclusivamente como heredero: «ahora la herencia es la civilización —las comodidades, la seguridad; en suma, las ventajas de la civilización». Semejante inautenticidad,
grave ya de por sí en la vida individual, cobra un carácter de amenaza ge-
neralizada cuando caracteriza a la conciencia colectiva de los pueblos.
En la obra, Ortega manifestó, además, su admiración por los liberales
doctrinarios franceses, atribuyéndoles el mérito de haber descubierto la
dimensión política de lo histórico en una época en que aún seguía viva la
tradición racionalista. Y es el que «los confusionarios del 89» se propusieron nada menos que la transformación súbita de las sociedades; lo que
chocaba con uno de los fundamentos de la antropología humana, como
era la continuidad, dado que «en la vida humana nunca se puede empe-
zar de nuevo»; por el contrario, «las revoluciones, tan incontinentes en
sus prisas, hipocritamente generosa, de proclamar derechos, han violado
siempre, hollado y roto el derecho fundamental del hombre; tan fundamental que es la definición misma de su sustancia: el derecho a la continuidad». El hombre nunca es el primer hombre, porque, a diferencia del
animal, merced a las tradiciones, acumula su propio pasado, lo posee y
lo aprovecha. En ese sentido, «romper con el pasado, querer comenzar
de nuevo, es aspirar a descender y plagiar al orangután»[71].

Las discrepancias del filósofo con la Dictadura comenzaron alrededor de 1928. Primo de Rivera era lector asiduo de los artículos de Ortega en *El Sol;* pero no permitió que se publicara una de sus colaboraciones, centrada en su idea de «comarca»; y en una nota sugirió que siguiera
con sus artículos y que incluyera el censurado en un libro junto al resto,
donde sus ideas regionalistas tendrían un menor impacto. Ofendido, Ortega se negó a continuar; pero luego, una vez caído Primo de Rivera, lo
incluiría en *La redención de las provincias*[72].

Muy mal recibido por el filósofo fue el proyecto de estatuto universitario del ministro Eduardo Callejo, que autorizaba a los agustinos y jesuitas a conceder títulos acedémicos. Los estudiantes iniciaron una protesta, que fue reprimida con severidad por el régimen. Se cercó la
Universidad. Lo que tuvo como consecuencia la dimisión de varios profesores, entre ellos el propio Ortega[73].

A esas alturas, la valoración eclesiástica de sus ideas filosóficas no
era excesivamente positiva. En 1928, el Padre Venancio Carro le catalo-

---

[71] José Ortega y Gasset, *La rebelión de las masas* (1930), Madrid, 1981, págs. 151 y sigs.
[72] Zamora, *Ortega y Gasset,* págs. 263 y sigs.
[73] Ibíd., págs. 281 y sigs.

gaba, no entre los filósofos, sino entre los meros «ensayistas», carentes de «un sistema más o menos original». Ortega era un «hombre de mucha cultura y de vigorosa mentalidad»; pero «no sabríamos decir cuál es su metafísica». Sus obras eran de «carácter literario que se leen con gusto por su estilo y hasta por sus ideas». No obstante, el dominico tenía esperanzas de que, como demostraban sus últimos escritos, Ortega lograse «conquistarse a sí mismo». «Celebraríamos que así fuera. Su renovación influiría, sin duda, en la parte de la juventud que le sigue»[74]. Desde Barcelona, el Padre Joan Tusquets veía en Ortega al «pensador més fort amb què auvi compta Espanya». «Olimpicament perspicaç, estilista serenissim, entremaliat, agermanador extraordinari de fantasia i de precisió, ha intersat a les seves aventures filosofiques nuclís importants de la cultura castellana.» Tusquets señalaba que sus obras se leían cada vez más en Cataluña; lo que «ens portarà, al costats de molt beneficis, danys innegables», dado que su filosofía era una «síntesi arriscada de relativisme y absolutisme»[75]. Otro católico catalán conservador, Tomás Carreras Artau, denunciaba su «defectuosa» construcción filosófica, tachándola de «desordenat i confusionari»[76]. Por su parte, el Padre Guillermo Fraile interpretaba de forma más positiva las aportaciones de Ortega, «autor estimado», «ilustre escritor», «prosa de orfebre». Celebraba, ante todo, su crítica al racionalismo. Existía, no obstante, el peligro de que su perspectivismo degenerara en «subjetivismo», «en pura relatividad»; pero creía que, en el fondo, no era así: «En general, su teoría realiza felizmente la unión entre lo objetivo y subjetivo. Y de esta unión ha de brotar su doctrina —tan bellamente expuesta— del perspectivismo.» Su visión de la historia de España le merecía reparos:

> Pero, aunque muchas cosas que dice sean verdad, ¿son toda la verdad? Indudablemente que no. Entre los elementos que analiza se echan de menos muchos que contribuyen a formar el carácter nacional. Cervantes era un hombre de fe, como lo es Don Quijote, como lo era la España tradicional, y este elemento —agudamente expresado por Azorín— preside nuestras conquistas y el desarrollo de nuestra raza[77].

---

[74] Venancio Carro, «Filosofía y filósofos españoles 1900 a 1928», en *Revista de las Españas,* Madrid, 1928, págs. 68-71.

[75] «El relativisme d'Ortega i Gasset», en *Criterion,* t. IV, 1928, págs. 26 y sigs.

[76] Joaquín Carreras Artau, *Introducció a la Historia del pensament filosofic a Catalunya,* Barcelona, 1931, págs. 231 y sigs.

[77] «Las Obras Completas de Ortega y Gasset», en *La Ciencia Tomista,* núm. 142, julio-agosto de 1933, págs. 344-345, 352.

Desde Francia, el Padre Pierre Jobit, estudioso del krausismo español, señalaba que las ideas de Ortega sobre la nación y el poder eran «particularmente interesantes», viendo en ellas la influencia de Comte, Tarde y Durkheim. De paso, criticaba al Padre Venancio Carro, por su acusación de falta de sistema filosófico en Ortega: «Estimamos, contra tal censor de Ortega, que se puede ser verdaderamente filósofo sin haber dicho la última palabra»[78].

Cuando se produjo la dimisión de Primo de Rivera, su valoración de la Dictadura fue totalmente negativa. En el fondo, el Dictador había sido el «enfant terrible» del antiguo régimen. Al mismo tiempo, se volvió a mostrar partidario de una profunda reforma política[79]. No resulta extraño que el programa y la actuación política del sustituto de Primo de Rivera, el general palatino Dámaso Berenguer, consistente en un retorno a la situación anterior a 1923, le llevara ya a una militancia explícitamente republicana. Su célebre artículo «El error Berenguer» fue un golpe maestro a una Monarquía que atravesaba por una de sus peores crisis. El filósofo había llegado a la conclusión de que la Monarquía de la Restauración, buena o mala cuando se instauró, había dado de sí cuanto podía; y que la única solución política venía de la mano de un nuevo régimen republicano: «¡Españoles, vuestro Estado no existe! ¡Reconstruirlo! Delenda est Monarchia»[80].

El futuro falangista Rafael Sánchez Mazas pronosticó el fracaso político del filósofo, cuyo proyecto tenía el inconveniente de «ser divino y de resultar un portento»: «Métodos cómodos, paradisíacos y selectos, votaciones y designaciones sin lucha entre amigos y una minoría de autoselección aupada como por ensalmo sobre la galvanizada masa de los aldeanos y torpes»[81]. Su republicanismo fue muy mal recibido por El Debate: «Le hemos visto no hace mucho firmar un "delenda est monarchia", en que el señor Ortega se permitió verter en la severa fórmula de Catón el incontenido desahogo que sus nervios necesitaban hacer como necesidad personal»[82].

Poco después, Ortega, al lado de Gregorio Marañón y Ramón Pérez de Ayala, fundó la Agrupación al Servicio de la República, cuyo objetivo era «movilizar a todos los españoles de oficio intelectual para que for-

---

[78] «Les idées de nation et de pouvoir dans l'oeuvre de José Ortega y Gasset», en Revue Internationale de Sociologie, núms. III y IV, marzo-abril de 1931, págs. 129 y 132.

[79] «Organización de la decencia nacional», en El Sol, 5-II-1930.

[80] «El error Berenguer», en El Sol, 15-XI-1930.

[81] «La revolución elegante o los asambleístas», ABC, 9-XII-1930.

[82] «Lo del día. Fuera de su sitio», El Debate, 15-III-1931.

men un copioso contingente de propagandistas y defensores de la República española», «hacer una leva general de fuerzas que combatan a la Monarquía»[83].

2.4. Un republicano conservador

Uno de los grandes y graves handicaps de la II República fue la inexistencia de una derecha genuinamente republicana. Los partidos acaudillados por Niceto Alcalá Zamora, Miguel Maura y Melquiades Alvárez fueron grupo de notables, sin base de masas, ni proyecto político preciso[84]. La *Agrupación al Servicio de la República* pudo haber llenado ese hueco; pero, por diversas razones, tampoco llegó a cristalizar. Poco antes de la caída de la Monarquía, la *Agrupación* había publicado una circular en la que se indicaban los puntos esenciales de su programa: Estatuto de Trabajo, declarando a todos los ciudadanos «trabajadores»; sindicación forzosa; economía organizada; descentralización administrativa; y separación de la Iglesia y el Estado. La Agrupación aspiraba a «fundir intelectuales y obreros» y anunciaba la creación de una sección juvenil[85].

Uno de los intelectuales que rechazó su incorporación al nuevo grupo fue Eugenio D'Ors, quien, en una entrevista concedida a *El Debate,* criticó la ausencia en el manifiesto de la *Agrupación* de alusiones a la cuestión social, a los problemas culturales y a la política internacional[86]. Algunos intelectuales monárquicos, como el sacerdote Juan Zaragüeta, propusieron al filósofo catalán firmar una respuesta a los intelectuales al servicio de la República; pero el proyecto no cristalizó[87]. Luego, los monárquicos utilizaron la figura de Ramiro de Maeztu, designado por aquellas fechas académico de Ciencias Morales y Políticas, para contrarrestar la influencia republicana entre los intelectuales, ofreciéndole un homenaje, al que asistieron, entre otros, Rodríguez Marín, Artigas, el conde de Rodezno, Víctor Pradera, Ángel Herrera, Muñoz Seca, Antonio Goicoechea, Julio Palacios, José María Pemán, etc.[88].

---

[83] «Agrupación al Servicio de la República», en *El Sol,* 10-II-1931.

[84] Luis Íñigo Fernández, *La derecha liberal en la II República,* Madrid, 2000.

[85] «Circular» (1931), en *Rectificación de la República,* Madrid, 1973, págs. 57 y sigs.

[86] *El Debate,* 1-II-1931.

[87] Margarita Márquez, *La Agrupación al Servicio de la República. La acción de los intelectuales en la génesis del nuevo Estado,* Madrid, 2003.

[88] Pedro Carlos González Cuevas, *Maeztu. Biografía de un nacionalista español,* Madrid, 2002, págs. 256-257. *Ahora,* 18-III-1931.

Una vez proclamada la Segunda República, Ortega saludó al nuevo régimen. Tras elogiar la forma pacífica de su nacimiento, el filósofo le ofreció «unos adavanes de doctrina»[89]. Con motivo de la quema de conventos de mayo, protestó contra «el fetichismo primitivo y criminal» de aquella acción[90]. En las elecciones, la Agrupación consiguió catorce escaños. Y Ortega resultó elegido por la circunscripción de León, donde contaba con el apoyo de Justino de Azcárate[91]. En todo momento, el filósofo se esforzó en negar que el advenimiento de la República hubiera significado una revolución; tal supuesto era «la tergiversación más grave y desorientadora que puede cometerse». Tanto era así que mientras no se enterrase el vocablo «revolución», «la República no habrá recobrado su tono limpio, su son de buena ley». Era necesario «ir sin vacilación a una reforma pero sin radicalismo»[92].

En un primer momento, alabó la ejecutoria de Manuel Azaña, al frente del Ministerio de la Guerra. Su reforma de las Fuerzas Armadas era «la hazaña de Azaña: la reducción radical del Ejército»[93]. Pero, poco a poco, se fue distanciando del régimen que había contribuido a instaurar. En sus discursos, se mostró partidario de un «Estado fuerte» y «una economía organizada», «sin aplastar al individuo productor, al capitalista, al empresario particular, antes bien, embarcándole animosamente, interesándole en el gran negocio colectivo»[94]. De un parlamento «magro y sobrio», de una democracia «poco parlamentaria y charladora». Igualmente propugnó la generalización del autonomismo a toda España, con el objetivo de desvalorizar las reivindicaciones de los nacionalismos periféricos. Y la elección del presidente de la República por asambleas regionales. Abogó por la separación de la Iglesia y el Estado; pero el proyecto de los republicanos de izquierda le parecía de «gran improcedencia». A ese respecto, el Estado debía «actuar con nobleza, por las fuerzas del pasado que representa; pero, además, con cautela»[95].

Notable fue asimismo su discurso sobre el Estatuto de Cataluña, en el que acusó al nacionalismo catalán de «particularismo», «un senti-

---

[89] José Ortega y Gasset, *Rectificación...,* págs. 75.
[90] *Crisol,* 14-V-1931.
[91] Zamora, ob. cit., pág. 333.
[92] «Un aldabonazo», en *Crisol,* 9-IX-1931.
[93] «¡Pensar en grande!», en *Crisol,* 2-VI-1931.
[94] José Ortega y Gasset, «Discurso en León» (1931), en *Rectificación de la República,* Madrid, 1973, pág. 109.
[95] José Ortega y Gasset, «Proyecto de Constitución» (1931), en ob. cit., págs. 111 y sigs.

miento de diotorno vago, de intensidad variable, pero de tendencia sumamente clara, que se apodera de un pueblo o colectividad y le hace desear ardientemente vivir aparte de los demás pueblos o colectividades». Cataluña adolecía de «señerismo», una actitud incoercible, que tan sólo podía «conllevarse». Se negó a ceder a las instituciones autónomas la enseñanza, ni el orden judicial. Había que dar satisfación al «anhelo regionalista», pero sin merma de la soberanía nacional[96].

Y es que el desarrollo de los acontecimientos, y en concreto la política de la coalición republicano-socialista liderada por Manuel Azaña, no gustó al filósofo. Es célebre su «¡No es esto, no es esto!», con que terminaba su artículo titulado «Un aldabonazo»[97]. Pidió la «rectificación de la República» y se mostró partidario de la organización de un partido «de dimensión enorme, de rigurosa disciplina, que sea capaz de imponerse, de defenderse frente a todos los partidos partidistas». Tal fue la tesis de su discurso pronunciado en el cine de la Opera el 6 de diciembre de 1931; pero su mensaje fue desoído, entre otros por Miguel Maura, a quien se había dirigido el filósofo, y que asistió al acto[98]. *El Debate* pronosticó el fracaso del proyecto orteguiano. Y es que el filósofo había hablado en aquel discurso como «lo que es, un literato, un ensayista, un profesor, un observador de la realidad que le circunda, un pensador». «Pero ni ayer ni nunca fue ni será el señor Ortega un gran hombre político, menos promotor de un nuevo partido. Ni es tal su vocación, ni sus aptitudes favorecen el intento.» Y terminaba el artículo diciendo: «En cualquier caso menos nos disgustará el triunfo de hombres respetuosos, mesurados, selectos como el señor Ortega, que la victoria de quienes no saben sino achabacanar cada vez más la política y envilecer la vida colectiva»[99].

No obstante, el contenido de la conferencia fue bien recibido por el nuncio Tedeschini, quien, en un informe a Eugenio Pacelli, señalaba a Ortega como uno de «los valores —de los pocos valores— del nuevo mundo político republicano español». El contenido de la conferencia había sido «sin duda interesante, especialmente en la crítica a la república y a la democracia al viejo estilo anticlerical». No obstante, el nuncio veía a Ortega como un ecléctico, en cuyo discurso existía un poco de liberalismo, por su concepción del Estado laico; un poco de socialismo, por su

---

[96] Ibíd., págs. 111 y sigs.
[97] Ortega y Gasset, ob. cit., págs. 142.
[98] Ibíd., págs. 95 y sigs.
[99] «El discurso de Ortega y Gasset», *El Debate,* 8-XII-1931.

insistencia en las reformas sociales, e incluso un poco de fascismo, proclamando «la supremacía del Estado sobre todo y todos»[100].

Finalmente, Ortega, desilusionado, optó por el abandono de la vida política. La *Agrupación* acabó por disolverse, con gran alegría de las izquierdas, que se distinguieron por su desdén e incluso por su odio hacia el filósofo. De hecho, Ortega fue una de las personas que salieron peor paradas en los *Diarios* y las *Memorias* de Manuel Azaña. La hostilidad del político alcalaíno venía de lejos, aunque coincidieran en la Liga de Educación Política. Ya en 1927 expresó su manifiesta antipatía hacia el madrileño: «Ortega ha puesto al alcance de las damas y de los periodistas el vacabulario de la filosofía. Una cosa es pensar; otra tener ocurrencias. Ortega tiene ocurrencias. (...) Quédese en revistero de salones. Su originalidad consiste en haber tomado la Metafísica por trampolín para su arribismo y de sus ambiciones de señorito»[101]. Ya en la República, Azaña confesaba, en sus diarios, que, a pesar de las alabanzas de Ortega a su reforma militar, «entre este hombre y yo toda cordialidad es imposible». Ortega era «un camelista», «masa encefálica», de «un fondo de provinciano incurable», «dice pedanterías», experto en «críticas fáciles», que, además, se había entrevistado en secreto con Ángel Herrera para torpedear la Constitución. Le colocaba en «la parte más conservadora de las Cortes»; calificaba de «endebles» y «añejos» sus discursos, sobre todo en sus críticas al Estatuto de Cataluña; le acusaba de hacer «lo que puede por destruirnos» y de «jesuitismo», porque «su malhumor contra la República data de la aprobación del artículo 26». Incluso atribuía la intentona del 10 de agosto de 1932, no sólo a las campañas periodísticas de *ABC* o *El Debate,* sino a «algunos artículos de Ortega». Y señalaba: «La impresión que ha causado a don José Ortega el fracaso de Sanjurjo es *que aquí no se sabe organizar nada.»* Le creía, además, relacionado con Juan March[102].

Pero la diatriba antiorteguiana más radical fue la protagonizada por el socialista Luis Araquistain, en las páginas de la revista marxista *Leviatán,* donde le calificó de «coruscante escritor», de «pequeño burgués», de

---

[100] Nunciatura Tedeschini, 17-XII-1931, en *Archivo Secretum Apostol Vaticanum.* 914/2, págs. 182-186. Agradecemos al profesor Felicano Montero el habernos proporcionado este documento.

[101] Manuel Azaña, *Obras Completas,* t. III, Madrid, 1990, pág. 866.

[102] Manuel Azaña, *Memorias políticas y de guerra,* t. I, Barcelona, 1980, págs. 65, 79, 99, 137, 158, 195, 467, 245, 323, 388, 487, 424 y sigs. *Diarios, 1932-1933,* Barcelona, 1997, págs. 9, 31, 53, 59 y sigs.

«autoselecto», de «romántico» —en el sentido de Carl Schmitt—, de «egocéntrico», etc. Luego descalificó su pensamiento, «inconcluso y contradictorio», «como obra casi siempre improvisada, por lo general y desprovisto de una información completa o bastante amplia, cuyas fuentes, por otra parte, rara vez aparecen en sus escritos», «un pensamiento desordenado y discontinuo». Ortega era un «individualista vitalista a ultranza, para quien la sociedad, ahora y siempre, tiene una inmutable estructura». Su vitalismo era, en consecuencia, «esencialmente contrarrevolucionario», heredero de Schopenhauer y Nietzsche[103]. La animadversión de Araquistain hacia Ortega no cesó con el tiempo; en su última obra, el escritor socialista calificó *La rebelión de las masas* de «eyaculación panfletaria»[104].

En parecidos términos se expresaba Julián Izquierdo Ortega, que criticó el contenido de *La rebelión de las masas,* acusándole de ignorar la influencia de las relaciones económicas capitalistas en la masificación de las sociedades; y de no preocuparse por la situación social de los obreros: «El desprecio de Ortega lo mismo cae sobre la masa de parásitos que sobre la masa de los trabajadores.» Su estudio finalizaba con una descalificación del elitismo orteguiano: «¡Menguada aristarquía la del que no desee que las masas sean libres y asciendan!»[105].

Tras la dimisión de Ortega, la *Agrupación al Servicio de la República* estuvo dirigida, en el Parlamento, por Alfonso García Valdecasas. Hasta entonces, su trayectoria había sido la de un liberal. Su cambio de perspectiva política fue paralela al viraje de Ortega hacia posiciones muy críticas hacia el texto constitucional y la política del gobierno republicano-socialista. García Valdecasas fue uno de los fundadores del llamado *Frente Español,* cuyo primer y único manifiesto se publicó el 7 de marzo de 1932; y donde aparecían las firmas de María Zambrano, Eliseo García del Moral, Salvador de Lissarrague y José Antonio Maravall. En el manifiesto, tuvieron pleno desarrollo los conceptos orteguianos de comunidad nacional, corporativismo y exaltación de los valores espirituales[106]. El manifiesto no tuvo repercusión alguna en la opinión pública;

---

[103] Luis Araquistain, «José Ortega y Gasset: profeta del fracaso de las masas», en *Leviatán,* núms. 8 y 9, diciembre de 1934 y enero de 1935.

[104] Luis Araquistain, *El pensamiento español contemporáneo,* Buenos Aires, 1968, págs. 83 y sigs.

[105] Julián Izquierdo Ortega, *Filosofía española (Tres ensayos),* Madrid, 1935, págs. 79, 81, 83-84.

[106] *Luz,* 7-III-1932.

pero sí las intervenciones de García Valdecasas en el Parlamento, sobre todo sus críticas a la política económica y religiosa de los republicanos, lo mismo que a la radicalización de los socialistas. En ese sentido, el grupo fascista de las Juntas de Ofensiva Nacional-Sindicalistas le consideraba una «voz casi afín»[107].

Las JONS habían sido fundadas en 1931 por Ramiro Ledesma Ramos, joven intelectual, discípulo de Ortega y colaborador de la *Revista de Occidente* y de *La Gaceta Literaria*. Ortega fue una auténtica revelación para Ledesma. Su relación debió ser estrecha. En una carta le llama «querido maestro» y le interpelaba sobre la relación entre el pensar filosófico y la problemática nacional[108]. Frente a sus críticos, que le negaban el título de filósofo, Ledesma le consideraba el más eminente pensador español. Creía, además, que Ortega iba camino de conseguir su objetivo de «superar el idealismo, descubriendo antes del pensamiento, una realidad vital que le precede». Sin embargo, estimaba que algunos temas metafísicos no habían sido tratados por el maestro con la debida exhaustividad y que, por lo tanto, todavía no había logrado la construcción de un sistema filosófico expreso. En particular, Ortega no dejaba excesivamente claras las relaciones entre «razón pura», «logos» y «vida»[109].

La política acabó por separarlos. Ledesma no transigió con el liberalismo orteguiano; y llegó a acusar al maestro de ser el portavoz de una concepción anacrónica de la vida política, cuya base era la artificial distinción entre pueblo, nación y Estado. En ese sentido, Ortega era un «intelectual extrafino», cuya perspectiva conservadora le incapacitaba «para renovar la fuerza de los hechos políticos nuevos que aún no tengan un marchamo nuevo»[110]. Pese a ello, la influencia de *España invertebrada* es palpable en su pensamiento. Su nacionalismo, como el orteguiano, era proyectivo, contrario al tradicionalismo menendezpelayista[111]. La solución vertebradora era el Estado totalitario y el partido único[112]. Al mismo tiempo, Ledesma se hizo eco de las soluciones propugnadas por Or-

---

[107] *JONS,* núm. 3, agosto de 1933.

[108] Archivo Centro Ortega y Gasset, 3-IV-1930.

[109] «Sobre un libro político de Ortega y Gasset», *La Conquista del Estado,* núm. 8, 2-V-1931. «Unamuno y la filosofía», en *La Gaceta Literaria,* 15-VII-1930. «Filosofía 1930», en *La Gaceta Literaria,* 1-I-1931.

[110] «Sobre un libro político de Ortega y Gasset», en *La Conquista del Estado,* núm. 8, 2-V-1931.

[111] Ramiro Ledesma Ramos, *Discurso a las juventudes de España* (1935), Madrid, 2003.

[112] «Ideas sobre el Estado», en *Acción Española,* núm. 24, marzo de 1933.

tega en su libro *La redención de las provincias*. El fundador de las JONS veía en la comarca el ente de mayor realidad en la vida pública local. La ventaja de semejante opción era doble. Por un lado, servía para superar la división de España en provincias que había realizado el liberalismo un siglo atrás; por otro, representaba una manera diferente de abordar el problema nacionalista a como lo abordaban los nacionalistas vascos y catalanes, atentos al específico «hecho diferencial» y no a la unidad y fines de la nación española[113].

De la misma forma, Ernesto Giménez Caballero fue admirador de Ortega y colaborador de la *Revista de Occidente*. Su militancia fascista, como en el caso de Ledesma Ramos, le alejó de su antiguo maestro[114]. En su obra *Genio de España* criticó algunas de las tesis defendidas por Ortega en *España invertebrada,* sobre todo su «germanismo», que calificó de «herejía». Sin embargo, el filósofo acertó a percibir, en esa obra, la nueva realidad social y política que se abría paso, tras la Gran Guerra:

> miletantismo contra democracia; estado fuerte contra liberalismo; huestes ejemplares (milicias populares) contra ejércitos industrializados; amor al peligro frente a espíritu industrial; política internacional y económica frente a nacionalismo de política interior; vuelta a primacías medievales frente a insistencia en valores individualístico-humanistas. Y, sobre todo, capitanes máximos responsables y cesáreos que asumieran la tragedia heroica del Mandar frente a muñecos mediocres irresponsables y parlamentarios que eludiesen constantemente la noble tarea de gobernar mundos.

En el fondo, Ortega, en relación al fascismo, utilizaba la táctica de la urraca, por un lado el grito y en otro pone los huevos, «un fenómeno de hipocresía histórica». Y es que el filósofo tenía «terror a las consecuencias» políticas de sus ideas y planteamientos[115].

Por su parte, Alfonso García Valdecasas entró en contacto con Ledesma Ramos y con José Antonio Primo de Rivera, igualmente admirador de Ortega. García Valdecasas fue uno de los fundadores de Falange Española. En su intervención en el mitin que dio a la luz el nuevo partido, García Valdecasas desarrolló una crítica idealista del proyecto de la

---

[113] «Sobre un libro de Ortega y Gasset», en *La Conquista del Estado,* núm. 8, 2-V-1931.

[114] Véase Enrique Selva, *Ernesto Giménez Caballero. Entre la vanguardia y el fascismo,* Valencia, 1999, págs. 191 y sigs.

[115] Ernesto Giménez Caballero, *Genio de España* (1932), Barcelona, 1983, págs. 63, 66, 74.

modernidad, personificado negativamente en las figuras del burgués y del proletario. La creación de ambos tipos desviados era producto del individualismo introducido en las relaciones sociales por la tradición protestante, cuyo resultado fue la pérdida de la dimensión comunitaria de la sociedad característica del catolicismo. Por eso, exaltaba, en contraste, la España de la Contrarreforma, poseedora de una unidad moral que tenía su expresión en una cosmovisión y una teología comunes[116]. Inserto posteriormente en *Acción Española,* García Valdecasas criticó el fascismo, a partir de categorías orteguianas. Los nuevos sistemas totalitarios aparecían como «regímenes de masa, con insinuaciones jerárquicas. Se basan todavía en aquéllas conociendo su indocilidad característica»[117].

José Antonio Primo de Rivera fue un lector asiduo de Ortega. Y, a pesar de los ataques de éste al régimen que encarnó su padre, tuvo hacia él una actitud discipular. La influencia del filósofo en sus escritos puede percibirse con claridad en su concepto de nación. Primo de Rivera definió a la nación como «unidad de destino en lo universal». Ser español no significa únicamente haber nacido en un lugar concreto del globo, sino ser llamado a la «empresa» que ha de realizar España en la historia universal. La nación es una «empresa», un «proyecto», que justifica por su «misión». Del concepto de «unidad de destino» deriva el patriotismo crítico, que se presenta como racional, «clásico», frente al patriotismo «romántico», basado en el particularismo, en los sentimientos elementales, tales como la lengua, la raza o la geografía[118]. Con motivo de sus bodas de plata como catedrático, Primo de Rivera publicó un artículo titulado «Homenaje y reproche a don José Ortega y Gasset», donde ofrecía al filósofo la consecución de la obra de vertebración nacional, para que, en el futuro, pudiera exclamar complacido: «¡Esto sí es»[119].

No fueron los únicos. El falangista catalán José María Fontana, afirmó, en uno de sus libros: «Mi tozudez tuvo un gran forjador: yo no sé si molesto a alguien, pero a mí me hizo falangista don José Ortega y Gasset, mucho antes del acto del teatro de la Comedia»[120]. Y Emiliano Aguado recordó la influencia de Ortega en la sociedad española anterior a la II República: «Cuando aparecía en *El Sol* algún folletón de Ortega,

---

[116] *La Nación,* 30-X-1933.

[117] «Actividad intelectual», en *Acción Española,* núm. 84, febrero de 1936.

[118] José Antonio Primo de Rivera, *Obras Completas,* t. I, Madrid, 1976, págs. 191 y sigs., 229, 347 y sigs.

[119] José Antonio Primo de Rivera, *Obras Completas,* t. II, Madrid, 1976, pág. 831.

[120] José María Fontana, *Los catalanes en la guerra de España,* Barcelona, 1977, pág. 29.

era un acontecimiento que no puede comprenderse hoy. Los libros de la *Revista de Occidente* eran también sucesos en aquella sociedad, a pesar de que aquella sociedad tenía un nivel tan bajo de vida, como se ha repetido después hasta el hastío.» Como católico, consideraba que los libros publicados por la editorial orteguiana sobre temas de índole religiosa —Rudolf Otto, Scheler, etc.— le demostraron que «había un camino para ser religioso sin tener que someterse al camino trillado de la tradición». Era la mejor vía entre el catolicismo tradicional y el «laicismo inane» que triunfó a la largo del período republicano[121].

Tras su abandono de la política activa, Ortega volvió a su cátedra y a la especulación filosófica. No obstante, y a pesar de sus desengaños, continuó manifestando su fe republicana. La victoria de las derechas en las elecciones de 1933 alarmó al conjunto de las fuerzas republicanas. A Ortega le pareció la confirmación de sus críticas a la gestión del gobierno republicano-socialista. Sin embargo, defendió al régimen republicano en dos artículos. No faltaron, en ese sentido, advertencias a las derechas, sobre los peligros de la exacerbación del «señoritismo» y de cualquier tentación de carácter golpista. Su única alabanza fue para José María Gil Robles, el líder triunfante de la derecha católica, «joven atleta victorioso». Y terminaba Ortega aconsejando a las derechas que se integrasen sin vacilaciones en las instituciones republicanas, porque la República seguía siendo el único régimen político que podía garantizar el «destino» nacional[122]. No tardó en contestarle su antiguo amigo Ramiro de Maeztu, director ahora de la revista monárquica *Acción Española* y flamante diputado por Guipúzcoa, a quien irritó la insistencia orteguiana en la defensa de la II República. Para el escritor vasco, los republicanos eran tan sólo una minoría en la sociedad española; y, por lo tanto, el régimen era incapaz de consolidarse. Además, el filósofo no tenía en cuenta el cambio de mentalidad experimentado por la juventud y los intelectuales, cada vez más contrarios al liberalismo y más nacionalistas[123]. Dos años después, Maeztu tuvo oportunidad de regocijarse ante las perplejidades de Ortega, cuando la editorial de la *Revista de Occidente* publicó la obra del corporativista austríaco Othmar Spann, *Filosofía de la sociedad,* en la que se sometía a una demoledora crítica el proyecto de la modernidad y sus representantes. Lo que venía a demostrar que Ortega y

---

[121] Emiliano Aguado, *Ortega y Gasset,* Madrid, 1970, págs. 9 y 12.
[122] «En nombre de la nación, claridad», en *El Sol,* 9-XI-1933. «¡Viva la República!», en *El Sol,* 3-XII-1933.
[123] «Política y régimen», en *La Epoca,* 9-XII-1933.

Gasset se había enterado, por fin, de la situación político-intelectual por la que atravesaba el mundo[124]. Posteriormente, Maeztu acusó a Ortega de ser uno de los causantes de la crisis moral e intelectual que atenazaba a la sociedad española. Su historicismo raciovitalista llevaba al relativismo y, por ende, al nihilismo: «Tampoco creo que el señor Ortega y Gasset pueda ser incluido entre los fanáticos de la verdad. Le gusta demasiado condicionar el pensamiento al tiempo en que se concibe»[125].

A comienzos de 1932, Ortega había tenido una polémica con otro hombre de *Acción Española,* el poeta José María Pemán, quien, en una conferencia titulada «La traición de los intelectuales», había utilizado algunas ideas del filósofo sobre la rebelión de las masas, para atacar a su nueva militancia republicana. Y es que Ortega, a su juicio, contradecía su elitismo apoyando el sistema demoliberal. Frente a este fenómeno, Pemán propugnaba la constitución de un nuevo tipo de intelectual católico, inmune a las sugestiones de las masas y servidor y defensor de los valores eternos de la cultura y de la civilización[126]. En su respuesta, Ortega acusó a Pemán de tergiversar sus ideas, tachándole de «pululante»[127]. A su vez, el poeta gaditano le contestó, volviendo a criticar sus contradicciones políticas y calificándole de «olímpico»[128]. No podía faltar en *Acción Española* una interpretación, ciertamente muy crítica, de Ortega y su filosofía. En primer lugar, algunos de sus colaboradores, como Alvaro Alcalá Galiano, denunciaron su apuesta por la República[129]. Sin embargo, entre Ortega y *Acción Española* existían más concomitancias de lo que, a primera vista, pudiera parecer. Como ya hemos señalado, algunos discípulos del filósofo, como Eugenio Montes o Alfonso García Valdecasas, colaboraron en la revista monárquica. Y el diagnóstico de la crisis social contemporánea no era, en algunos casos, excesivamente diferente. La distinción entre masas y minorías, entre individuos egregios y vulgares, prolongada conscientemente a los fundamentos de la vida humana, se encuentra en ambos. Si algo se reprochaba al filósofo, como ya hemos visto en Pemán, no era precisamente su elitismo, sino el que no sacara las debidas e ineludibles consecuencias de esa filosofía social, es decir, el rechazo de la democracia. Es lo que criticaba, entre otros, Emi-

---

[124] «¡Es la Nelken!», en *ABC,* 1-II-1935.

[125] «La verdad verdadera», *La Epoca,* 20-IV-1936.

[126] *ABC,* 21-II-1932.

[127] «Este señor Pemán...», *Luz,* 25-IV-1932.

[128] «De un pululante a un olímpico», *ABC,* 30-IV-1932.

[129] «La caída de un trono», en *Acción Española,* núm. 10, 1-V-1932, págs. 366.

lio Ruiz Muñoz, que escribía en la revista bajo el pseudónimo de «Javier Reyna», para quien el liberalismo era, en efecto, la raíz última de todo el proceso de rebelión de las masas, que Ortega denunciaba tan elocuentemente[130]. Pero el rechazo fundamental de la revista monárquica al legado orteguiano era su laicismo; y ello era sumamente grave a todos los niveles, porque, a su juicio, sólo el retorno a los principios católicos podía resolver la crisis de las sociedades contemporáneas. La desacralizada visión de la historia de España defendida por Ortega, en sus obras, era, a ese respecto, abiertamente disfuncional. Por ello, José Pemartín diría que, en el fondo, la doctrina esencial de Ortega era «la supresión del catolicismo como parte fundamental de la historia de España»[131]. Otros colaboradores de la revista eran de la misma opinión. Así, el eclesiástico Rafael García y García de Castro expresó su admiración por algunos de los planteamientos de Ortega, pero censuró su agnosticismo religioso. Le turbaba el desinterés orteguiano por la dimensión religiosa del hombre. Ortega le parecía «un alienígena en el terreno religioso»; y atacaba su «laicismo, el ateísmo de Estado». Celebraba, sin embargo, su abandono del «idealismo tradicional», «asentando su pie sobre la roca de la actualidad y realidad de la vida». Y, sobre todo, sus críticas elitistas a la «democracia morbosa». En el mismo sentido, consideraba *España invertebrada* «lo mejor que ha salido de la pluma de Ortega y Gasset», aunque denunciaba su «pesimismo patrio». Aceptaba igualmente su diagnóstico sobre la desmoralización de las sociedades europeas, pero creía que sólo mediante la influencia religiosa podría solventarse dicho proceso[132]. El Padre Bruno Ibeas se encargó de señalar nuevamente que la filosofía orteguiana carecía de sistematicidad. Sus obras estaban cargadas de intuiciones profundas, pero no había conseguido articular una metafísica. Venía a ser un conjunto de posiciones idealístico-vitalistas, adaptado a las corrientes dominantes de la filosofía alemana, cuyo contenido nunca era definido con precisión. En realidad, lo que primaba en Ortega era, a su juicio, la dimensión estético-literaria: «Como literato, antes que otra cosa, ha de pasar a la historia»[133].

¿Tuvo noticia Ortega de aquellas críticas? Si hemos de creer a Eugenio Vegas, otro de los promotores de *Acción Española,* la respuesta es

---

[130] «Asteriscos», en *Acción Española,* núm. 30, 1-VI-1933, págs. 596-597.

[131] «Vida cultural», en *Acción Española,* núm. 47, 16-II-1934, págs. 224.

[132] Rafael García y García de Castro, *Los «intelectuales» y la Iglesia,* Madrid, 1935, págs. 262, 264, 277, 278, 282 y sigs.

[133] «La filosofía de Ortega y Gasset», en *Acción Española,* núm. 74, abril de 1935, págs. 6-7, 21.

afirmativa. En sus memorias, el doctrinario monárquico nos dice que que la revista era «una de sus obsesiones»[134].

De nuevo, el Padre Joan Tusquets, desde Barcelona, se ocupó de Ortega, al que acusó de «propulsor del sectarismo intelectual». Seguía considerando al filósofo madrileño como «uno de los hombres de más relevante personalidad científica no sólo en España, sino en todo el mundo culto y que, ya con su palabra, ya con sus escitos, ha contribuido a propagar doctrinas muy del momento, algunas de ellas de gran interés filosófico». Sin embargo, su filosofía era «profundamente naturalista» e implicaba una «moral acomodaticia». Y concluía: «Por ese motivo, yo, que deseo para nuestra gente un espíritu amplísimo, pero unas formas de actuación absolutas, heroicas y pacientes, temo que la filosofía de Ortega y Gasset nos acarree estragos tan dscisivos como los que hace algunos años ha ocasionado la elegancia fluctuante de Xenius»[135].

Sin embargo, Ortega manifestaba, en privado, su oposición al anticlericalismo de las izquierdas: «yo, que no soy católico —decía a sus alumnos— no tengo un pelo de anticlerical». En 1935 le fue ofrecida la Banda de la República, que rechazó. Aceptó, en cambio, la Medalla de Madrid y el nombramiento de presidente honorario del PEN Club[136].

Cuando se cumplieron sus bodas de plata como catedrático, *El Debate* se hizo eco del aniversario: «Hemos respetado en don José Ortega y Gasset un pensamiento independiente, un rico fondo de cultura, una grave ecuanimidad y hemos admirado una pluma exquisita y brillante —en algunos aspectos, tal vez la primera de nuestros días— y un sentido crítico despierto y agudo en extremo»[137].

Al filósofo el estallido de la Guerra Civil le sorprendió en Madrid. Ante el temor de que su casa fuera asaltada por los revolucionarios, se refugió en la Residencia de Estudiantes, donde también se encontraban Ramón Menéndez Pidal y Gregorio Marañón. Allí un grupo de jóvenes intelectuales de izquierdas, vestidos con monos de milicianos y algunos de ellos armados, entre los que se encontraba su discípula María Zambrano, instaron a Ortega y a sus acompañantes a firmar un manifiesto en

---

[134] Eugenio Vegas Latapié, *Los caminos del desengaño. Memorias políticas,* Madrid, 1987, págs. 269.

[135] Joan Tusquets, *José Ortega y Gasset, propulsor del sectarismo intelectual,* Barcelona, 1932, págs. 7-8, 49.

[136] Zamora, ob. cit., págs. 401, 402.

[137] «Ortega y Gasset», en *El Debate,* 24-XI-1935.

favor de la República, con amenazas físicas muy serias. Bajo esta presión, Ortega, Menéndez Pidal, Marañón, Teófilo Hernando, Pérez de Ayala, Juan Ramón Jiménez y otros, optaron por firmar. Pero la mayoría no tardaron, cuando tuvieron oportunidad, en huir de la capital y, ya a salvo, dar su apoyo al general Franco. En concreto, Ortega denunció las presiones de que había sido objeto, criticando la actitud de algunos intelectuales europeos, con Albert Einstein a la cabeza, que apoyaban la causa republicana sin conocer la realidad del conflicto[138]. Ortega logró huir a Francia. En España fue acusado de contrarrevolucionario y destituido como catedrático de Universidad. En París pasó los primeros años de exilio. Más tarde, y por una corta temporada, se retiró a Holanda, en 1938. Al año siguiente recibió una invitación de Argentina, trasladándose a aquel país, en 1939.

La actitud del filósofo exiliado no gustó a los republicanos. Especialmente dura fue la crítica de su antigua discípula María Zambrano, quien, quizá para compensar su efímera militancia en el *Frente Español,* publicó, en *El Mono Azul,* órgano de la Alianza de Intelectuales Antifascistas, un artículo titulado «La libertad del intelectual», cuyo destinatario no era otro que Ortega. Su contenido era abiertamente stalinista, denunciando «el individualismo burgués», caracterizado por «el asco del intelectual —del intelectual típico— por la masa, el apartamiento de la vida y su impotencia para comunicarse con el pueblo»[139].

Ortega quedó consternado por los asesinatos en zona republicana del liberal Melquíades Álvarez y de Manuel Rico Avello, antiguo militante de la *Agrupación al Servicio de la República.* En consecuencia, su actitud fue abiertamente profranquista. Se negó a firmar un manifiesto pro-paz promovido por Salvador de Madariaga, lo mismo que a reconocer al gobierno de Barcelona como legítimo heredero de la II República. Incluso manifestó sus esperanzas en el papel que pudiera ejercer en el nuevo Estado Ramón Serrano Suñer, quien utilizaba en sus discursos algunas ideas de *España invertebrada*[140]. En ese sentido, apostaba por una articulación de Europa en dos formas distintas de vida pública: «la for-

---

[138] José Ortega y Gasset, «En cuanto al pacifismo» (1938), en *La rebelión de las masas,* Madrid, 1981, págs. 233-234. Véase también su correspondencia con Gregorio Marañón en Antonio López Vega (ed.), *Epistolario inédito Marañón-Ortega-Unamuno,* Madrid, 2008.

[139] «La libertad del intelectual», en *El Mono Azul,* 10-IX-1936. María Zambrano, *Los intelectuales en el drama de España y escritos de la Guerra Civil,* Madrid, 1998, págs. 131-132.

[140] Zamora, ob. cit., págs. 427, 430. Gaziel, *Meditaciones en el desierto, 1946-1953,* Barcelona, 2005, págs. 19 y sigs.

ma de un nuevo liberalismo y la forma que, con un nombre impropio, se suele llamar *totalitaria*». Y sentenciaba:

> Los pueblos menores adoptarán figuras de transición e intermedias. Esto salvará a Europa. Una vez más resultará patente que toda forma de vida ha de menester su antagonista. El «totalitarismo» salvará al «liberalismo», destiñendo sobre él, depurándolo, y gracias a ello veremos pronto a un nuevo liberalismo templar los regímenes autoritarios[141].

En Argentina, donde había dado dos exitosos cursos de conferencias en 1916 y 1928, no se le hizo objeto de la atención que Ortega se consideraba merecedor; tampoco hizo declaración alguna de antifranquismo que esperaban los republicanos argentinos y los españoles exiliados allí. El ambiente no le fue muy propicio; y en 1941 regresa a Europa, esta vez a Portugal, donde se estableció hasta el final de la Segunda Guerra Mundial. Según el filósofo alemán Hans Georg Gadamer, Ortega vivía en la capital lusa, instalado en «los círculos de la alta aristocracia»[142]. Finalmente, el filósofo optó por retornar a España; y lo hizo oficialmente el 4 de mayo de 1946 en el Ateneo madrileño con una conferencia sobre «Idea del teatro», a la que asistieron, entre otros, Sánchez Mazas, Azorín, D'Ors, Marañón, Serrano Suñer, Castiella, etc.[143]. Ortega, además, había sido restituido en su cátedra universitaria, aunque no volvió a ejercer la docencia[144]. Ernesto Giménez Caballero comentó el retorno de Ortega, señalando la postura falangista ante su magisterio: «admirar su cerebro privilegiado, criticar sus veleidades políticas y desear que lo serio suyo y lo serio nuestro se encontrasen al fin ante un común camino por recorrer»[145].

2.5. EL FRANQUISMO: LAS OFENSIVAS CLERICALES

La España a que Ortega regresaba no le era enteramente hostil, como tendremos oportunidad de ver. Sus discipulos, tras la Guerra Civil, se encontraban dispersos. Recasens Siches, María Zambrano y José Gaos, en el exilio. Manuel García Morente, muerto en 1942, experimentó, durante la contienda, una profunda crisis espiritual, que le hizo evolucionar ha-

---

[141] José Ortega y Gasset, «En cuanto al pacifismo» (1938), en ob. cit., págs. 237-238.
[142] Hans Georg Gadamer, *Mis años de aprendizaje,* Barcelona, 1996, pág. 144.
[143] *Arriba,* 6-V-1946.
[144] Zamora, ob. cit., págs. 449-450.
[145] «Nosotros y Ortega», en *La Hora,* 21-V-1946.

cia el tradicionalismo católico de *Acción Española,* como lo demuestra su *Idea de la Hispanidad,* encarnada en un estilo de vida, cuyo arquetipo era el «caballero cristiano»[146]. El más activo de sus discípulos en el interior fue el vallisoletano Julián Marías Aguilera, representante de lo que podemos llamar la «derecha orteguiana». A pesar de su acendrado catolicismo y de su indudable conservadurismo liberal, Marías había luchado en el bando republicano durante la Guerra Civil[147]. Lo que, unido a su fidelidad orteguiana, provocó la suspensión de su tesis doctoral, dedicada a la filosofía del Padre Gatry, por un tribunal compuesto por García Morente, que votó a su favor; el Padre Barbado Viejo, Juan F. Utrilla y Victor García Hoz[148].

Y es que la Iglesia católica era uno de los pilares del nuevo régimen, cuya legislación iba a tener un acusado carácter confesional. Para dotarse de legitimidad histórica, el franquismo hizo suyo el tradicionalismo cultural menendezpelayista. Y la escolástica adquirió el rango de filosofía cuasioficial en la Universidad. Pero, lejos de ser monolítico, el nuevo régimen fue, de hecho, plural, conviviendo en su seno una diversidad de fuerzas políticas, intelectuales y de organizaciones que competían entre sí. A ese respecto, el franquismo resultó ser, en la práctica, una síntesis en la que confluyeron todas las corrientes de la derecha española. De ahí que Ortega tuviera también simpatizantes y discípulos entre los intelectuales afectos a la nueva situación política, sobre todo en los ámbitos del falangismo y entre los conservadores más abiertos a la modernidad. Sus grandes enemigos fueron los escolásticos, tradicionalistas e integristas católicos. Para ellos, el orteguismo, como filosofía e incluso como actitud intelectual, era sinónimo de laicismo, anticlericalismo, relativismo y agnosticismo religioso.

Antes del retorno de Ortega a España, se produjo una clara ofensiva clerical contra su persona y contra su filosofía. Pionero en estas lides fue el jesuita Joaquín Iriarte, con su libro *Ortega y Gasset. Su persona y su doctrina.* Tras analizar su trayectoria vital, Iriarte se ocupó de su filosofía. Alabó *La rebelión de las masas:* «El ensayo tiene mérito, es justo re-

---

[146] Manuel García Morente, *Idea de la Hispanidad,* Madrid, 1941. *Escritos desconocidos e inéditos,* Madrid, 1987.

[147] Véase Helio Carpintero, *Una Voz de la Tercera España. Julián Marías, 1939,* Madrid, 2007. Del mismo autor, *Julián Marías. Una vida en la verdad,* Madrid, 2008.

[148] Julián Marías, *Una vida presente. Memorias,* Madrid, 2007, págs. 237 y sigs. Según Manuel Mindán, la suspensión de la tesis se debió a que Marías había publicado ya el texto; a su desconocimiento de la bibliografía española sobre Gatry; y a sus errores en la traducción de algunos textos de Santo Tomás. Véase Jordi Coromina y Joan Albert Vicens, *Conversaciones sobre Xavier Zubiri,* Madrid, 2008, págs. 42-43.

conocerlo. La sola leva de anclas en pos de tan audaz exploración acreditaría a su autor de pensador.» Pero, como ya era costumbre en el clero, echaba de menos en su obra «una norma eterna que les dé sentido y sin un fin ulterior que les dé consistencia»; igualmente, censuraba su «escasa o nula representación de doctrinas ontológicas y sistemáticas». *España invertebrada* era un libro «desagradable» e insuficiente, porque «el dogma hispánico no cabe en las dimensiones de un folletón», «y menos lanzando por delante enunciandos de tesis tan audaces y revolucionarias». Su teodicea era insuficiente, pues el Dios de Ortega no era «sino el nombre que damos a la capacidad culturalista que posee la vida». Le acusó, en consecuencia, de «relativismo o historicismo neto». Su acatolicismo, heredero de Renan y Nietzsche, era un «desastre» para su alma. Pero al jesuita le preocupaba tanto o más que el agnosticismo de Ortega, el «orteguismo», como «contenido doctrinal», como «actitud y posición», que «será gracia, forma, ensayo, divagación y hasta activismo centro impartidor de las formas filosóficas tudescas», que «va desarticulado de la tradición y sin piedad con los antepasados, sin investigación históricofilosófica, sin análisis de obras, sin introspección metafísica, sin catálogo, bibliografía, estudios comparativos, recuentos de valores a sí anteriores o yuxtapuestos». «Apenas se imagina a un orteguista exhumando documentos o estudiando con piedad escritos antiguos; ha de vérsele siempre teorizando con ardor, educando al Estado y a las naciones»[149].

Siete años después, Iriarte dedicó otro estudio al filósofo madrileño, *La ruta mental de Ortega*. Las circunstancias habían cambiado. El filósofo se encontraba ya en España; y sus *Obras Completas*, debidamente expurgadas de temas directamente políticos, habían sido publicadas, en seis tomos, a la altura de 1946. Iriarte centró sus críticas en el historicismo orteguiano, sinónimo para él de relativismo, que convertía a la religión en «una verdad parcial, con no poder ser verdad absoluta, con no tener validez para todos los tiempos y para todos los hombres». «Ninguna huella del Absoluto, de Transcendente, en un horizonte finista. Ningún valor inconmovible en sus normas. Ninguna realidad intemporal en sus esencias.» Un historicismo no ya anacrónico, según Iriarte, sino que se refutaba a sí mismo: «¿donde hacer pie para pensar la consistencia de sus propios asertos, que, nótese bien, tienen ya valor absoluto: todo es relativo, historicidad, he ahí el único principio absoluto? Las formas de pensar que nos llevan a tales conclusiones, ¿por qué han de tener valor de inconmovibles, de dogmáticas?». Tanto el historicismo como la concep-

---

[149] Joaquín Iriarte, *Ortega y Gasset. Su persona y su doctrina*, Madrid, 1942.

ción orteguiana de la filosofía llevaban, pues, al «anticristianismo» y al «nihilismo». En consecuencia, el jesuita prevenía de su influencia en las juventudes universitarias: «Así se pondrá a la orden del día una petulancia incrédula y precoz en nuestras juventudes tan despiertas y tan facilmente sugestionables.» El libro finalizaba con un paralelo entre la figura y la obra de Ortega y Santayana, unidos ambos por su escepticismo, historicismo y nihilismo[150].

No muy diferente era la interpretación de Juan Roig Gironella, quien denunciaba la «desnuda pobreza ideológica» del raciovitalismo. Su nietzscheanismo «considera al hombre como una curiosa especie biológica, absurda, que ha tenido siempre la manía de poseer una razón y de imaginar que éste ha de predominar sobre el impulso espontáneo de la vida». El perspectivismo era una «perorata sin sentido», que llevaba al «escepticismo» y al «relativismo». Roig tan sólo reconocía a Ortega «la vistosidad de un estilo brillante»[151].

Desde México, el jesuita José Sánchez Villaseñor veía en la filosofía orteguiana un producto de la grave crisis intelectual y política de principios del siglo XX. Era, en realidad, un discípulo de Nietzsche y de los neokantianos. Su mensaje revestía, en consecuencia, un «inusitado patetismo», porque propugnaba «el dilettantismo relativista en metafísica»; lo que conducía al «inmoralismo en la ética». Ortega rebajaba la moral «a la cualidad deportiva, libre de sanciones, exenta de toda obligación»; y que se esforzaba «en cohonestar con criterio nietzscheano el inmoralismo del gran político, con rasgos donde se adivinan los perfiles brutales del superhombre». «En su más recóndita intención, la obra orteguiana propugna la legitimación del ateísmo trágico.» «Pesimismo glacial y escéptico», «pseudohumanismo», etc. Pese a ello, Sánchez Villaseñor no escatimaba algunos elogios a Ortega, «conferenciante eminente», «pensador de talla»; alababa la «certera intuición del diagnóstico defendido en *La rebelión de las masas»;* pero estimaba que su «inmoralismo vitalista» no conducía a la solución del problema[152].

---

[150] Joaquín Iriarte, *La ruta mental de Ortega,* Madrid, 1949. Ortega tenía noticia de aquellas críticas, y las relacionaba con la Compañía de Jesús. No obstante, despreciaba lo que denominaba su «imbecilidad de contenido». Véase carta a Gregorio Marañón, 13-XII-1949, en Antonio López Vega (ed.), *Epistolario inédito Marañón-Ortega-Unamuno,* Madrid, 2008, pág. 216.

[151] Juan Roig Gironella, *Filosofía y Vida. Cuatro ensayos sobre actitudes: Nietzsche, Croce y Ortega y Gasset,* Barcelona, s/f, págs. 80, 94, 97, 102, 105 y sigs.

[152] José Sánchez Villaseñor, *Pensamiento y trayectoria de José Ortega y Gasset,* México, 1943, págs. 333-334, 176 y sigs. Esta obra ha sido reeditada en 2007.

El fiel Julián Marías intentó, sin demasiada dificultad, pues el nivel filosófico de aquella publicística era francamente deplorable, defender a su maestro de tales acusaciones, garantizar la continuidad del legado orteguiano y demostrar su compatibilidad con el catolicismo. A su juicio, la obra de los críticos, no sólo manifestaba su ignorancia filosófica, sino una abierta «voluntad de malentender» y condenar sin paliativos la filosofía orteguiana, al tiempo que obstaculizar su difusión no sólo en España y Portugal, sino en Hispanoamérica y en Estados Unidos. Además, los tres jesuitas carecían por completo de relevancia filosófica; no seguían las reglas establecidas en el trabajo intelectual, jugando con «la candidez de los lectores». Utilizaban el improperio «en su forma más pura y directa», deformando el pensamiento de Ortega. Todo lo cual comprometía no sólo la buena fama de la Compañía de Jesús, a la que pertenecían los tres autores, sino a la propia Iglesia católica, a la que era necesario preguntar si se identificaba con tales opiniones: «Mi condición católica y mi filiación intelectual orteguiana me imponían, pues, de modo convergente, la obligación de no seguir callando indefinidamente frente a un peligro que amenaza por igual a la filosofía y al prestigio del catolicismo.» Y es que tanto Iriarte como Roig Gironella y Sánchez Villaseñor eran unos ignorantes en historia de la filosofía, lo que podía percibirse en el contenido «extramadamente parvo» de sus obras. En ninguno de aquellos libros se intentaba comprender la razón vital como método filosófico; tan sólo condenarlo: «Claro que se trata de una cuestión difícil, que a mí me ha costado años comprender con cierta plenitud y rigor y resulta más cómodo desconocerla.» Pero el filósofo vallisoletano iba más lejos; y denunciaba la «situación social» que había hecho posible que tales obras hubieran podido tomarse en serio, a pesar de su indudable mediocridad. Se trataba de una «situación social» en la que se carecía de una «instancia superior en que no se espera que nadie subraye el perfil de esos libros y sus caracteres, y ponga de manifiesto su verdadera condición»; una sociedad en que no había «crítica —al menos para ellos—; en que tampoco hay un sistema de presiones automáticas que se ejerzan sobre cada uno de sus miembros y reglen su conducta, una sociedad, por tanto, disociada, en esencial desajuste». En fin; para Marías, estos autores no eran conscientes de que la filosofía de Ortega, como ya había ocurrido con Platón, Aristóteles y otros pensadores paganos, podía servir eficazmente para enriquecer el acervo intelectual del catolicismo: «La filosofía de la razón vital elimina formalmente el agnosticismo, pero no por capricho, por mero deseo o por conveniencia, sino por absorbente necesidad: porque el hombre no tiene más remedio que "dar razón" de las cuestiones últimas, para poder vivir aquí y ahora»[153].

Menos repercusión tuvo el libro del franciscano Miguel Oromí, *Ortega y la filosofía. Seis glosas,* en cuyas páginas se incidía, sin demasiada originalidad, en el relativismo ético a que abocaba la razón vital y el perspectivismo orteguiano: «La razón vital no reconoce normas impuestas desde fuera, ni dogmas religiosos, ni dogmas de razón. La razón vital no reconoce otra realidad auténtica que *mi vida.*» El franciscano analizaba igualmente las consecuencias político-sociológicas de esa visión de la realidad. En tal sentido, la ejemplaridad de las minorías selectas, carentes de fundamento religioso, no podía ser aceptada por el grueso de la población:

> Gracias a que la masa social, por una especie de olfato que le es característico, y como si oliera la tempestad que se aproxima, prefiere vivir de las supervivencias del pasado, de las que no habla Ortega, antes que ser rebaño del hombre selecto. Los hombres selectos a lo Nietzsche sólo pueden ser el entretenimiento de esos niños que juegan a los bolos[154].

Por su parte, Juan Roig Gironella publicó un folleto antológico sobre el tema religioso en Ortega, donde insistía en su anticatolicismo y así, según decía, «ayudar al público español a formarse un juicio objetivo y verdadero sobre este punto»[155].

Pero, como ya hemos adelantado, ni Ortega ni Marías estaban sólos en la España de Franco. Contaron con el apoyo del falangismo intelectual organizado en torno a la revista *Escorial,* cuyos principales animadores fueron Pedro Laín Entralgo, Dionisio Ridruejo y Antonio Tovar. Este grupo político-intelectual pretendía garantizar la continuidad del legado noventayochista y orteguiano, donde se encontraban, a su juicio, las raíces intelectuales del ideario falangista. Para Laín, Ortega representaba la «revaluación de la vida», de la «auténtica vitalidad». «La vida, como unidad primaria, como ímpetu creador, como fuente en la cual toman su lozanía todas las otras actividades humanas.» Laín propugnaba la defensa de Ortega y la asunción de algunos de sus planteamientos siempre que

---

[153] Julián Marías, *Ortega y tres antípodas,* Buenos Aires, 1950, págs. 25 y sigs.

[154] Miguel Oromí, *Ortega y la filosofía. Seis glosas,* Madrid, 1953, págs. 254 y 261.

[155] Juan Roig Gironella, *Lo que no se dice. Con una antología teofánica de Ortega y Gasset y varios documentos,* Barcelona, 1954, págs. 4 y sigs.

no estuviesen en contradicción con las verdades fundamentales del cristianismo. Y es que la concepción del hombre como ser puramente histórico llevaba «constitutivamente dentro de sí la imposibilidad de señalar qué sea lo bueno y lo malo, esto es, alguno distinto de *mi bien* y de *mi mal*»[156]. En su obra *España como problema,* el intelectual falangista presentó a Ortega como el principal heredero del 98, que había asumido un auténtico «ideal de eficacia» tendente a la europeización de la sociedad española; pero que cometió el error de no tener en cuenta suficientemente la fuerza de la tradición católica. Sin embargo, señalaba que «salvadas las inexcusables diferencias, pervive en nosotros lo mejor de su obra». Y concluía: «Queremos al catolicismo como luz y perfección, no como coacción»[157].

El proyecto intelectual lainiano influyó decisivamente en ciertos sectores de las juventudes falangistas y católicas inquietas por el carácter tradicionalista que impregnaba la política cultural del régimen. En ese sentido, algunos de estos jóvenes pretendieron enlazar, sin abandonar por ello el falangismo, con la tradición institucionista, orteguiana, liberal y d'orsiana. Así, Rodrigo Fernández Carvajal abominaba del «derechismo casticista y menéndez-pelayesco» patrocinado por los tradicionalistas; una alternativa que era incapaz de «moldear desde la raíz hombres de estilo», ya que le faltaba «virtualidad pedagógica». No en vano, el catolicismo español había carecido de grandes pedagogos, con la excepción de Andrés Manjón; lo que hacía necesaria «una revolución pedagógica de signo católico». Por contra, Giner de los Ríos y la Junta de Ampliación de Estudios habían sido capaces de abrir una «ruta en la gran obra de educar al hombre celtibérico»[158]. No muy lejos de aquella posición, Carlos Castro celebraba la publicación de los *Ensayos liberales* de Gregorio Marañón, cuyos planteamientos ayudaban a buscar la veracidad y el equilibrio «sin pasión casticista»[159]. No obstante, era Ortega el intelectual más valorado por aquella juventud, como afirmaba Carlos Alonso del Real, ya que en su obra se aunaban «la angustia de España y el escribir bien», junto al esfuerzo «en ser filósofo»[160]. Desde esa perspectiva,

---

[156] «Educación del ímpetu», en *Revista Nacional de Educación,* II, 1941, págs. 7 y sigs. «Notas marginales al último libro de Ortega», en *Escorial,* mayo de 1941, págs. 304 y sigs.

[157] Pedro Laín Entralgo, *España como problema,* Madrid, 1948, págs. 120-121, 122, 146, 151.

[158] «Educación y casticismo», en *Alférez,* 5, 30-VI-1947, págs. 2-3.

[159] «Ensayos liberales», en *Alférez,* 6, 30-IX-1947, pág. 5.

[160] «Otra vez Ortega», en *Alférez,* 21, octubre de 1948, pág. 4.

los jóvenes falangistas recibieron con estusiasmo la aparición del Instituto de Humanidades, en el que vieron un instrumento de recuperación de lo que «en España perdimos el día en que se dejó de publicar la *Revista de Occidente*»[161]. Menos entusiasta se mostró el autor de un editorial de la revista *Alférez,* en su comentario al curso de Ortega sobre la filosofía de la historia de Arnold Toynbee. El editorialista reconocía en el filósofo al «padre de casi todos los españoles que piensan, incluidos muchos de los que le combaten»; pero le veía anclado en la «isla de 1930». Y señalaba:

> Hoy no sólo se piden a las ideas que ilustren y diviertan, sino también que salven; salvar quieren, cada uno a su modo, Jünger, Toynbee o Sartre. Como maderos sobre la corriente, las ideas están así asediadas por manos de naúfrago. Cerrar los ojos a este espectáculo y ponerse a divagar gratamente sobre el dandysmo o sobre la etimología de cualquier vocablo traído por los cabellos es una incomprensible actitud[162].

De la misma forma, aquellos jóvenes echaban de menos en el maestro una cierta apertura a lo religioso y de «respeto al misterio»[163].

Otro de sus discípulos inserto en el régimen era Alfonso García Valdecasas, nombrado director del Instituto de Estudios Políticos; y que utilizó, en aquellos momentos, algunas ideas de Ortega en su significativa obra *El hidalgo y el honor*[164]. El historiador Luis Díez del Corral tuvo igualmente una fidelidad discipular hacia Ortega. Su célebre obra *El liberalismo doctrinario* era, como reconoció el propio Díez del Corral, de clara inspiración orteguiana: «Siempre le guardaré gratitud especial por una frase con la que topé cuando, partiendo de un estudio inicial sobre el pensamiento político de Cánovas, me retrotraía a la lecturas de los doctrinarios galos»[165]. Ortega era, para él, «fundamentalmente maestro», porque su europeísmo, su apertura al saber científico, su capacidad de formalización conceptual resultó ser un beneficioso contrapeso «al tipo de personalismo hispánico de la generación del 98», cuyo arquetipo era Unamuno: «Él venía a ser la razón vital personalizada»[166]. Como histo-

---

[161] «Instituto de Humanidades», en *Alférez,* 21, octubre de 1948, pág. 7.
[162] «Ortega a destiempo», en *Alférez,* 23-24, enero de 1949, pág. 3.
[163] «El respeto al misterio», en *Alférez,* 14-15, 30-IV-1948, pág. 10.
[164] Alfonso García Valdecasas, *El hidalgo y el honor,* Madrid, 1948, págs. 6-7 y sigs.
[165] «Ortega ante el Estado», en *Revista de Estudios Políticos,* núm. 69, mayo-junio de 1953, págs. 16.
[166] Luis Díez del Corral, *Historia y Política,* Madrid, 1956, págs. 25 y sigs.

riador de las ideas políticas, Díez del Corral valoraba en Ortega «una visión amplísima, sutilísima de lo político, que penetra por todos los poros de la vida social e histórica, que la dinamiza y espolea hacia el futuro». Y, justamente, por esa visión dinámica de lo estatal era posible, dentro de la concepción orteguiana, transcender la forma concreta del Estado nacional y llegar a formas superiores de convivencia más integradoras, es decir, a la unidad europea[167]. Como en el caso de Díez del Corral, José Antonio Maravall unió la condición de historiador a la de político; e igualmente tuvo una gran devoción hacia Ortega. Durante la II República, fue un hombre muy próximo al filósofo; militó en su etapa de estudiante en la FUE, siendo uno de los firmantes, como ya sabemos, del manifiesto del *Frente Español,* cuyo principal redactor había sido García Valdecasas. Colaborador de la *Revista de Occidente* y de *Cruz y Raya,* su adhesión al Movimiento Nacional fue, tras la Guerra Civil, entusiasta[168]. Miembro del Instituto de Estudios Políticos, aunó su devoción por Ortega con una perspectiva acusadamente antiliberal, manifestándose partidario de una política de «libertad dirigida» para «el más exacto servicio de individuo, de la Patria y de Dios en ese quehacer común con la vida política de los pueblos»[169].

El regreso de Ortega a España y la misma situación europea contribuyeron a hacer más explícito su conservadurismo. En 1948, como ya señalamos, Ortega fundó, con algunos colaboradores, el Instituto de Humanidades, donde impartió, bajo un retrato de Franco y una enorme inscripción falangista, y con la asistencia de José María Pemán y Ramón Serrano Suñer[170], un curso sobre la filosofía de la historia de Arnold Toynbee. Este curso, publicado luego con el título de *Una interpretación de la Historia Universal,* sirvió al filósofo para jactarse de su influencia en Falange Española, «un grupo de la juventud española que ha ejercido una intervención muy enérgica en la existencia española». Para criticar a la democracia, cuya legitimidad calificó de «deficiente y feble». Y para reivindicar la funcionalidad de la Monarquía, «la primigenia, prototípica y ejemplar»[171].

---

[167] «Ortega ante el Estado», en *Revista de Estudios Políticos,* núm. 69, mayo-junio de 1953, págs. 20-21.

[168] Javier Varela, *La novela de España,* Madrid, 1999, págs. 323 y sigs. «José Antonio Maravall», en *Historia 16,* octubre de 1980, págs. 109 y sigs.

[169] «Liberalismo y libertad en Europa», en *Revista de Estudios Políticos,* núm. 21, 1945, págs. 6-7, 42-43.

[170] Gaziel, *Meditaciones en el desierto, 1946-1953,* Barcelona, 2005, págs. 109 y sigs.

[171] José Ortega y Gasset, *Una interpretación de la Historia Universal,* Madrid, 1980, págs. 131 y sigs.

En aquellos momentos, Ortega desarrolló, además, los fundamentos de su teoría sociológica, iniciada en los años 30, cuya base existencial era un radical pesimismo antropológico, que recordaba a Thomas Hobbes y a Carl Schmitt. Para el filósofo, el hombre padecía una soledad constitutiva, derivada del hecho de que su vida es, por completo, intransferible. Desde sí mismo, el ser humano se abre al mundo y a los otros. Lo que distingue a los otros hombres de los demás elementos mundanos, como los animales, es el ser «capaz de responderme tanto como yo a él», de un modo recíproco. En la descripción del proceso de relación entre los hombres, aparece la noción de violencia como factor que rige las relaciones humanas. La conducta humana tiene, para Ortega, un «contenido terrible», porque el hombres es «capaz de todo, ciertamente de los egregio y perfecto, pero también no menos de lo más depravado»; lo que siempre lleva a ponerse «en lo peor y anticipar que su reacción puede darme una puñalada»[172].

En una conferencia en la Universidad de Berlín, en 1949, el filósofo volvió a criticar a la democracia, un concepto cuya utilización se había vuelto «estúpida y fraudulenta». Después de Yalta se había convertido en una «ramera», porque «fue pronunciada y suscrita allí por hombres que le daban sentidos diferentes, más aún contradictorios: la democracia de uno era la antidemocracia de los otros dos, pero tampoco estos dos coincidían suficientemente en su sentido». Criticó la idea de contrato social como «el más insensato ensayo que se ha hecho de poner la carreta delante de los bueyes». Defendió la nación: «Nación no es nosotros, sino que nosotros somos Nación. No la hacemos, ella nos hace, nos constituye, nos dá nuestra radical sustancia.» Interpretó la existencia de los regímenes autoritarios, no como realidades políticas «engendradas por los caprichos o la intriga», sino como «manifestaciones ineludibles del estado de Guerra Civil en que casi todos los países se hallan hoy». El filósofo seguía denunciando la «vulgar idolatría de la Revolución Francesa»; y no dejaron de ser significativas sus elogiosas menciones al conservadurismo de Edmund Burke, «en quien, por primera vez, aparecen resueltamente afirmadas la tradición, la costumbre, el instinto, los impulsos espontáneos de cada pueblo que habían sido considerados hasta entonces como los pudenda de la historia»[173]. Goethe igualmente era el represen-

---

[172] José Ortega y Gasset, *El hombre y la gente,* Madrid, 1988, págs. 53 y sigs.
[173] José Ortega y Gasset, «De Europa meditatio quedam» (1949), en *Europa y la idea de Nación*, Madrid, 1985, págs. 34, 45, 102 y 109.

tante de la nueva mentalidad conservadora y antiutópica. El escritor alemán rehusó siempre apoyarse, para vivir, en la utopía. Se encontraba totalmente al margen de la filosofía optimista del siglo XVIII y de la idea de progreso. A ese respecto, la gran tarea goethiana era «la construcción de una civilización que parta expresa y formalmente de las negatividades humanas, de sus inexorables limitaciones y ellas se apoye para existir en plenitud». *Entragung* —resignación— era la expresión que ayudaba a perfilar la nueva mentalidad, basada en la aceptación de «las manquedades y negaciones de nuestro destino»[174].

No obstante, el filósofo tampoco escatimó críticas a sus viejos enemigos, como Menéndez Pelayo, a quien, dirá, «por grotescas e inoperantes razones no intelectuales se ha querido estos años galvanizar»[175]. Al escolasticismo, que tachó de «degradación de la ciencia en mera terminología». Y, lo que es más significativo, a la Contrarreforma como fenómeno histórico-político-intelectual, que consideraba un «daño definitivo» a España, porque implicó la «hermetización de nuestro pueblo hacia y frente al resto del mundo»[176].

El historiador José Luis Abellán ha defendido la tesis de que Ortega regresó a España para favorecer el retorno de la democracia, apoyando la alternativa monárquica representada por Juan de Borbón[177]. Pero no aporta pruebas suficientes, a la hora de demostrarlo. En cualquier caso, probaría que el filósofo apostaba por una solución conservadora. Ortega tuvo conversaciones con sus viejos enemigos de *Acción Española,* Pedro Sainz Rodríguez y Eugenio Vegas Latapié, pero esto no demuestra nada. Ortega no estuvo entre los firmantes del célebre «Saluda» de apoyo al Pretendiente cuando éste se instaló en la localidad portuguesa de Estoril. Sí lo estuvieron algunos liberales como Melchor Fernández Almagro, Gabriel Maura, Ramón Menéndez Pidal o su discípulo Alfonso García Valdecasas. Sin embargo, por aquel entonces, la inmensa mayoría de los partidarios del retorno de la Monarquía eran profundamente antiliberales. La alternativa monárquica al franquismo no se cifraba en la restauración del régimen constitucional, sino, como lo prueban las llamadas

---

[174] José Ortega y Gasset, «Sobre Goethe bicentenario» (1949), en *Goethe, Dilthey,* Madrid, 1983, páginas 78-79.

[175] José Ortega y Gasset, *Velázquez,* Madrid, 1970, págs. 124-125.

[176] José Ortega y Gasset, *La idea del principio en Leibniz,* Madrid, 1992, págs. 201, 373-374.

[177] José Luis Abellán, *Ortega y Gasset y los orígenes de la transición democrática,* Madrid, 2005, páginas 150 y sigs. Julián Marías ha negado la tesis de Abellán (Véase Jordi Corominas y Joan Albert Vicens, *Conversaciones sobre Xavier Zubiri,* Madrid, 2008, pág. 62).

Bases de Estoril, en la instauración de la Monarquía tradicional y corporativa de *Acción Española.* Además, el grupo político-intelectual en que se apoyaba el proyecto monárquico, organizado en torno a la revista *Arbor,* se caracterizó por su antiliberalismo radical. Sus principales animadores eran Rafael Calvo Serer, Florentino Pérez Embid, Ángel López-Amo y Vicente Marrero, todos ellos miembros de la sociedad religiosa Opus Dei y herederos de *Acción Española.* Seguidores de Menéndez Pelayo y Maeztu, identificaban la tradición nacional con el catolicismo; y, por lo tanto, se mostraron muy críticos con Ortega. Calvo Serer denunciaba la antipatía del filósofo hacia Menéndez Pelayo y, sobre todo, «su dictadura intelectual en la vida española hasta 1931», conducente «a oscurecer en todo este tiempo la obra cultural de don Marcelino»[178]. El más militantemente antiorteguiano fue Vicente Marrero, para quien Ortega era «el mandarín de un China amurallada de intelectuales que han heredado del maestro muchas de sus aficiones: el adornarse y pavonearse con plumas exóticas, la helomaquia, el hinchar el pecho, engolar la voz, el trato digno de un emperador de Bizancio»[179]. Una excepción en este grupo fue la de Gonzalo Fernández de la Mora, quien, en su etapa de estudiante universitario, pasaba por ser «un orteguiano furibundo»[180].

Los colaboradores de *Arbor* fueron los críticos más arriscados de la política liberalizadora propugnada, desde el Ministerio de Educación Nacional, por Joaquín Ruiz Giménez, y que contó con el apoyo de Laín Entralgo, Ridruejo, López Aranguren, Pérez Villanueva, Tovar, Zubiri, etc. En ese contexto, se produjo un homenaje a Ortega, con motivo de su jubilación como catedrático, organizado por sus discípulos católicos, que Vicente Marrero criticó, desde *Arbor,* denunciando que la filosofía orteguiana había sido, y era, «el esfuerzo encaminado a descristianizar a España más inteligente, sistemático y brillante que se ha visto en nuestra patria después de la aparición de la Institución Libre de Enseñanza»[181]. La respuesta de los orteguianos no se hizo esperar: Laín, Ridruejo, Marías, García Gómez, Valdecasas, Cruz Hernández, López Aranguren, Lissarrague y Díez del Corral firmaron una carta de protesta, en la que se repudiaba tajantemente la opinión del tradicionalista canario, calificándola de «absoluta y gravísima falsedad»[182].

---

[178] Rafael Calvo Serer, *Teoría de la Restauración,* Madrid, 1956, págs. 167 y sigs.
[179] Vicente Marrero, *Maeztu,* Madrid, 1955, pág. 11.
[180] Gonzalo Fernández de la Mora, *Ortega y el 98,* Madrid, 1961, pág. 135.
[181] *Arbor,* núm. 89, mayo de 1953, págs. 119 y sigs.
[182] *Arbor,* núms. 91-92, julio-agosto de 1953, págs. 443.

A finales de 1953, según comunicaba el ministro de Asuntos Exteriores Alberto Martín Artajo al embajador español en el Vaticano, Fernando María Castiella, habían sido enviados a la Congregación del Santo Oficio todos los escritos de Ortega y Gasset. Por ello, Martín Artajo instaba a Castiella a exponer a «quien proceda necesidad de atender razones de prudencia y oportunidad cuando examine tan delicado asunto»[183].

José Ortega y Gasset murió en Madrid el 18 de octubre de 1955. Su entierro sirvió a la juventud universitaria antifranquista para convertirle en uno de sus portaestandartes, sobre todo por su liberalismo y laicismo. Tras su muerte, Ortega fue homenajeado, por los estudiantes contestatarios, como «filósofo liberal»[184]. La Vicesecretaría de Educación Popular comunicó a los directores de los periodicos una serie de consignas ante la muerte del filósofo: dar la noticia con la titulación máxima de dos columnas y la inclusión de un sólo artículo encomiástico, «sin olvidar en él los errores políticos y religiosos del mismo»; además, habría de eliminarse la denominación de «maestro». El ministro de Información prohibió, asimismo, sacar en las portadas la imagen del difunto. Sin embargo, la mayoría de estas consignas no fueron cumplidas por la prensa. *Pueblo* incluyó un extenso artículo sobre la obra del filósofo. *YA* dedicó dos columnas de la portada a publicar, debajo de la foto de Ortega, información, en la que se incluía la condolencia de Franco a sus familiares. Insertó un artículo de Ruiz Giménez y un trabajo de análisis escrito por Nicolás González Ruiz. *Arriba* publicó artículos de Laín Entralgo, Adolfo Muñoz Alonso, Dionisio Gamallo Fierros, Antonio Díaz Cañabate, Juan Sampelayo y Luis Ponce de León. *ABC* sacó en la portada la mascarilla mortuoria del filósofo elaborada por el escultor Juan Cristóbal; y artículos de Emilio García Gómez, Gregorio Marañón, Xavier Zubiri, Laín Entralgo, Rafael Sánchez Mazas, Julián Marías, Fernández Almagro y el Padre Félix García. Los católicos se esforzaron en señalar que Ortega se había reconciliado con la Iglesia, lo que posteriormente fue negado por la familia[185]. Significativo fue el homenaje del escritor falangista Rafael Sánchez Mazas, anterior contradictor y crítico del filósofo,

---

[183] Javier Tusell, *Franco y los católicos,* Madrid, 1984, pág. 335.

[184] Véase José Luis Abellán, *Ortega y Gasset y los orígenes de la transición democrática,* Madrid, 2005, págs. 211 y sigs.

[185] Véase Antonio Lago Carballo, «La prensa ante Ortega», en *ABC de las Artes y las Letras,* núm. 715, 15-21-X-2005, pág. 8. Ignacio Blanco Alonso, «Itinerario Biográfico. Otoño de 1955. Conmoción por la muerte de José Ortega y Gasset», en *Revista de Estudios Orteguianos,* núms. 10-11, mayo-noviembre de 2005, págs. 79-153.

recordando como «ejemplares sus actitudes en las Cortes republicanas contra los turbios estatutos y contra cuanto pretendía degradar en nacionalismos aldeanos, la unidad y la misión universal de España». Además, el filósofo había sido «uno de los mayores europeos de su tiempo», pero, al mismo tiempo, «hizo casi gala de españolísimo carácter en sus virtudes, en su señorío, en sus afectos, gustos y aficiones». En definitiva, su ilusión constante había sido «el descubrimiento, la invención, el reconocimiento de una nueva y mejor España». Y concluía: «Si alguna vez erró el camino, su intención e ilusión fueron puras»[186].

Tres años después salió a la luz el libro del Padre Santiago Ramírez de Dulanto, *La filosofía de Ortega y Gasset,* donde se sometía a una crítica radical las ideas del madrileño y sus relaciones con el catolicismo. El dominico era considerado como una de las máximas autoridades de la escolástica española y europea. Había enseñado en la Universidad de Friburgo y polemizado con Maritain; luego, impartió sus clases en Salamanca. Plenamente inserto en la ideología de la «Cruzada», aconsejó, en una entrevista a Juan de Borbón pactar con el general Franco la transición a la Monarquía tradicional. Desde 1945, se instaló en Madrid como director del Instituto de Filosofía «Luis Vives» del CSIC. Luego fue un destacado miembro de la Comisión Preparatoria del Concilio Vaticano II y Perito de la Comisión Teológica del Concilio[187].

En el libro, Ramírez exponía las principales ideas filosóficas de Ortega, analizando noción por noción y tema por tema en qué consistía la reforma filosófica que el madrileño pretendió. Se valía para ello de expresiones literales sacadas de sus *Obras Completas,* en una sección que ocupaba ciento cincuenta páginas del libro. En una segunda sección, Ramírez intentó condensar en una apretada síntesis esa mismas ideas; y luego las valoró, vistas desde la teología y la fe católicas. Sus conclusiones no diferían en absoluto de las ya sustentadas por Iriarte, Roig Gironella, Oromí y Sánchez Villaseñor. La vida carecía, en la filosofía orteguiana, de fin último; valía por sí misma y para sí misma. El hombre no era un animal racional; tampoco tenía naturaleza; era un perpetuo acontecer. La verdad era esencialmente relativa al hombre, condicionada por el error. Dios era una creación del hombre; se disolvía en la historia; no transcendía al Universo. Y, como colofón, le acusaba de profesar «un laicismo radical, teórico y práctico..., pero sin anticlericalismo persecutorio»[188].

---

[186] «El patriotismo de Ortega», *ABC,* 19-X-1955.
[187] Vicente Marrero, *Santiago Ramírez. OP. Su vida y su obra,* Madrid, 1971.
[188] Santiago Ramírez, *La filosofía de Ortega y Gasset,* Madrid, 1958.

Se estaba ante la más peligrosa ofensiva del integrismo católico español contra el orteguismo. No debe olvidarse que un año antes, el 30 de enero de 1957, se habían colocado en el Indice de Libros Prohibidos dos obras de Miguel de Unamuno, *Del sentimiento trágico de la vida y La agonía del cristianismo.* Según el Padre Miguel Batllori, el promotor de dicha ofensiva había sido el obispo de Canarias Antonio Pildain, y su objetivo era acusar a Ortega de heresiarca[189]. Uno de los discípulos de Santiago Ramírez, el Padre Victorino Rodríguez señaló que a su maestro «desde las supremas instancias vaticanas (la Congregación de la Fe) le urgieron una valoración crítica del pensamiento de Ortega». Era el momento en que el cardenal Pizzardo, Prefecto de la Congregación de Seminarios, cursó a los obispos la orden de retirar de las bibliotecas las obras de Ortega, por «abundar en varios errores que en manera alguna son compatibles con la doctrina católica»[190]. La dimensión simbólica era igualmente perceptible. Para el tradicionalista Rafael Gambra lo que se dirimía en la disputa era el secular conflicto entre la ilustración y el catolicismo, que arrancaba del siglo XVIII[191]. José Luis López Aranguren vió en aquella polémica la lucha por «una noble causa, comprometida por el oscurantismo», porque «al defender a Ortega, simbólicamente, se luchaba por el porvenir de la vida intelectual española»[192].

La revista *Religión y Cultura,* dirigida por el agustino Félix García, criticó el libro de Ramírez, juzgando que el tema «no es acaso de los más habituales en su autor, teólogo más conocido por sus estudios sobre el pensamiento medieval que por su atención a la filosofía moderna y contemporánea». Además, hacía hincapié en la ausençia de una mínima objetividad en el desarrollo de sus argumentaciones: «En ninguna parte de este libro se advierte un intento de comprender la filosofía de Ortega desde dentro, poniéndose en su perspectiva, tratando de precisar el sentido de los términos que emplea, sus fuentes, las tesis discutidas de Ortega, y que aclaran el sentido de sus afirmaciones propias»[193]. La revista publicó poco después otro artículo del Padre Pierre Jobit, quien, de nue-

---

[189] Miquel Batllori, *Recuerdos de un siglo,* Barcelona, 2001, págs. 236-238.

[190] Victorino Rodríguez, «Gambra en la polémica del orteguismo católico», en VV.AA., *Comunidad humana y Tradición política. Liber amicorum de Rafael Gambra,* Madrid, 1998, págs. 149 y 160.

[191] «La polémica de Ortega como símbolo», en *Nuestro Tiempo,* núm. 61, 1959, páginas 3-20.

[192] José López Aranguren, Prólogo a *Obras,* Madrid, 1965, págs. XXX y sigs.

[193] «Un libro sobre Ortega», en *Religión y Cultura,* núm. 10, abril de 1958, págs. 321 y sigs.

vo, salió en defensa de Ortega, afirmando que en la obra de Ramírez «se olfateaba un procedimiento inquisitorial, que se proponía obtener, contra un autor, alguna condenación eclesial mayor»[194].

Visiblemente irritado, Julián Marías manifestó que la lectura de Ortega no le había producido «una sola tentación, ni aún ligera, contra la fe católica». Filosóficamente, el Padre Ramírez le parecía «nulo», porque interpretaba a Ortega de una manera tan deficiente que «apenas se encontrará una frase cuya significación entienda rectamente». La obra abundaba en «interpretaciones grotescas», en «expresiones injuriosas». Recordaba Marías las críticas de su maestro al anticlericalismo republicano e incluso hizo referencias a su relaciones con el nuncio Tedeschini. Y, al final, advirtió de las consecuencias de una posible condena de la filosofía orteguiana, no sólo para el pensamiento español en general, sino para el propio catolicismo, que «quedaría esencialmente disminuido, que perdería calidad, intensidad, posibilidades de descubrimiento de la verdad y persecución de ella»[195]. José Luis López Aranguren interpretaba la concepción orteguiana de la ética como «esencialmente metafísica», ya que concebía la vida humana como «quehacer», como «proyecto», en «mantenernos fieles a nuestro destino o misión», a «la perfección del ser», a «la conquista de la felicidad»; todo lo cual era perfectamente asumible por los creyentes, al suponer «unos hermosos vasos puestos a ser colmados de contenidos cristianos»[196]. José Antonio Maravall recordó la figura de García Morente; y señaló que «la obra de Ortega ha representado en el mundo y sigue representando en él, un valladar formidable contra las corrientes de anarquía moral y de desorden intelectual que han germinado en años recientes»[197]. Pedro Laín Entralgo consideraba que las acusaciones del dominico eran «sobremanera graves»; y que no había sido ni benévolo ni objetivo con Ortega. Ciertamente, el filósofo no era católico, pero «siempre quiso y supo respetar delicadamente la confesión católica de quienes junto a él estuvieron». Además, su filosofía no podía ser considerada anticatólica. Había nacido de la crisis del positivismo y del neokantismo; y, en consecuencia, participaba del intento de restaurar la metafísica; de ahí que la lectura de Ortega podía ser «para un

---

[194] «La filosofía de Ortega y Gasset», en *Religión y Cultura*, núm. 19, enero de 1959, págs. 97 y sigs.

[195] Julián Marías, *El lugar del peligro. Una cuestión disputada en torno a Ortega*, Madrid, 1958.

[196] José Luis López Aranguren, *La ética de Ortega*, Madrid, 1959, págs. 77-78.

[197] José Antonio Maravall, *Ortega en nuestra situación*, Madrid, 1959, págs. 17 y sigs.

católico bien formado y bien intencionado, bastante más beneficiosa que nociva, y de ello son testimonio vivo no pocos españoles seglares más límpiamente vocados al oficio intelectual». Y es que en su obra existía «un rico filón de originales y sugestivas ideas estéticas, antropológicas, sociológicas e historiológicas, perfectamente válidas para el católico más riguroso y crecientemente estimadas por las gentes cultas de Europa y América». Y, concluía: «Mirados en su conjunto, los escritos de Ortega no mueven al pesimismo ni a la desesperación; son, por el contrario, una constante incitación al vigor de ánimo y a la calidad de la acción personal»[198].

Así las cosas, el Padre Ramírez se creyó obligado a contestar a sus críticos, con tres libros más: ¿*Un orteguismo católico? Diálogo amistoso con tres epígonos de Ortega, españoles, intelectuales y católicos; Zona de seguridad* y *Ortega y el núcleo de su filosofía,* reafirmándose en sus posiciones, e insistiendo, sobre todo, en su laicismo y acatolicismo: «Patrocinaba modos más suaves y hábiles, pero más eficaces para implantar el laicismo total en la vida de España y de los españoles»[199]. Y, en otra de sus réplicas, apeló a la autoridad de la jerarquía eclesiástica, representada por los obispos de Zamora y de Astorga, que también habían condenado a Ortega[200].

En una nueva réplica, Laín Entralgo negó la existencia de lo que Ramírez denominaba «orteguismo católico». Él se consideraba un «católico catolicista», es decir, «con el propósito de buscar en la obra de Ortega y por doquiera, para hacerlo mío, todo lo que en ella sea o me parezca verdadero y valioso». Además, existían, a diferencia de lo sustentado por el dominico, «más de una manera de ser cristiano», Irónicamente, afirmaba que Ramírez y sus acólitos carecían de información sobre la juventud, al afirmar que la lectura de Ortega podía alejarla de la Iglesia: «Si es así, les diré que no tienen la menor idea de lo que ante ellos está pasando, y pediré al cielo que no abran sus ojos demasiado tarde.» Pero, en el fondo, Laín había llegado a la conclusión de que toda aquella polémica era inútil, ya que la condena «sólo satisfaría de veras a quienes no leen ni quieren leer a Ortega, y sólo con dolor sería acatada por quienes efectivamente leen sus libros»[201].

El Padre Ramírez contó, sobre todo, con el apoyo de Vicente Marrero y de su revista *Punta Europa.* El tradicionalista canario comparaba al

---

[198] Pedro Laín Entralgo, *Ejercicios de comprensión,* Madrid, 1959, págs. 57 y sigs.

[199] Santiago Ramírez, *Ortega y el núcleo de su filosofía,* Madrid, 1959, págs. 61-62.

[200] Santiago Ramírez, ¿*Un orteguismo católico?,* Madrid, 1959, págs. 11-12.

[201] Laín Entralgo, *Ejercicios...,* págs. 78-79, 82-83.

dominico con el Menéndez Pelayo de la Ciencia Española; era un filósofo y un teólogo que había criticado a Ortega como «Dios manda». Porque el filósofo madrileño seguía siendo el intelectual que había tratado al catolicismo español con mayor «desdén e indiferencia». De paso,
arremetía contra sus viejos enemigos, los representantes del «orteguismo
católico», al que describía como «una situación», «un juicio», «una valoración», «mejor diríamos, una infravaloración de casi todo aquello que
sea católico y español». «Se trata de un pensamiento de superficie, de
mano tendida, oferente, patético, ancho, abierto, "generoso", muy circuns-
tancial y propincuo a la política por la carga de activismo que todo término lleva dentro, especie de politicismo dinámico, consciente o inadvertido,
que tan en las entrañas está del orteguismo»[202]. Acusaba a los defensores
de Ortega de querer «imponer un dictador en filosofía, el cual de antema-
no no aceptaría diálogo ni crítica». Y es que Ortega, con su «hermetismo
religioso inalterable», se había convertido en un «símbolo, y un símbolo de
algo que excede el campo de los propiamente intelectual»[203].

En la polémica intervino también el filósofo agustinista Adolfo Muñoz
Alonso, en defensa del legado orteguiano. En primer lugar, criticó a Marrero: «Artículos como el de Marrero pueden servir para ridiculizar el serio
prestigio filosófico del Padre Ramírez.» Y luego, destacó que la obra de Ortega podía «servir para actualizar verdades cristianas sin desvirtuarlas ni fal-
searlas, sino presentándolas en algunos de los aspectos de posible y desea-
ble modernización intelectual y cultural»[204]. Como falangista, Muñoz
Alonso se ocupó posteriormente de la influencia orteguiana en el pensamiento de José Antonio Primo de Rivera, llegando a la conclusión de que
éste pretendió «realizar en la política la encarnación de las ideas de Ortega,
suavizando el aristocratismo del Maestro y fundiendo las ideas en el crisol
de una conciencia popular española de raigambre cristiana»[205].

Finalmente, según señala el Padre Miguel Batllori, el embajador español en el Vaticano, Francisco Gómez de Llano, acudió ante el cardenal
Ottaviani para impedir la condena, y la operación clerical-integrista se
paralizó[206].

---

[202] «El Padre Ramírez y el fin del orteguismo católico», en *Punta Europa*, núm. 35,
noviembre de 1958, págs. 74-75, 78, 82-83.

[203] «El buen tono orteguiano», en *Punta Europa*, núm. 30, junio de 1958, págs. 126-128.

[204] Adolfo Muñoz Alonso, «España», en Michele Federico Sciacca, *Las grandes
corrientes de pensamiento contemporáneo. I. Panoramas nacionales,* Madrid, 1959,
págs. 443 y sigs.

[205] Adolfo Muñoz Alonso, *Un pensador para un pueblo,* Madrid, 1971, pág. 39.

[206] Batllori, *Recuerdos...,* págs. 238 y sigs.

Este fracaso no desanimó a los integristas. Vicente Marrero se convirtió en el último antiorteguiano militante en la derecha española. Y en 1961 publicó su significativa obra *Ortega, filósofo mondain,* en la que se le tachaba de «superficial», «frívolo», «esteticista amoral», cuya concepción mundanal e historicista del mundo y de la vida era preciso denunciar, no cayendo en los errores de «una ingenuidad condescendiente y blandengue»[207]. Diez años más tarde, dedicó una biografía ditirámbica a su admirado Santiago Ramírez, cuya mayor virtud había sido declarar «la certeza católica en todo». Y, rememorando la polémica sobre Ortega, sostuvo: «No hace falta mucha imaginación para figurarnos lo que hubiera sido de nuestros estudiantes de filosofía, en un ambiente impregnado de orteguismo, sin esta obra del Padre Ramírez. Es ella la que de verdad marca una línea divisoria. A partir de su publicación puede decirse que se dá un alto en la moderna filosofía española.» Ni que decir tiene que, para el tradicionalista canario, el dominico no sólo había cumplido con su misión como intelectual católico, sino que, en el fondo, fue el triunfador en sus lides antiorteguianas: «Los dardos envenenados que le lanzaron resbalaron sobre su piel sin hacerle el menor rasguño. Pudo devorarnos y no nos hizo el menor daño. Una vez cumplida su misión —que tenía, ésta es la verdad, mucho de alucinante— se volvió por sus propios medios, a su soledad, a su silencio, a la paz de los siglos»[208].

Muy distinta fue la posición de otro antiguo colaborador de la revista *Arbor,* Gonzalo Fernández de la Mora, quien en 1961 publicó *Ortega y el 98.* En sus páginas, el intelectual monárquico destacó su aristocratismo, su hostilidad hacia el radicalismo político y la revolución; y, sobre todo, su sentido fundamentalmente conservador —incluso en el orden de la justicia social, que no debía lograrse aplicando el programa simplista del reparto, de la igualdad hacia abajo y de la aristofobia— y nacionalista español. Concluía Fernández de la Mora:

> La decisiva y espectacular participación de Ortega en la liquidación de la Monarquía le ha solido presentar ante los ojos de un observador lego y distante, como un revolucionario; y su heterodoxia religiosa parecen alinearle *prima facies* con las llamadas izquierdas. Pero no cabe incurrir en tan tosco error de perspectiva y de simplificación. Para cualquiera que haya meditado su obra, resulta evidente

---

[207] Vicente Marrero, *Ortega filósofo mondain,* Madrid, 1961. *La guerra civil española y el trust de cerebros,* Madrid, 1963.

[208] Vicente Marrero, *Santiago Ramírez...,* págs. 19 y sigs.

que Ortega y Gasset es un pensador político de signo rotundamente conservador[209].

Esta tesis suscitó las críticas del jesuita Eustaquio Guerrero, que le acusó de no insistir en que el filósofo madrileño era «un autor gravemente peligroso en su conjunto contra la mentalidad cristiana, y no menos peligroso que Unamuno»[210]; y del canónigo Cesáreo Rodriguez García-Loredo, quien se escandalizó de un que un intelectual católico alabara a alguien como Ortega que ni tan siquiera merecía el nombre de filósofo, y de que no insistiera, en su obra, en «la crudeza y enorme gravedad de la heterodoxia orteguiana»[211]. Sin embargo, Fernández de la Mora, pese a esas críticas, se reafirmó en sus posiciones. Ortega no podía ser considerado, desde luego, un pensador católico; pero tampoco anticristiano, porque «sus textos despectivos e irreverentes son excepcionales»[212].

Y es que el orteguismo iba ganando posiciones en la sociedad española. Significativamente, la editorial *Doncel,* ligada al Ministerio de Educación Nacional, publicó, en 1960, una antología de Ortega, elaborada por el falangista contestatario José Rodríguez Martínez, cuyo contenido tendía a enfatizar el carácter crítico de las ideas políticas e históricas del filósofo, a quien se presentaba como «el maestro», «el gran heterodoxo», «el español antitradicionalista», «el revolucionario europeizante desde una Europa por proyectar»[213].

La impronta del Concilio Vaticano II en España no sólo desautorizó definitivamente las pretensiones del integrismo, sino que favoreció una interpretación más liberal del catolicismo y una visión más positiva de la laicidad. De este cambio se benefició indiscutiblemente el orteguismo. Buena prueba de ello fue la obra del joven intelectual católico Ciriaco Morón Arroyo, *El sistema de Ortega y Gasset,* donde se presentaba al filósofo como «un pensador desaprovechado»; lo que suponía «una calamidad nacional, porque si los españoles persistimos en aniquilar a uno de nuestros grandes pensadores, el más original y profundo de nuestro siglo, seguiremos a la deriva sin tradición filosófica, produciendo alguna

---

[209] Gonzalo Fernández de la Mora, *Ortega y el 98,* Madrid, 1961, págs. 160 y sigs.

[210] «Ortega y el 98», en *Razón y Fe,* abril de 1961, págs. 386 y sigs.

[211] Cesareo Rodriguez García-Loredo, *El esfuerzo medular del krausismo frente a la obra gigantesca de Menéndez Pelayo,* Oviedo, 1961, págs. 731 y 733.

[212] Gonzalo Fernández de la Mora, «Ortega y Gasset», en *Pensamiento español 1965,* Madrid, 1966, págs. 71 y sigs.

[213] José Rodríguez Martínez, *Ortega y Gasset (Antología),* Madrid, 1960, págs. 7-8 y sigs.

vez un monolito genial, necesariamente extranjerizante, porque nos ne-
gamos a cultivar en nuestra tierra la planta de la filosofía». Y estimaba,
frente a los integristas, que la influencia de Ortega no era perjudicial para
el catolicismo, ya que en «la teología católica más moderna encuentra
bases preciosas en la sustancia de la filosofía orteguiana; en la sustancia,
debajo naturalmente de alguna expresión vanidosa del propio Ortega, in-
trusión de su biografía, declaración de su posición religiosa personal,
que no tiene conexión con su pensamiento filosófico». A ese respecto,
señalaba que la crítica del Padre Ramírez tan sólo reflejaba «las opiniones personales del dominico»[214].

Pero a partir de los años 60, como profetizó Laín Entralgo, la es-
trella orteguiana comenzó a palidecer entre los sectores universitarios, cada vez más fascinados por el marxismo. En unas páginas de su
célebre novela *Tiempo de silencio,* Luis Martín Santos satirizó a Ortega como un típico y caricaturesco filósofo de salón, cuyo único objetivo era exhibirse ante los breves sectores cultos de la alta sociedad
madrileña[215].

A finales de 1965, la revista antifranquista *Cuadernos de Ruedo
Ibérico* realizó una encuesta entre algunos jóvenes intelectuales españoles de izquierda, como Pedro Altares, José Aumente, José María
Castellet, Carlos Castilla del Pino, Francisco Fernández-Santos, Alfonso Sastre y Jorge Semprún, sobre el balance de la obra orteguiana. La
respuesta fue, en todos los casos, muy negativa. Altares denunciaba su
incapacidad para captar los problemas concretos de la sociedad española. Aumente criticó su «aristocratismo intelectual» y, sobre todo, el
haber ignorado «olímpicamente» a Marx. En esencia, era un pensador
«conservador». Castellet señalaba que no servía «ni como guía, ni
como maestro». Castilla del Pino destacaba el anacronismo de su liberalismo político, que «es reaccionario, porque no es posible». Fernández Santos le acusaba de «antidemocrático», porque el porvenir de la
democracia ya no descansaba en la burguesía, sino «en el movimiento
obrero y socialista». Sastre veía a Ortega «nefasto como maestro».
Muy duro fue igualmente Semprún, para quien era «un pensador pe-
queñoburgués»[216].

---

[214] Ciriaco Morón Arroyo, *El sistema de Ortega y Gasset,* Madrid, 1968, págs. 7-8,
11 y sigs. Igualmente elogiosa fue la obra del historiador y sacerdote Gonzalo Redondo,
del Opus Dei, *Las empresas políticas de José Ortega y Gasset,* 2 tomos, Madrid, 1970.

[215] Luis Martín Santos, *Tiempo de silencio,* Madrid, 1975, pág. 135.

[216] «Ortega hoy», en *Cuadernos del Ruedo Ibérico,* núm. 3, París, octubre-noviembre
de 1965, págs. 35-44.

José Luis Abellán, en uno de sus primeros libros, interpretó el pensamiento político de Ortega como una manifestación de «aristocratismo burgués». Su proyecto político era «la manifestación de las aspiraciones de las clases burguesas españolas y europeas». Su elitismo «una teoría defensiva de un orden social de predominio de las clase burguesa», antidemocrático, afín al «despotismo ilustrado del siglo XVIII», «antecedente del neoautoritarismo de nuestro tiempo»[217].

En plena evolución izquierdista, José Luis López Aranguren consideraba, poco antes de la muerte de Franco, que el orteguismo había comenzado a formar parte, no sin conflictos con el régimen político, de la «cultura establecida»; y es que Ortega había sido un pensador de clara tendencia conservadora[218].

2.6. ORTEGA Y LAS NUEVAS DERECHAS

Tras el advenimiento del régimen de partidos, la izquierda intelectual consiguió una clara hegemonía cultural, que se iba gestando desde los años 60. Su actitud ante la figura de Ortega no fue homogénea. Un sector, dominado por el marxismo, siguió criticando al filósofo como liberal-conservador e incluso como precursor del fascismo español. Tal fue caso de Antonio Elorza, para quien el filósofo fue «el aspirante a intelectual orgánico de un capitalismo nacional»[219]. De manera mucho más tosca, Fernando Ariel del Val interpretó el legado orteguiano como introductor de las ideas fascistas en España[220]. Todavía hoy, Eduardo Subirats le acusa de pertenecer a «la tradición más unívoca del absolutismo español del siglo XVIII y del totalitarismo del siglo XX», vinculada al «catolicismo contrarreformista» y heredera de la Compañía de Jesús[221]. Otros, como el italiano Luciano Pellicani, hicieron referencia, en un sentido positivo, al «liberal-socialismo» orteguiano[222]. En el mismo sentido,

---

[217] José Luis Abellán, *Ortega y Gasset en la filosofía española,* Madrid, 1966, págs. 36 y sigs.

[218] José Luis López Aranguren, *La cultura española y la cultura establecida,* Madrid, 1975, págs. 14 y sigs., 18.

[219] Antonio Elorza, *La razón y la sombra. Una lectura política de Ortega y Gasset,* Madrid, 1984, págs. 12 y sigs.

[220] Fernando Ariel del Val, *Historia e ilegitimidad. La quiebra del Estado liberal en Ortega,* Madrid, 1984, págs. 265 y sigs.

[221] Eduardo Subirats, *Memoria y exilio,* Barcelona, 2003, págs. 315 y sigs.

[222] «El liberalismo socialista de Ortega y Gasset», en *Leviatán,* núm. 12, 1983.

Pedro Cerezo Galán, insistió en ese supuesto liberalismo «social-demo-crático»[223].

Desde la derecha, Gonzalo Fernández de la Mora, reeditó, en 1979, su obra *Ortega y el 98,* donde volvió a insistir en su conservadurismo y en la modernidad de sus doctrinas: «El filósofo era un devorador de horizontes, una arquero tenso sobre el siglo XX»[224]. A su juicio, seguía siendo «el máximo pensador hispano del primer tercio del siglo XX»; no obstante, estimaba que su filosofía raciovitalista no había dejado frutos permanentes en la vida intelectual española[225]. Contrario al cambio político iniciado en España tras la muerte de Franco, Fernández de la Mora consideraba que Ortega era el precursor de la II Restauración, porque el texto constitucional de 1978 había aplicado sus consignas políticas: «desmantelamiento del poder regio, parlamentarismo unicameral, regionalismo, marginación de la derecha y pacto con los socialistas». Y es que, en el fondo, el destino de Ortega como pensador político resultó, tanto en la II República como en la Transición, paradójico: «Fue un gran teórico del conservatismo político cuya «praxis» sirvió a la revolución»[226].

Con motivo del centenario de Ortega, la revista *Verbo,* órgano del tradicionalismo católico español, recordó la polémica entre el Padre Santiago Ramírez y sus discipulos católicos. Su colaborador Estanislao Cantero llegó a la conclusión de que el dominico había demostrado fehacientemente la incompatibilidad de la filosofía orteguiana con la fe católica: «Creo que veinticinco años después y el centenario del nacimiento de Ortega —señalaba Cantero— es una buena fecha para recordarlo»[227].

La obra de Ortega suscitó igualmente el interés de la Nouvelle Droite francesa y de su líder intelectual Alain de Benoist[228]. Su editorial Le Labyrinthe publicó *La rebelión de las masas* con un estudio introducto-

---

[223] Pedro Cerezo Galán, *Voluntad de aventura,* Barcelona, 1984, págs. 63 y sigs. Véase también José Lasaga Medina, *José Ortega y Gasset (1883-1955). Vida y filosofía,* Madrid, 2000, pág. 110.

[224] Gonzalo Fernández de la Mora, *Ortega y el 98,* 3.ª ed., Madrid, 1979, pág. 13.

[225] Gonzalo Fernández de la Mora, *Filósofos españoles del siglo XX,* Barcelona, 1987, págs. 93 y sigs.

[226] «Ortega entre la II República y la II Restauración», en *Razón Española,* núm. 2, enero de 1984, págs. 205-212. «El aristocratismo de Ortega», en *ABC,* 16-VIII-1980.

[227] «Una polémica sobre Ortega (En el centenario de Ortega. La polémica sobre el orteguismo católico, veinticinco años después)», en *Verbo,* núms. 219-220, octubre-diciembre de 1983, págs. 1037-1098.

[228] Alain Benoist, *La nueva derecha,* Barcelona, 1979, págs. 131 y sigs. *Vu de droite,* París, 2001, págs. 394 y sigs.

rio de Arnaud Imatz, presentando la obra como «uno de los grandes textos proféticos del siglo xx, donde el autor anuncia la emergencia del "hombre nuevo" que llegará a ser la matriz de los sistemas totalitarios modernos —nazi, comunista y liberal»[229]. La revista *Hespérides,* órgano del Proyecto Cultural Aurora, seguidora en España de las teorías de Benoist, homenajeó a Ortega, recordando sus planteamientos de *España invertebrada.* Así, Antonio Mara veía en esta obra una clara manifestación de la «incorrección política», por sus críticas a la democracia y al pacifismo. Göran Rollnert Liern interpretó al filósofo como un «revolucionario conservador», en la línea de Sombart y Weber; e hizo suya la concepción política de la nación defendida por Ortega. José Javier Esparza sostuvo que el veredicto orteguiano sobre la invertebración nacional era «esencialmente válido», llegando a la conclusión de que «la única vía parece ser una refundación del Estado: una nueva constitución territorial, una política decidida de creación de minorías bien formadas, una nueva cultura social que estimule valores distintos a los del consumo de masa, unos nuevos proyectos colectivos que permitan embarcar al conjunto en horizontes distintos»[230].

Muy distinta ha sido la valoración de la derecha liberal afín a las doctrinas de Hayek y Von Mises. Lorenzo Bernaldo de Quirós denunció los «posos antidemocráticos en el pensamiento político orteguiano»; y le acusó de no haber entendido «la importancia de la libertad económica como garantía de la libertad política». Su concepto de elite reflejaba, en el fondo, la perspectiva fundamentalmente antiliberal del filósofo; era «una casta de carácter funcionarial o parafuncionarial, es decir, que de forma directa o indirecta son miembros de la burocracia». Y lo mismo ocurría con su concepto de sociedad civil, «una estructura de corte corporativo y estamental»[231]. No menos duro se mostró José María Marco, quien le acusó de «traición a la libertad» por sus críticas al régimen de la Restauración. Y es que su proyecto político no era más que «una combinación de socialismo y buenas intenciones». Por ello, a su juicio, Ortega dejó una «triste herencia», ya que era un pensador ajeno «a la realidad de

---

[229] Arnaud Imatz, Introduction a *La Revolte des masses,* París, 2002, pág. 25 y sigs.

[230] Antonio Mara, «España invertebrada: un libro «políticamente incorrecto»; Göran Rollnert Liern, «Ortega: una concepción política de la nación»; José Javier Esparza, «¿Vertebración o refundación? Un diálogo con las tesis de Ortega, desde la perspectiva actual», en *Hespérides,* núm. 10, verano de 1996, págs. 529 y sigs.

[231] Lorenzo Bernaldo de Quirós, «La decadencia del liberalismo», en José María Marco, *Genealogía del liberalismo español,* Madrid, 1998, págs. 313-316.

la economía» y que finalmente acabó «negándole al liberalismo cualquier virtualidad». Sus críticas condujeron «a una dictadura autoritaria o al totalitarismo». Ortega había sido, en fin, el «gran empresario de casi todos los movimientos encaminados a superar el liberalismo»[232].

En su intento de renovación ideológica de la derecha liberal, José María Aznar no dio excesiva importancia al legado orteguiano. El líder del Partido Popular hizo suyo el concepto orteguiano de nación, como proyecto racionalizado de vida en común edificado por las elites intelectuales y políticas, a partir del conocimiento de la realidad[233]. Sin embargo, Aznar se identificó, contradictoriamente, con la figura de Manuel Azaña, en cuyo proyecto político creyó ver un «deseo de integración nacional e integración democrática», «un patriotismo crítico, creativo, activo, digno y liberal»[234].

Por fortuna, otros intelectuales afines al Partido Popular han creído que correspondía a Ortega ocupar el liderazgo espiritual de la nueva derecha liberal española. En esa línea, ha destacado la labor del filósofo Ignacio Sánchez Cámara, cuya primera obra estuvo dedicada a *La teoría de la minoría selecta en el pensamiento de Ortega y Gasset,* donde reivindica sus ideas de cara a un «mejor entendimiento de la democracia». En el fondo, su objetivo es una rectificación liberal-conservadora de la democracia de masas. La teoría de la elite en Ortega tenía como base su filosofía de la vida como realidad radical y, sobre todo, la afirmación de la desigualdad humana «intelectual y moral» como factor decisivo en la configuración de las sociedades. La minoría selecta orteguiana se legitima, ante todo, por su ejemplaridad frente a la masa; es el esfuerzo, la autoexigencia lo que la define. Su misión es influir en las masas «para que sus sentimientos y valores y juicios sean más certeros». A su vez, esta teoría implica una visión de la democracia basada en la opinión pública; lo que lleva a una relación directa entre «la aristocracia social y la democracia política», porque el proceso social de formación de la opinión pública es «esencialmente aristocrático». Y es que el fundamento de la democracia no es, ni debe ser la igualdad, sino la libertad, que «incluye la resistencia incluso frente al poder democrático»[235].

[232] José María Marco, *La libertad traicionada,* Madrid, 1997, págs. 165 y sigs. «Crisis y destrucción del orden liberal», en Marco, *Genealogía...,* págs. 353 y sigs.
[233] José María Aznar, *Libertad y solidaridad,* Madrid, 1991, págs. 142 y sigs. *España. La segunda transición,* Madrid, 1994, 27 y sigs.
[234] Aznar, *Libertad...,* págs. 159 y sigs. *La España en que yo creo. Discursos políticos,* Madrid, 1995, págs. 158 y sigs.
[235] Ignacio Sánchez Cámara, *La teoría de la minoría selecta en el pensamiento de Ortega y Gasset,* Madrid, 1986.

La aplicación de la teoría orteguiana a la realidad cotidiana española no podía ser más demoledora: «Las masas, al menos de momento, han triunfado»; lo que tiene como consecuencia, sobre todo en la vida intelectual, «el apogeo del relativismo cultural, y, con él, el multiculturalismo y de la cultura de la queja, la degradación y devaluación de la educación y de la cultura, la crisis de la Universidad, el politicismo y la hiperdemocracia»[236].

Y es que es preciso seguir leyendo a Ortega. El mundo acerca del cual escribió se parece mucho al nuestro. Los acontecimientos más recientes han venido a mostrar que sus diagnósticos distan de haber perdido vigencia; y que los peligros que denunciaba eran y son reales. Sus palabras, sus escritos todavía pueden suscitar más de un reto a nuestra inteligencia.

---

[236] Ignacio Sánchez Cámara, *De la rebelión a la degradación de las masas,* Madrid, 2003, págs. 77 y sigs.

CAPÍTULO 3

La *Aufklärung* conservadora y el final de la *Teología política: Pensamiento español,* de Gonzálo Fernández de la Mora

3.1. Una sociedad en transformación

A finales de los años 50, se abre un período fundamental en la evolución de la estructura social española. Como consecuencia de un desarrollo económico sin precedentes en la historia contemporánea de nuestro país, se agudizó la desintegración de la sociedad agraria tradicional y la fuerza de trabajo liberada de la agricultura alimentó la espiral del movimiento de concentración urbana, que supuso la redistribución espacial de la población, y que constituiría la base demográfica de la industrialización y terciarización de la estructura económica[1]. La modernización socioeconómica y tecnológica no se limitó a los cambios de infraestructura, sino que acabó por abrir las puertas a la secularización cultural, deslegitimando progresivamente la tradición católica, base que se consideraba de la identidad nacional y que fue erosionada de manera radical. La tradición fue perdiendo su plausibilidad en el proceso en que la sociedad industrial se consolidaba definitivamente y quedó despojada de su ca-

---

[1] Véase Carlos Moya, *El poder económico en España (1939-1970),* Madrid, 1975; Gabriel Tortella, *El desarrollo de la España contemporánea. Historia económica de los siglos XIX y XX,* Madrid, 1994, págs. 255 y sigs.; Santos Juliá, *Historia económica y social moderna y contemporánea,* Madrid, 1988, págs. 182 y ss.

rácter paradigmático para la actualidad. Pero en este proceso de cambio vertiginoso no tuvieron sólo incidencia factores de carácter socioeconómico, sino igualmente cultural. Las repercusiones del Concilio Vaticano II en la sociedad española fueron igualmente determinantes. El aggiornamento eclesiástico fue la de mano de un intento de responder a las condiciones sociopolíticas y económicas del mundo moderno. Ya no servía la estrategia que había predominado en la crítica y en la condena eclesiástica al proyecto de la modernidad. Catolicismo comenzaba a no ser sinónimo, al menos en cierta medida, de conservadurismo político[2].

Para la sociedad española y, sobre todo, para el sistema político nacido de la Guerra Civil, la situación inaugurada por el Concilio fue enormemente problemática, porque el catolicismo no era en España solo una religión; se trataba de un sistema de creencias y mores, que había marcado a todo el país, sus ideas, su política; objeto de luchas externas e internas. Por eso, la crisis del catolicismo tradicional resultó ser una crisis auténticamente nacional y, sobre todo, política. De hecho, las modificaciones introducidas por el Concilio conmovieron toda la vida política española como en pocas partes. Desde entonces, un considerable sector del catolicismo español terminó enfrentándose al régimen, levantando la voz en favor, curiosamente, de lo que, con anterioridad, se había juzgado contrario a la esencia dogmática de la religión católica: la democracia liberal e incluso, en no pocos casos, el socialismo marxista. Los católicos, tras la experiencia conciliar, no podían ya aparecer en la vida pública como un bloque doctrinalmente homogéneo. Lo que podríamos llamar la izquierda cultural católica disfrutó, a partir de esos años, de una importante influencia. La teología política tradicionalista fue progresivamente sustituida por una teología política izquierdista, cuyos profetas eran Johan B. Metz, Jürgen Moltnam, Ignacio Ellacuría, José María González Ruiz, Alfonso Alvárez Bolado, José Luis López Aranguren. José María Díez Alegría, etc.[3].

Casi al mismo tiempo, aunque sus orígenes podrían remontarse a la crisis universitaria de 1956, se fue desarrollando un amplio movimiento de disidencia de los intelectuales, la mayoría de ellos procedentes del franquismo, como Pedro Laín Entralgo, Antonio Tovar, Dionisio Ridrue-

---

[2] Giusseppe Alberigo, «El Concilio Vaticano II (1962-1965)», en *Historia de los concilios ecuménicos*. Salamanca, 2004, págs. 325 y sigs. Juan A. Estrada, *La Iglesia: identidad y cambio. El concepto de Iglesia del Vaticano II a nuestros días,* Madrid, 1985, págs. 84 y sigs.

[3] Alfonso Alvárez Bolado, *La teología política en España,* Bilbao, 1995. Adolfo González Montes, *Teología política contemporánea*, Salamanca, 1996.

jo, José Antonio Maravall, José Luis López Aranguren, etc. Se inició entonces un proceso de deslegitimación de los fundamentos intelectuales del régimen de Franco, y que abarcó diversas perspectivas políticas y doctrinales: marxismo, liberalismo, democracia cristiana, socialdemocracia, etc. Al socaire de le legislación liberalizadora franquista de los años 60, y en particular de la nueva Ley de Prensa de Manuel Fraga[4], este proceso tuvo como soporte la aparición de nuevos órganos de expresión y nuevas editoriales como *Cuadernos para el Diálogo, Triunfo, Revista de Occidente, Cambio 16, Anagrama, Ariel, Ayuso, Taurus, Seix Barral, Fontanella, Fundamentos, Península, Siglo XXI,* etc.

La obra de Gonzalo Fernández de la Mora se inscribe en ese proceso de crisis político-intelectual y en el intento de elaboración de nuevos esquemas de legitimación del régimen nacido de la Guerra Civil. Su importancia histórica radica, a nuestro juicio, en la capacidad de conseguir formular y resolver, en términos intelectuales, la necesaria conversión de la perspectiva contrarrevolucionaria tradicional, que ya no resultaba socialmente operativa, en un conservadurismo renovado, lo que podríamos denominar la *Aufklärung conservadora,* basada en criterios verificables de base empírica y en objetivos de desarrollo económico y perfeccionamiento técnico. Se trataba de lograr la reconciliación entre tradición y modernidad científico-tecnológica. Lo que se traducía políticamente en un proyecto de *modernización conservadora,* que perseguía la preservación de los valores tradicionales —autoridad, jerarquía, orden—, integrándolos en la modernidad. Una modernización concebida en términos funcionales, no en términos de valores; y que consistía en la capacidad de lograr que el sistema político se adaptase a los cambios estructurales ocurridos en la sociedad industrial y avanzada.

3.2. El hombre y su formación intelectual: un conservador español atípico

A lo largo de su vida, caracterizó a Gonzalo Fernández de la Mora una profunda vocación intelectual y un deseo de educar a sus compatriotas en el camino que él consideraba adecuado. Su gran ambición fue ejercer el liderazgo espiritual. Nacido en 1924, su formación intelectual fue profundamente católica. Hizo sus primeros estudios en el famoso

---

[4] Véase Elisa Chuliá, *El poder y la palabra. Prensa y poder político en las dictaduras. El régimen de Franco ante la prensa y el periodismo,* Madrid, 2001.

Colegio del Pilar; y, durante la Guerra Civil, que le sorprendió en la localidad pontevedresa de Poyo, en el Colegio del Apóstol Santiago, de los jesuitas, donde tuvo las primeras noticias de la existencia de la revista *Acción Española*[5]. En la biblioteca del Colegio leyó la *Antología* de la revista monárquica; lo mismo que el *Poema de la Bestia y el Angel*, de José María Pemán; *Defensa de la Hispanidad*, de Ramiro de Maeztu; y el epítome *Historia de España*, que con textos de Menéndez Pelayo había compuesto, durante la II República, Jorge Vigón. Los colaboradores de *Acción Española* que más le interesaron fueron Maeztu, Pradera y Eugenio Montes[6]. Su primer artículo delata la influencia del tradicionalismo. La grandeza de la España descansaba, a su juicio, en «la sana unidad político-religiosa», restaurada tras la Guerra Civil[7].

Finalizada la contienda, realizó sus exámenes de Estado en la Universidad de Santiago de Compostela y luego estudió Derecho y Filosofía y Letras en la de Madrid, donde entró en contacto con los supervivientes de *Acción Española* y con las minoritarias Juventudes Monárquicas. En 1943, tuvo lugar, en el domicilio de Ignacio Satrústegui, su primera conferencia política, dedicada al tema de «La unidad europea y la quiebra de la razón de Estado», a la que asistieron, entre otros, Jesús Pabón, Alfonso García Valdecasas, Pedro Gamero del Castillo, Eugenio Montes, el marqués de Valdeiglesias, Jorge Vigón, Juan José López Ibor, el marqués de Quintanar, Yanguas Messía, Julio Palacios, etc. Desde entonces, fue conocido, en los ambientes monárquicos, como «el delfín de *Acción Española*»[8]. El contenido de la conferencia apuntaba ya a una de las constantes de su pensamiento político: el cosmopolitismo.

En la Universidad, sus maestros predilectos fueron Juan Zaragüeta, Leopoldo-Eulogio Palacios, José Camón Aznar y Francisco Javier Conde; pero también se consideró discípulo, aunque no fuese su alumno, de Antonio Millán Puelles y Alfonso García Valdecasas[9]. Esta inicial formación intelectual, en la que predominaba la tradición aristotélico-tomista, se fue abriendo, como veremos, a otras perspectivas filosóficas, como el positivismo de Comte, Kant, Zubiri y Ortega. La influencia or-

---

[5] Véase Pedro Carlos González Cuevas, *Acción Española. Teología política y nacionalismo autoritario en España (1913-1936)*, Madrid, 1998.

[6] *YA*, 19-IX-1976.

[7] «Trono y Altar», *Abrente*, núm. 6, mayo de 1941, pág. 11.

[8] Joaquín Bardavío, «Gonzalo Fernández de la Mora», en *Políticos para una crisis*, núm. 7, Madrid, 1975, pág. 121.

[9] Gonzalo Fernández de la Mora, *Del Estado ideal al Estado de razón*, Madrid, 1972, págs. 58 y sigs. *Río arriba. Memorias*, Barcelona, 1995, págs. 58 y sigs.

teguiana fue muy temprana: «Yo pasaba entre mis condiscípulos —dirá, en una de sus obras— por un orteguiano furibundo, el único de mi promoción»[10]. Cuando cumplió los diecinueve años, su padre le regaló una edición de *El Espectador,* que leyó y releyó «fascinado por su agilidad dialéctica y el cromatismo literario». En su biblioteca juvenil, se encontraban *Estudios sobre el amor, Esquema de la crisis* y *La Historia como sistema.* Sobre la mesa de su estudio estaban siempre, al lado de *Don Quijote de la Mancha,* los tomos de *El Espectador* «cuidadosamente encuadernados»[11]. Su encuentro con el filósofo, recién llegado del exilio, y propiciado por el periodista de *ABC* Luis Calvo, resultó, sin embargo, un fracaso, pues Ortega se sintió agredido cuando el joven intelectual le dijo que lo que «ahora verdaderamente importa es que usted defina su posición filosófica ante el existencialismo», a lo que éste contestó que «no aceptaba exigencias de nadie». Pese a ello, siguió considerándole en todo momento como «la máxima figura del pensamiento español». «El ha puesto a los españoles a la altura del tiempo en que vivimos, y a él le debemos muchos la inquietud intelectual»[12]. Lo que no dejaba de resultar atípico en la sociedad española de posguerra, donde Ortega era, como ya sabemos, considerado por el conjunto de la derecha, exceptuando a los falangistas, como el portaestandarte de la heterodoxia política y religiosa. Su primer editorial en el diario *ABC* fue un elogioso comentario a la publicación de las *Obras Completas* del filósofo[13]; y asistió a las lecciones impartidas por Ortega en el Instituto de Humanidades, dedicadas a la filosofía de la historia de Arnold Toynbee; y *El hombre y la gente,* en la que el filósofo madrileño expuso sus teorías sociológicas:

> Resplandecía el burgués salón dorado del Círculo Mercantil e Industrial. Muy de tarde en tarde el denso público, en el que predominaban los legos, los snobs y las damas. (...) A ratos leía, a ratos improvisaba con aire entre picaresco y desafiante. Sin duda le rejuvenecía atacar sin piedad a sus contradictores. Divagaba, recapitulaba, hacía largas y amenas excursiones marginales[14].

---

[10] Gonzalo Fernández de la Mora, *Ortega y el 98,* Madrid, 1979, págs. 145 y 147.

[11] Gonzalo Fernández de la Mora, *Paradoja*, Madrid, 1944, págs. 52-54. *Río arriba,* págs. 59 y sigs.

[12] Archivo Fernández de la Mora, «Diario, 14-V-1946». Véase también Gonzalo Fernández de la Mora, *Ortega y el 98,* Madrid, 1979, págs. 145 y sigs. *Río arriba,* págs. 59 y sigs.

[13] «Obras Completas», *ABC,* 9-X-1946.

[14] Gonzalo Fernández de la Mora, *Ortega y el 98,* Madrid, 1979, pág. 61.

Otro de sus ídolos intelectuales era Xavier Zubiri. El hecho no tenía nada de extraño. El historiador de la ciencia Thomas F. Glick ha conceptualizado a Zubiri como «filósofo conservador»[15]. Tras la Guerra Civil, la situación del filósofo vasco fue muy accidentada. Exiliado en Italia y Francia durante la contienda, regresó a España en septiembre de 1939. Pero el obispo Eijo y Garay forzó su alejamiento de Madrid y de su cátedra universitaria, no por razones políticas, sino por su condición de sacerdote secularizado. Recibió la ayuda de algunos intelectuales del régimen como Francisco Javier Conde y Pedro Laín Entralgo. Luego, se le envió a la Universidad de Barcelona, pero dos años después pidió la excedencia administrativa, que, en la práctica, supuso el abandono definitivo de la docencia. En 1944, la *Editora Nacional* publicó su obra *Naturaleza, Historia, Dios,* donde recogía su pensamiento fundamental en esos años. Gracias al apoyo de su amigo Juan Lladó y del Banco Urquijo, inició sus famosos cursos privados. El primero, dedicado al tema de «Ciencia y Filosofía», se celebró en el salón de la Unión y el Fénix[16]. En uno de sus primeros editoriales en *ABC,* Fernández de la Mora llamó la atención sobre la importancia de estos cursos: «Zubiri, de tenaz formación aristotélica, es, además, un excepcional conocedor de las últimas avanzadas del pensamiento filosófico moderno. Discípulo directo de Heidegger y de Ortega, ha descubierto y coordinado muchas valiosísimas fuerzas dispersas dentro de una sincera ortodoxia cristiana, de la que ha hecho pública confesión repetidas veces»[17].

Fernández de la Mora asistió a la mayoría de los cursos zubirianos; lo que contribuyó a ensanchar su horizonte intelectual, inclinándole hacia la filosofía de la ciencia y hacia el ala empírica y racionalista del aristotelismo en que se había formado. Los cursos de Zubiri le descubrieron a Comte y a los teóricos de la nueva física. Como diría en sus memorias: «Debo a Xavier Zubiri verdades torales, como la del estructuralismo dinámico de la realidad...; y el culto reverencial al sistematismo»[18]. No obstante, según afirmaba en una carta a su amigo José Luis Pinillos, desconfió, en un primer momento, de la calidad y de la capacidad intelectual del vasco:

---

[15] Thomas F. Glick, *Einstein y los españoles. Ciencia y sociedad en la España de entreguerras,* Madrid, 2005, págs. 365 y sigs.

[16] Véase Jordi Corominas-Joan Albert Vicens, *Xavier Zubiri. La soledad sonora,* Madrid, 2005, págs. 523 y sigs. Véase también de los mismos autores, *Conversaciones sobre Xavier Zubiri,* Madrid, 2008.

[17] «Ciencia española», *ABC,* 7-XI-1946.

[18] Gonzalo Fernández de la Mora, *Río arriba,* pág. 112. «El sustantivismo de Zubiri», en *Filósofos españoles del siglo XX,* Barcelona, 1987, págs. 136-137.

Asisto asiduamente a las conferencias de Zubiri. Este año explica un curso de Metafísica, de Filosofía Primera. Es más claro y simple que de costumbre. Quizás viene ello impuesto por la propia materia. El público se ha esnobizado bastante. Conozco a muchos de los que asisten y no comprendo que hace allí. Ya hemos hablado varias veces del caso Zubiri. No acaba de convencerme. A veces me produce la impresión de un poco ficticio y de una teatralidad refinada. Me resulta, además, irritante que un hombre exclusivamente dedicado a la investigación filosófica lleve tanto taños sin producir una sola línea. En último término, la filosofía tiene que ser escrita[19].

Como tendremos oportunidad de ver, la suspicacias cesaron cuando Zubiri publicó *Sobre la esencia.*

De la mano de Torcuato Luca de Tena, Fernández de la Mora inició su colaboración en el diario *ABC* el 8 de octubre de 1946, con un artículo sobre «La sentencia de Nuremberg». Políticamente, se mostraba partidario del retorno de la Monarquía tradicional, en la persona de Juan de Borbón. Y, en ese sentido, sus primeros escritos se caracterizan por una apenas velada crítica de algunos aspectos institucionales e ideológicos del régimen de Franco. De acuerdo con su perspectiva cosmopolita, censuró la autarquía económica, que equivalía a una especie de «robinsonismo internacional», «rigurosamente injusto», porque, como había defendido Francisco Vitoria, «las diversas naciones constituyen una magna sociedad y que deben estar abiertas entre sí a la marea del comercio». En la situación posterior a la Segunda Guerra Mundial, la autarquía debía ser abolida, porque así lo exigían «el nuevo Derecho Internacional, la idéntica naturaleza humana y la peligrosa técnica, cuyos próximos delirios ya nadie puede preveer»[20].

Fernández de la Mora sería detenido y multado el 4 de febrero de 1946, junto a Alfonso Bullón —hijo del decano de Filosofía y Letras—, cuando repartía unas hojas monárquicas en los cines Callao y Palacio de la Música, cuyo texto era «El Rey se acerca, viva el Rey». Se trataba de una operación simultánea en varios locales que había organizado Joaquín Satrústegui y que denunció un delator[21]. En aquellos momentos, juzgaba que España era internacionalmente «un auténtico Robinson». Se encontraba aislada política, económica e intelectualmente; lo que hacía inelu-

---

[19] Archivo Fernández de la Mora, 21-XII-1952.
[20] «Robinsonismo y autarquía», *Mundo Financiero,* núm. 8, 10-X-1946.
[21] Gonzalo Fernández de la Mora, «Contestación a Cuestionario de Pedro Carlos González Cuevas, 31-X-1989», pág. 9. *Río arriba,* pág. 89.

dible el cambio de régimen político. El problema radicaba en cómo salvar «los principios del 18 de julio, mantener la unidad y bienestar de la Patria y representarnos dignamente ante los demás países». Solo la Monarquía tradicional podía superar el aislamiento, «salvando las más puras esencias espirituales, los más sagrados intereses de la Patria levantando el nivel medio de vida del pueblo español». Todo ello sin necesidad de someterse «a la decisión de una mayoría transitoria la cuestión de régimen», ni con «gobiernos de coalición en que también tuvieran asiento quienes causaron la ruina de España»[22].

El general Franco promulgó en 1947 la ley de Sucesión, cuyo contenido coincidía, en buena medida, con los postulados defendidos por Juan de Borbón en las llamadas *Bases de Estoril,* obra de Pedro Sainz Rodríguez, José María Gil Robles, el conde de Rodezno y Antonio Iturmendi: confesionalidad católica, Monarquía tradicional, consejo del Reino y una cámara de carácter corporativo[23]. La Ley de Sucesión establecía, por su parte, la Monarquía tradicional y católica, el Consejo de Reino y el Consejo de Regencia. No obstante, la Ley atribuía nominalmente la Jefatura del Estado a Franco y no al heredero de Alfonso XIII. Además, algunos de sus puntos eran un arma de Franco contra Juan de Borbón, pues establecían que la ley de las dos legitimidades, la origen y de ejercicio. El Jefe del Estado podía excluir de la sucesión a las personas que se desviasen de los «principios fundamentales del Estado», e incluso el Consejo de Regencia podía proponer un Regente en lugar de un Príncipe[24].

Sin embargo, estos primeros choques con la política franquista en modo alguno significaban insolidaridad con el régimen nacido de la Guerra Civil; tampoco, como a veces de ha dicho, adhesión a la Monarquía constitucional o al liberalismo. Su ideal se cifraba, en aquellos momentos, en influir en las elites sociales y políticas para que el régimen tuviera su remate institucional en la Monarquía tradicional y corporativa de *Acción Española.* Así, años después, dirá:

> Con el espíritu del 18 de Julio he estado siempre. Mis discrepancias se han referido a lo accidental, a pesar de que unos gobiernos y unas decisiones han sido mejores que otras. Pero mis objecciones suelen ser sobre lo concreto. Yo creo que aquellos principios eran mucho más amplios que los grupos que le dieron nacimiento. La Falange del

---

[22] Archivo Fernández de la Mora, «España, robinson», noviembre de 1947.

[23] Archivo Gabriel Maura Gamazo, Legajo 122, 28-II-1946.

[24] *Leyes Fundamentales del Reino,* Madrid, 1971, págs. 40 y sigs.

36 era un grupo muy reducido y los tradicionalistas eran una fuerza limitada[25].

En una carta a su amigo Claudio Sánchez Albornoz, expondría las razones de su ulterior apoyo al régimen de Franco:

> Yo tenía 12 años en 1936 y no he conocido otro Estado español que el de Franco. Mis rebeldías juveniles y los tópicos demoliberales vigentes en la Universidad de entonces —y en la de ahora— me encaminaban hacia la oposición. Pero el estudio de la Historia y el método empírico me han hecho franquista por inducción. Creo, de verdad, que nuestro país no ha estado mejor gobernado que ahora desde los tiempos, por lo menos, de Carlos III. Por ese camino, pronto estaremos por los niveles de allende el Pirineo, es decir, en las primeras filas de esta humanidad que nunca será perfecta[26].

Una vez ganadas brillantemente las oposiciones a la carrera diplomática, en junio de 1946, fue destinado a Alemania, como secretario de embajada en el Consulado General de Frankfurt, a las órdenes del ministro plenipotenciario Eduardo García Comín. Allí tuvo oportunidad de completar sus estudios filosóficos. Pudo conocer la fenomenología de Husserl; y el existencialismo de Heidegger, algunos de cuyos planteamientos le impresionaron. Y es que si algo caracterizaba, a su juicio, al hombre contemporáneo era su pretensión de «huir de la propia problematicidad». A ese respecto, el filósofo alemán había distinguido elocuentemente entre dos formar de existir posibles, la «auténtica» y la «inauténtica». La primera que aceptaba la finitud inherente a la condición humana; y la segunda, que huía del hecho que definía y caracterizaba la existencia humana, es decir, la muerte. En el fondo, como reconocía el propio Heidegger, la existencia «auténtica» era imposible, pues suponía, en la práctica, un «suplicio insoportable y enloquecedor», sin la apertura a la transcendencia, tal y como era definida por el cristianismo. De ahí que la única posibilidad de existencia «auténtica» fuese la planteada por el cristianismo, porque «afirmando la esencial contingencia humana y el carácter transitorio de la muerte salva la felicidad y la filosofía». «Salva la felicidad, porque nos invita a fruir plenamente los seres e ilumina incluso el dolor y el sacrificio terrenales con la esperanza de un más allá. Salva la filosofía, porque la certeza en la inmortalidad permite

---

[25] *Arriba*, 3-IV-1968. *YA*, 19-IX-1976.

[26] Diputación de León, Fondo Sánchez Albornoz, s/f.

volver sobre nosotros mismos y sobre las cosas para, con paz y sin miedo, captar su último y recóndito ser»[27].

Igualmente pudo conocer personalmente al gran constitucionalista Carl Schmitt, en la ciudad de Colonia, a finales de 1949. Fernández de la Mora había estudiado ya su ideas, sobre todo la crítica al Estado burgués de Derecho, a través del magisterio de Francisco Javier Conde:

> Humanista de plurales saberes, de vivacidad latina, de brillante estilo y de mente poderosa. Tenía para mí dos atractivos adicionales, el ser uno de los pocos estudiosos germanos no hispanista, conocedor de la cultura española, y de figurar entre los raros escritores alemanes que, entonces, no se había rendido a la ideología de los vencedores. La gran ciudad renana, como todas las del dividido país, estaba reducida a escombros y ocupada por tropas extranjeras. En tan dramático escenario, aquel hombre de mediana estatura, con huellas de reciente cautividad, me recordaba un precedente patrio, insólito allende el Rhin: el fray Luis del *decíamos ayer*[28].

Aprendió el idioma; escuchó en la Universidad de Bonn a Curtius, Benn y Rothacker; leyó a Max Weber. Además, profundizó en la lectura de Kant. Y entabló amistad con hispanistas como Edmund Schramm, biógrafo de Donoso Cortés, y Hans Jeschke, autor de una monografía sobre la generación del 98, cuya edición española prologó el propio Fernández de la Mora. Como Ortega, tuvo siempre una profunda admiración por la cultura alemana. A su juicio, era un gran error pensar que la Segunda Guerra Mundial hubiera «borrado la secular y egregia cultura germánica»; y no dudaba en señalar que ésta era uno de los modelos a seguir con vistas a la reconstrucción de la vida intelectual española: «Nuestro momento intelectual es crítico. Y por encima de prehistóricos nacionalismos y de inútiles simpatías políticas, superando las propagandas de ambos bandos, es preciso registrar los hechos y tener simplemente en cuenta que Alemania es todavía un rico venero, acaso único, capaz de reducir la ganga retórica que enturbia el genio mediterráneo»[29].

A la altura de 1948, Fernández de la Mora tuvo oportunidad de conocer al ideólogo tradicionalista Rafael Calvo Serer; y comenzó a colaborar en la revista *Arbor,* órgano cultural del Consejo Superior de Inves-

---

[27] «El hombre en fuga», *Ateneo,* 15-III-1952.
[28] «Los noventa años de Carl Schmitt», *El País,* 25-VII-1979.
[29] «Cultura germana», *ABC,* 11-II-1947.

tigaciones Científicas. Igualmente, sería uno de los fundadores de otra revista, *Ateneo*. Calvo Serer se sirvió de estas revistas, así como de los diarios *ABC* e *Informaciones* y de la Biblioteca del Pensamiento Actual, editada por Rialp, para aglutinar a a los intelectuales monárquicos y tradicionalistas en una proyecto político coherente, alternativo tanto a los falangistas como a los representantes del catolicismo político. Los grandes animadores del proyecto fueron, aparte de Calvo Serer, Florentino Pérez-Embid, Ángel López-Amo y Vicente Marrero. Herederos de *Acción Española,* se mostraban defensores de una concepción política que pretendía mantener incólume el depósito de la tradición, al tiempo que eran partidarios de la modernización de las estructuras económicas y administrativas sin poner en cuestión la estabilidad del régimen político nacido de la Guerra Civil. Favorables a un entendimiento entre el general Franco y Juan de Borbón, su alternativa institucional consistía en la instauración de la Monarquía tradicional, antiparlamentaria, hereditaria y descentralizada[30]. A nivel cultural, defendían la articulación de la «conciencia nacional unitaria», basada en los supuestos del tradicionalismo menéndezpelayista. Menéndez Pelayo había dado fin, según ellos, al sempiterno problema de España, con su identificación entre tradición nacional y catolicismo: «Ante las ruinas de la modernidad —dirá Calvo Serer— la generación nueva ha comprendido que sólo el catolicismo puede vertebrar España»[31]. Una vez solucionado el problema institucional y puesta fuera de discusión la ortodoxia católica, la sociedad española podría dar solución a sus problemas concretos de carácter socioeconómico. Se intentaría así conciliar la ineludible modernización con la mentalidad católico-tradicional. Como diría Florentino Pérez-Embid, el objetivo era conseguir «la españolización de los fines y la europeización de los medios»[32].

Fernández de la Mora aceptó, en sus líneas generales, el proyecto restaurador; y en enero de 1952 fue nombrado vicesecretario del Departamento de Culturas Modernas del CSIC. Sin embargo, su colaboración tuvo matices peculiares. Pues siguió manifestando su admiración por Ortega y Gasset, mientras que Calvo Serer y, sobre todo, Marrero continuaron atacándole como filósofo anticristiano y antitradicional. Además, fue mostrando su interés por eliminar el ingrediente religioso de la política y en todo momento rehuyó, de manera expresa, la denomi-

---

[30] Rafael Calvo Serer, *Teoría de la Restauración,* Madrid, 1948, pág. 137.
[31] Ibíd., pág. 149.
[32] Florentino Pérez Embid, *Ambiciones españolas,* Madrid, 1953, pág. 46.

nación de «Cruzada», a la hora de hacer mención a la Guerra Civil. En
gran medida, el contenido de sus colaboraciones en *Arbor* y otras publi-
caciones monárquicas tuvo un nivel intelectual y estilístico muy distinto
al de las elucubraciones tradicionalistas de Calvo Serer, Marrero o Pérez-Embid. Criticó el Estado totalitario, que suponía «la consagración de
la tiranía y la amputación de las más inalienables libertades del hombre»[33]. Analizó las consecuencias sociales y políticas de las revoluciones
de 1848, a través de la bibliografía contemporánea dedicada al tema, llegando a la conclusión de que, pese a sus fracasos en el intento de instaurar el socialismo, el principio de las nacionalidades y la democracia, su-
pusieron el inicio de lo que Ortega y Gasset había denominado «rebelión
de las masas»[34]. Exaltó a los teóricos de la Contrarreforma, defensores
de la «razón de Humanidad», frente a la fría «razón de Estado» maquiavélica[35]. Y analizó las sentencias del Tribunal de Nuremberg, abogando
por la constitución de instituciones de carácter supranacional, donde los
principios de neutralidad e imparcialidad estuviesen asegurados de cara
a la condena de los crímenes «contra la Humanidad»[36].

No es extraño que su amigo Leopoldo Calvo-Sotelo le dijera en una
carta: «Tu "talante intelectual", como diría Aranguren, no es próximo al
suyo (Calvo Serer) y denuncia la filiación de Ortega mucho antes que la
de don Marcelino»[37].

El 18 de mayo de 1950, Fernández de la Mora pronunció una conferencia en la cátedra del hispanista Edmund Schramm, de la Universidad
de Mainz, sobre «Raíz y frutos del ensayismo español en el siglo XX», a
la que asistió Hans Jeschke. Según señaló una reseña del diario *Arriba,*
el joven diplomático «dedicó particular interés al ensayo moderno y a
Ortega y Gasset, cuya figura es extraordinariamente admirada en Alemania». Además, citó a sus discípulos y continuadores: Zubiri, Gaos,
Ledesma Ramos y Julián Marías[38].

Calvo Serer y su equipo centraron las críticas en los planteamientos
del falangista Pedro Laín Entralgo sobre el problema de España; y, sobre
todo, en la política seguida por el ministro de Educación Nacional, Joa-

---

[33] «Esquema y ética de la colaboración», *Arbor,* julio-agosto de 1950, pág. 445.

[34] «La repercusión del 48 en el bibliografía europea contemporánea», *Arbor,* mayo
de 1949, págs. 227 y sigs.

[35] «Maquiavelo visto por los tratadistas políticos españoles de la Contrarreforma», *Arbor,* julio de 1949, págs. 434 y 447.

[36] «Las aporías de Nuremberg», *Arbor,* abril de 1951, pág. 537.

[37] Archivo Fernández de la Mora, 16-VIII-1952.

[38] Archivo Fernández de la Mora, «Diario», 18-V-1950. *Arriba,* 25-V-1950.

quín Ruiz Giménez, quien, bajo la influencia de Laín, propugnó una apertura intelectual hacia un sector de los intelectuales marginados o exiliados tras la Guerra Civil. Ruiz Giménez afirmaba «la importancia y la urgencia del diálogo», la necesidad de «asimilar cuanto haya de valioso en cualquier sector de la cultura o de la política y para desprendernos de cuanto sea caduco o estéril»[39]. En ese sentido, juzgó necesario la normalización de la vida cultural e intelectual española. Y en torno a su ministerio se agruparon, Laín Entralgo y Antonio Tovar, como rectores de las universidades de Madrid y Salamanca, respectivamente; el heterodoxo y conflictivo falangista Dionisio Ridruejo; Joaquín Pérez Villanueva, Torcuato Fernández Miranda, José Luis López Aranguren, José Antonio Maravall, etc. Bajo su dirección se organizaron homenajes a Menéndez Pidal, Unamuno, Ortega y Gasset, Zubiri; congresos de poesía, en los que se revalorizó lengua catalana[40]; y se promovió el regreso de algunos catedráticos exiliados como Arturo Duperier, Recasens Siches, Miaja de la Muela, etc.

Fernández de la Mora apenas criticó en público la política seguida por Ruiz Giménez. Sus censuras se centraron en las tesis de Pedro Laín Entralgo sobre el problema de España. A ese respecto, se mostró partidario de sustituir la tesis de la España problemática, por la de una España como proyecto. Así, siguiendo en parte a Ortega y Gasset, afirmó: «Una nación es una empresa, un haz de voluntades coincidentes en un proyecto. (...) Sustituyamos una España como problema por una España como proyecto, y entonces a la par que arrojamos lastres, habremos abierto el cauce por el que correrá, impetuosa y coherente, la vitalidad nacional.» El proyecto nacional no era otro que el desarrollo económico y la modernización social en el marco de un régimen autoritario:

A esta cita es a la que hemos de acudir, y no a la espectral problemática de un pensador que en su ensimismamiento reincide en el condenable pecado español. Necesitamos centros de investigación permanentes, centrales eléctricas, vías de comunicación, repoblación forestal, nuevas industrias, obreros especializados, viviendas espaciosas y sanas. Nuestro gran problema es aumentar la renta nacional[41].

---

[39] Joaquín Ruiz Giménez, *Diez discursos,* Madrid, 1954, págs. 9 y sigs.

[40] Véase Jordi Amat, *Las voces del diálogo. Poesía y política en el medio siglo,* Barcelona, 2007.

[41] «La obsesión por la decadencia española», *ABC,* 10-I-1948. «El problema de la España problemática», *ABC,* 6-XII-1949. «España, su problema y su complejo», *ABC,* 19-VI-1952.

Para llevarse a buen puerto, el proyecto nacional tendría que estar enraizado en el contexto cultural e institucional español. A ese respecto, Fernández de la Mora elaboró una teoría evolutiva y pragmática de la tradición, en la que se adivina la influencia orteguiana, concebida como depósito de experiencias adquiridas, como «razón colectiva acumulada», porque las cosas que sobreviven como tradicionales lo hacen precisamente como garantía de progreso. La revolución, en cambio, como intento consciente de ruptura con el pasado y quiebra de la continuidad histórica, caía, por su propio dinamismo, en la voluntarismo y, por consiguiente, en la irracionalidad. Por eso, la revolución era, en el fondo, un fenómeno de «patología social»[42]. Institucionalmente, el proyecto nacional se configuraba en la instauración de la Monarquía corporativa de *Acción Española:* «La vera efigie de España está en los perfiles concretos que trazó Marcelino Menéndez Pelayo en el brindis del Retiro; y lo demás son afeites y cicatrices»[43]. Sin embargo, Fernández de la Mora no consideraba ese proyecto inherente a una supuesta «esencia de España, ni el común denominador de nuestro pasado, ni nuestra constante histórica», porque en los siglos XVIII, XIX y buena parte del XX, la estructura estatal y simbólica de la nación fue distinta; pero España siguió existiendo, aunque peor[44].

Fernández de la Mora creía que la Monarquía era la forma de gobierno más adecuada a la situación española. Siguiendo las ideas del doctrinario alemán, Lorenz von Stein, presentaba a la Monarquía hereditaria como un poder neutro, situado por encima de las discordias civiles y de los intereses concretos de las distintas clases sociales en lucha; y capaz, por lo tanto, de servir de moderadora entre éstas, garantizando, en virtud de su neutralidad, la reforma social que España necesitaba. Consecuentemente, rechazaba el modelo de Monarquía liberal, que, a su juicio, no pasaba de ser un producto «híbrido», que intentaba conjugar la legitimidad tradicional con la liberal-democrática, «males menores y, desgraciadamente, efímeras allí donde no responden a una tradición peculiar»[45].

---

[42] Gonzalo Fernández de la Mora, *Maeztu y la teoría de la revolución,* Madrid, 1956, págs. 39, 43-44, 49-50, 56. «En defensa de la revolución», *ABC,* 13-III-1949.

[43] Gonzalo Fernández de la Mora, *La Monarquía del futuro,* Madrid, 1960, pág. 18.

[44] «Morente y Maeztu ante la Hispanidad», *Ateneo,* 11-IV-1953.

[45] Gonzalo Fernández de la Mora, *La Monarquía del futuro,* Madrid, 1960, págs. 19-20. *Ángel López Amo,* Pamplona, 1957, págs. 33-34. «Cuatro tópicos antimonárquicos», *Boletín Informativo de la Secretaría del Consejo Privado de S.A.R. El Conde de Barcelona,* núm. 11, 15-IV-1963.

· Muy en la línea del Maeztu defensor del «sentido reverencial del dinero», Fernández de la Mora propugnaba, además, una simbiosis entre la mentalidad tradicional propia de la hidalguía española y el pragmatismo característico de la burguesía empresarial. A su juicio, el hidalgo, concebido como arquetipo nacional y social, encarnaba valores humanos irrenunciables, que era preciso conservar; tal y como los ingleses habían hecho con su gentleman. Si el hidalgo encarnaba el principio del honor, la burguesía industrial poseía cualidades excepcionales que contribuían a decisivamente al desarrollo económico y al bienestar de la población. Era el agente social que encauzaba los nuevos métodos de producción y distribución; y que representaba una serie de virtudes de las que la sociedad española, a mediados del siglo XX, todavía andaba necesitada: culto al trabajo, ideal de «confort», gusto por el riesgo. Si algo explicaba el subdesarrollo español, a lo largo de una centuria, era la ausencia de «espíritu» capitalista: «Reivindiquemos un hombre que, además de sabio, sea un hidalgo a la altura del siglo XX; que tenga un sentido deportivo de la existencia; que admire el trabajo manual y que aprecie en su justo valor las riquezas... He aquí, enunciado a grandes rasgos, todo un programa de acción política»[46].

Al mismo tiempo, defendió el ideal europeísta. A su juicio, el progreso tecnológico y el desafío comunista obligaba a superar los estrechos ámbitos del Estado-nación, yendo hacia unidades más amplias: «Una Europa unida no es una superación del Estado, pero tampoco un proyecto estéril. Se trata de una posición estratégica bifronte, que es, de un lado, cabeza de puente para una Federación más amplia, y, del otro, bastión frente a cualquier imperialismo (hoy, el ruso)»[47].

Como ya hemos señalado, Fernández de la Mora se mostró, desde su juventud, hostil al nacionalismo y partidario del cosmopolitismo. En su conferencia *La quiebra de la razón de Estado,* abominó de la secularización que había nutrido la política internacional desde la Reforma, a partir de la cual el Estado dejó de estar sometido a las normas supremas emanadas del derecho natural, convirtiéndose la soberanía estatal en un fin en sí mismo, quebrando el orden por antonomasia, es decir, el «orden de Humanidad». De ello se deducía la necesidad de reconstruirlo frente a la impía «razón de Estado» maquiavélica. Lo que tenía su concreción

---

[46] «¿Hay todavía hidalgos?», *ABC,* 6-XI-1948. «Loa del hombre de empresa», *ABC,* 21-IV-1955.
[47] «Europa: posición estratégica», *ABC,* 23-I-1948. «Europa, de poca fe», *ABC,* 23-IX-1953.

política e histórica en la construcción de una comunidad internacional, no fundada en los dogmas del nacionalismo, sino en el cosmopolitismo y en el amor a la Humanidad; una alternativa que, además, se veía favorecida por la evolución de la técnica y de la economía, ya que abocaba cada vez más a la interdependencia de las naciones. Un Estado, en fin, universal, como había preconizado el historiador británico Arnold Toynbee, vehículo de cooperación y de concordia:

> Pretender configurar este mundo de hoy, empequeñecido por la geografía y la técnica, interdependiente, ávido de unidad y puesto en una histórica tensión de divisiones actuales, como la soberanía y la razón de Estado, es como querer construir un cerebro electrónico con un hacha de sílex. La única herramienta capaz de hacer habitable, bajo la protección del derecho, ese mundo, es la razón de Humanidad[48].

No en vano, Fernández de la Mora fue uno de los promotores más entusiastas del *Centro Europeo de Documentación e Información,* plataforma del europeísmo conservador defendido por el régimen de Franco[49].

En el fragor de la batalla político-intelectual, Calvo Serer publicó en la revista francesa *Ecrits de Paris,* un artículo sobre la situación española, en el que sometía a una crítica implacable la actitud de los distintos grupos políticos convergentes en el régimen, católicos y falangistas. A los católicos de Ángel Herrera les acusaba de carecer de proyecto político; mientras que los falangistas intelectuales capitaneados por Laín Entralgo aparecían como totalitarios y enemigos de las instituciones tradicionales. Además, Ruiz Giménez había cometido el error de iniciar una política de mano tendida a los vencidos en la Guerra Civil, al dar el poder cultural a los falangistas de izquierda. El programa falangista consistía, a su juicio, en «la tolerancia con el error de la idología anticristiana vencida en 1939». Frente a todo ello, se alzaba lo que él denominaba la «Tercera Fuerza», constituida por los herederos de *Acción Española,* caracterizada por la «solidaridad con cuanto positivo se ha realizado en la España de Franco»[50].

---

[48] Gonzalo Fernández de la Mora, *La quiebra de la razón de Estado,* Madrid, 1952, pág. 44.

[49] Véase Pedro Carlos González Cuevas, «Neoconservatismo e identidad europea (Una aproximación histórica)», *Spagna Contemporanea,* núm. 13, 1998, págs. 41-60.

[50] «La politique interieure dans l'Espagne de Franco», *Ecrits de París,* septiembre de 1953, págs. 60 y sigs.

El artículo no pudo ser conocido en España íntegramente, pero circuló con profusión entre la ola de política e intelectual; y fue criticado duramente sobre todo por la prensa del Movimiento. Por ello, Calvo Serer perdió todos sus cargos en el CSIC, aunque no su cátedra en la Complutense. La réplica de Laín Entralgo fue muy dura:

> Acabo de leer tu artículo *La politique interieure dans l'Espagne de Franco,* en el cual tan reiterada y calumniosamente me nombras. Cuando hace unos años venías a mi casa en solicitud de orientaciones, ideas y consejos, sólo puedo reconocer en ti una oportunista capacidad de lisonja. Luego he ido viendo en tu conducta rasgos muy diferentes. Pero la sospecha se ha hecho al fin clara certidumbre: las páginas ahora leídas me permiten descubrir sin celajes tan deplorable condición moral. Ello me obliga a romper toda relación personal contigo y a comunicarte que, en lo sucesivo, te negaré el saludo donde quiera que te encuentre. Muéveme a ello —lo repito— razones de orden moral, no motivos intelectuales o políticos. Deseo que esta carta sirva para que medites con alguna seriedad sobre el octavo mandamiento del Decálogo[51].

La destitución de Calvo Serer provocó el fin de la colaboración de Fernández de la Mora en *Arbor* y su cese en los cargos que ocupaba en el CSIC meses después. El proyecto monárquico-tradicional tuvo, en alguna medida, continuidad en la revista *Punta Europa,* fundada en 1956 con ayuda económica de la familia Oriol y dirigida por Vicente Marrero; pero Fernández de la Mora no colaboró en sus páginas; y posteriormente juzgó su contenido como «apenas académico y de mensaje difuminado»[52].

Las disputas entre las distintas facciones insertas en el régimen continuaron. La muerte de Ortega y Gasset en octubre de 1955 tuvo un importante impacto en la juventud universitaria. El entierro del filósofo fue el anuncio de un cambio en la situación. Poco después se proyectó un congreso de escritores jóvenes, que contó con el apoyo de Laín Entralgo como rector de la Universidad Complutense. Luego, se pidió la convocatoria de un congreso de estudiantes; y se rechazaron, además, los candidatos oficiales del SEU para los puestos de delegados de curso. Pero se suspendieron las elecciones y los estudiantes antifalangistas se apoderaron de la Facultad de Derecho; y asaltaron el local del SEU. Todo lo

---

[51] Archivo Gabriel Maura Gamazo, Legajo 34, 14-X-1953.
[52] Contestación al cuestionario de Conchita García Moyano, en Archivo Fernández de la Mora, 18-X-1988.

cual culminó en los sucesos de 9 de febrero de 1956, con motivo del Día del Estudiante Caído[53]. Ante la magnitud de los acontecimientos, Franco resolvió la crisis despidiendo a Ruiz Giménez y al Secretario General del Movimiento, Raimundo Fernández Cuesta. Dionisio Ridruejo fue detenido; y destituidos Laín y Tovar de sus rectorados. La mayoría de ellos pasaron, junto a López Aranguren, José María Valverde, Maravall, etc., a la oposición o a un ambiguo «exilio interior».

Mientras tanto, el nuevo Secretario General del Movimiento, José Luis de Arrese creyó llegado el momento de relanzar Falange. Bajo su impulso, se constituyó una comisión de la que formaron parte González Vicén, Elola-Olaso, Salas Pombo, Sánchez Mazas y Javier Conde, que elaboró un anteproyecto en el que se intentaba afianzar el papel del Consejo Nacional y del partido único[54]. De inmediato, el anteproyecto suscitó las críticas de los restantes grupos políticos, desde el militar hasta el católico, pasando por el monárquico. No obstante, el golpe de gracia vino de la jerarquía eclesiástica, que presentó a Franco una declaración en la que se rechazaban las pretensiones de Arrese, que comparaban con los programas totalitarios del nacional-socialismo, del fascismo y del peronismo, «formas todas condenadas por la Iglesia»[55]. Fue el fin de Falange como fuerza política influyente en el régimen.

El cambio de gobierno de febrero de 1957 significó el comienzo de un giro radical en la política económica, que culminaría en el Plan de Estabilización de 1959, y de la adquisición de nuevos criterios de legitimidad por parte del régimen. En ese contexto, Laureano López Rodó se reunió con Fernández de la Mora en El Escorial, para elaborar las primeras bases de la Ley de Principios del Movimiento Nacional y de lo que luego sería la Ley Orgánica del Estado. En estos proyectos, se ratificaba como forma política la Monarquía tradicional, católica, social y representativa; y no se reconocía ningún papel especial a Falange, pues el Movimiento se definía «como comunión de los españoles en los ideales que dieron vida a la Cruzada». Se garantizaba la confesionalidad católi-

---

[53] Pablo Lizcano, *La Generación del 56. La Universidad contra Franco,* Barcelona, 1981.

[54] José Luis de Arrese, «Hacia una meta institucional» (1956), en *Obras seleccionadas. Treinta años de política,* Madrid, 1966, págs. 1138 y sigs. *Una etapa constituyente,* Barcelona, 1983.

[55] Véase Luis Suárez Fernández, *Francisco Franco y su tiempo,* t. V, Madrid, 1984, pág. 311.

ca de la nación y hacía suya la doctrina social de la Iglesia. La representación corporativa era la única legal. Fernández de la Mora influyó, sobre todo, en el modo de designación del Jefe de Gobierno, en la Ley Orgánica del Estado[56].

Ese mismo año apareció la *Asociación de Amigos de Maeztu,* cuyo objetivo era promover el conocimiento general de las ideas y de la figura del escritor vasco. La *Asociación* contaba entre sus socios fundadores con Martín Almagro, José Raimundo Basabe y Manso de Zúñiga, Rafael Calvo Serer, José María Desantes, marqués de la Eliseda, José Ignacio Escobar, José Fernández Villaverde, Santiago Galindo Herrero, marqués de Quintanar, conde de Gamazo, Alfonso García Valdecasas, Amalio García Arias, conde de Ruiseñada, Juan José López Ibor, Torcuato Luca de Tena, Jesús Marañón, duque de la Seo de Urgel, Vicente Marrero —que, en 1955, había publicado la primera biografía de Maeztu—, Antonio Millán Puelles, Lucas María de Oriol, Alfonso Osorio, José María Pemán, Florentino Pérez Embid, Salvador Pons, José María Ramón de San Pedro, José Luis Vázquez Dodero, Eugenio Vegas, Jorge Vigón y Fernández de la Mora. La Asociación contó con una Junta Directiva, cuyo presidente era Ruiseñada; vicepresidentes, Pemán y Arauz de Robles; tesorero, Jesús Marañón; contador, Lucas María de Oriol; vocales: Vigón, Luca de Tena, Calvo Serer, José Ignacio Escobar, Fernández de la Mora, Vegas, Millán Puelles, Martín Almagro y Eliseda. Fernández de la Mora preparó un fascículo con el *Ideario,* compuesto por fragmentos de las obras de Maeztu, seleccionados con la sentencia «Ser es defenderse». Los miembros de la Junta solían reunirse en el domicilio del conde de Gamazo, en la calle Padilla. José Ignacio Escobar y Fernández de la Mora eran los más asiduos, junto a Pérez-Embid. Allí se inició el proyecto de edición de las *Obras Completas* del pensador vasco, que ordenó Marrero y cuyos primeros volúmenes aparecieron en 1957 publicados por *Editora Nacional* y *Rialp.* La Asociación publicó, además, algunos opúsculos de teoría monárquica, cuyos autores fueron Fernández de la Mora —*La Monarquía del futuro*—, Calvo Serer —*La Monarquía popular*—, Jorge Vigón —*La instauración monárquica*—; y del propio Maeztu —*La lección de la caída*—. Los medios con que contó la Asocaciación no parece que fueran excesivos. Las cuotas eran, para los socios de número, de cien pesetas; y para los so-

---

[56] *Leyes Fundamentales del Reino,* Madrid, 1971. Gonzalo Fernández de la Mora, *Río arriba. Memorias,* Barcelona, 1995, págs. 85 y sigs.

cios protectores, de quinientas. Contó igualmente con donativos de Rui-señada y Gamazo[57].

Algunos de sus miembros ocuparían puestos en la administración del Estado. Jorge Vigón fue nombrado ministro de Obras Públicas; Fernández Villaverde, subsecretario de Asuntos Exteriores; Francisco Basabe, subsecretario de Comercio; y Pérez Embid, director general de Información. La Asociación contó, además, aunque por poco tiempo, con su propio órgano doctrinal, la revista *Reino,* que salió a la luz el 30 de julio de 1957; y que fue financiada por el conde de Ruiseñada. Su objetivo era no sólo difundir el pensamiento monárquico tradicional, sino apoyar la evolución del régimen en el sentido perfilado por la Ley de Sucesión de 1947 como «síntesis del espíritu que se abrió camino aquel 18 de julio, fecha fundación de una etapa nueva en nuestra Historia interrumpida»[58]. Fernández de la Mora se limitó, en su colaboración, a defender y reivindicar la Monarquía como forma de gobierno[59].

A finales de ese año, tras la desaparición de *Reino,* el periodista Luis María Ansón fundó la revista *Círculo,* dirigida igualmente a difundir la ideología tradicionalista, y que fue protegida y financiada por el marqués de la Eliseda y el conde de los Gaitanes. Esta nueva publicación tan sólo consiguió sacar a la venta tres números. Ansón consideraba a Fernández de la Mora como «una promesa para el futuro», como «la más fecunda realidad con que cuenta el pensamiento monárquico tradicional»[60]. En sus páginas, Fernández de la Mora escribió sobre Maeztu y su teoría de la contrarrevolución[61]. Igualmente abogó por que la prensa ejerciera la función de ser «eco del gobernado al tiempo que responsable control del Poder. Porque el método de todos los saberes, incluso del político, es el diálogo»[62].

La llegada al poder del general Charles de Gaulle en Francia fue muy bien recibida por el conjunto de la elite intelectual y política del

---

[57] *Asociación de Amigos de Maeztu. Ideario,* Madrid, 1957. Gonzalo Fernández de la Mora, Contestación a «Cuestionarios de Pedro Carlos González Cuevas, 31-X-1989 y 28-X-1991».

[58] *Reino,* núm. 1, 30-VII-1957.

[59] «Reivindicación de las formas», en *Reino,* núm. 1, 30-VII-1957. «Con las formas», en *Reino,* núm. 3, 31-VIII-1957.

[60] «Este es el hombre», en *Círculo,* núm. 2, 1-I-1958.

[61] «Maeztu», en *Círculo,* núm. 1, 1-XII-1957. «El Estado de la contrarrevolución», en *Círculo,* núm. 2, 1-I-1958.

[62] «Diálogo. El fin del Estado», en *Círculo,* núm. 3, 1-II-1958.

régimen[63]. Y resultó particularmente interesante para Fernández de la Mora. A su juicio, las instituciones de la IV República francesa eran las que habían intentado realizar «de una forma más plenaria las últimas exigencias del doctrinarismo democrático». Por ello, su evidente fracaso demostraba que el ideal democrático «resultaba inviable incluso para uno de los países más ricos y civilizados de nuestro planeta»[64]. La crisis era tan grave que el Ejército se había visto obligado a intervenir en la vida política francesa; lo que recordaba a las experiencias bonapartistas, macmahonista y boulangista: «El silencio se ha roto, la disciplina legal se ha quebrado y es la Asamblea la que se pliega. ¿Quiere esto decir que las espadas, relegadas durante un paréntesis de medio siglo, vuelven ahora a brillar como antaño sobre la Francia metropolitana?»[65]. Sin embargo, Fernández de la Mora no esperaba la instauración de una dictadura o de un régimen autoritario explícito en el país vecino. De Gaulle «titubea, avanza y retrocede, exige y pacta». «Aunque el fracaso de los partidos es cegadoramente espectacular, la tradición revolucionaria en Francia pesa demasiado.» Pero se congratulaba de que si los partidos políticos galos salían de la crisis «tendrían que hacerlo transformados de modo casi irreconocible». «Desde luego no podrán disfrutar de la autoridad omnímoda que ejercían sobre el Gobierno; su función será fundamentalmente fiscalizadora. Tampoco proliferarán con la selvática fecundidad de antaño: un estatuto y una nueva ley electoral mayoritaria reservarán todas las oportunidades a los más fuertes»[66]. Fernández de la Mora interpretó la Constitución de la V República como un «híbrido» de principios autoritarios y demoliberales, «un compromiso entre el ímpetu renovador de los hombres del 13 de mayo y la resistencia pasiva de las oligarquías partidistas». Lo más destacable del nuevo texto constitucional era «el fortalecimiento del Poder Ejecutivo»[67]. De paralela transcendencia era la ley electoral, que introducía el principio de escrutinio mayoritario y la incompatibilidad entre el cargo de diputado y el de ministro. Con tales reformas, Francia había dejado de ser «el prototipo del Estado demoliberal de partidos».

---

[63] Véase Anne Dulphy, «Espagne franquiste»; y Guy Hermet, «Franco, Francisco», en Claire Andreu, Philippe Braud y Guillaume Piketty, *Dictionnaire de Gaulle,* París, 2006, págs. 447-448 y 523-524. Véase también Jerónimo Molina Cano, «Franco y de Gaulle», en *Razón Española,* núm. 132, 2005, págs. 31-54.

[64] «La lección constitucional de Francia», *Blanco y Negro,* 24-V-1958.

[65] «Francia y la espada», *ABC,* 6-V-1958, pág. 26.

[66] «¿Francia sin partidos?, *ABC,* 2-VII-1958, pág. 23.

[67] «De República en República», *Blanco y Negro,* 4-X-1958.

Es una democracia, porque el pueblo ha refrendado los poderes supremos, y porque las corporaciones y los individuos cuentan con buen acopio de medios para fiscalizar la gestión gubernamental. Pero ya no imperará el Parlamento, es decir, las minorías rectoras de los grandes partidos. La misión de la Cámara ya no será la de mantener a los ministros en permanente danza sobre la cuerda floja, sino la de trazar las grandes líneas de la legislación. La conquista del Poder ya no será una carrera entre demagogos empeñados en rivalizar para atraerse a las masas voltarias. El perfil político de Francia se ha transformado de modo radical[68].

Además, celebraba la formulación gaullista de la doctrina de la «Europa de las Patrias», como vía a seguir en el proyecto de construcción europea: la unión política continental conforme a un modelo confederal, organizado no en función de los nuevos organismos supranacionales comunitarios, sino de los distintos gobiernos nacionales, que continuarían manteniendo íntegramente la soberanía; lo que se traducía en la posibilidad del régimen de alcanzar la integración en las instituciones europeas sin modificar su naturaleza política: «En esa Europa cada pueblo formará con sus colores, con sus instituciones, con su concepción del universo»[69].

Su primera gran obra de crítica intelectual fue *Ortega y el 98,* publicada en 1961, por la editorial *Rialp.* Y fue desarrollada desde una perspectiva muy innovadora entre los intelectuales conservadores españoles. El análisis del noventayochismo y de la filosofía orteguiana no se hacía ya en relación a la ortodoxia y heterodoxia religiosa, sino con la sistematicidad de su pensamiento, y, sobre todo, su papel en el proceso de racionalización de la cultura y de la sociedad española. Y es que, como tendremos oportunidad de ver, Fernández de la Mora había llegado a la conclusión de que los supuestos teológico-políticos defendidos por los tradicionalistas y conservadores españoles eran ya epistemológicamente incompatibles con las nuevas necesidades de la tecnología científico-social y con el desarrollo económico. En esta obra, nuestro autor contrapone el «espíritu del 98» y Ortega como figura intelectual y política. El «espíritu del 98», cuyo principal representante fue Miguel de Unamuno, tuvo, a su juicio, un carácter fundamentalmente negativo. Se caracterizaba por el «anonadamiento», la «hiperestensia» y la «rebeldía». Su tono

---

[68] «Leyes Fundamentales», *ABC,* 24-X-1958. «La escoba del general», *ABC,* 25-X-1958.
[69] «La Europa de las Patrias», *ABC,* 22-I-1959.

fue, en consecuencia, «crítico y oposicionista cuando no disolvente» y careció de «sentido constructivo». Su legado fue una imagen del mundo «egocéntrica y precopernicana». Su preocupación nacional, «más retórica que en ninguna ocasión pasada». Los noventayochistas abordaron los problemas políticos «enfática, frívola y utópicamente, con mentalidad de aficionado y sin la imprescindible apoyatura técnica: económica, administrativa o jurídica». En contraste, Ortega se configuró como «el máximo pensador hispano de la primera mitad del siglo xx». A pesar de su republicanismo, era un pensador político de «signo rotundamente conservador», como lo demostraba su concepción elitista de la sociedad «recibida de Pareto», su reticencia y hostilidad hacia la democracia, su crítica a la concepción materialista de la historia y a la revolución o sus planteamientos sobre la justicia social. Además, su patriotismo era «entrañable y verdadero», porque el europeísmo de que hacía gala no suponía «extranjerización, sino españolización de la ciencia y elevación de nuestro nivel cultural hasta el de los pueblos que marchaban en la vanguardia de la civilización»; el anhelo de «una España magnífica, alegre, rica, intelectualmente creadora que exigía la altura de los tiempos». A su entender, la contribución más importante del filósofo madrileño a la cultura española fue «la movilización de la vida intelectual hispánica». Su *Revista de Occidente* resultó ser «el más vigoroso estímulo ideológico de la vida hispánica durante los catorce años críticos del período de entreguerras». Comparado con los noventayochistas, Ortega significaba, en fin, «una dictadura de orden, de rigor y de sistematismo, una verdadera avalancha de razón pura». Sin embargo, consideraba su raciovitalismo insuficiente, a nivel filosófico, porque no consiguió, como era su objetivo, superar el realismo y el idealismo. Tampoco le parecía plausible su negación de la existencia de la naturaleza humana, ya que el «yo» implicaba necesariamente «algo interior y previo al primer capítulo de cada biografía, algo dado en el yo antes de que empiece a escribir su propia novela, a crear su propia vida». En Ortega, esta afirmación implicaba, además, un evolucionismo, «pero no un finalismo creador». Su teodicea era «mínima»; a lo sumo, podía hablarse de una «microteodicea». Tampoco trató con exhaustividad el tema de la ética. En sus escarceos tocantes a ésta, advertía, ante todo, «la condenación de las morales rígidas y dogmáticas», «un sobrecogedor fatalismo» y «un acusado relativismo». Su lado positivo era «la exaltación espléndida del esfuerzo de la vida como poesía, es decir, como creación auténtica, poderosa, deportiva y felicitaria». Fernández de la Mora ponía mayor énfasis en la faceta de Ortega como sociólogo. La sociología era «la disciplina predilecta de Ortega». En su concepción de la sociedad, existía una acertada distinción entre la vida individual, la interindividual y la social propiamente dicha, caracterizada por los usos impuestos por la gente y, a veces, por «un hombre ejemplar, capaz de mover a los demás a seguirle e imitarlo»[70].

3.3. ESTADO TECNOAUTORITARIO Y REFORMA INTELECTUAL Y MORAL

Al mismo tiempo, Fernández de la Mora inició sus reflexiones sobre el tema del ocaso de las ideologías políticas tradicionales en el contexto de una sociedad económica y tecnológicamente desarrollada. Fernández de la Mora comenzó a interesarse por el tema del declive de las ideologías políticas tradicionales a partir del Congreso social-demócrata de Bad Godesberg, en 1959, al que dedicó algunos artículos en el diario *ABC*. El abandono de los supuestos marxistas y revolucionarios marcaban, a su juicio, la inflexión política y doctrinal de la izquierda socialista; y anunciaba el comienzo de la convergencia de las dos ideologías hasta entonces contrapuestas, el liberalismo y el socialismo[71]. El fenómeno era extensivo al catolicismo, como lo demostraba el contenido de la encíclica *Pacem in Terris,* donde se predicaba la «la libertad de coexistencia y la negociación». En consecuencia, el interés de la población se iba centrando en «el bienestar y la seguridad social»[72]. A partir de tales supuestos, Fernández de la Mora se esforzó por demostrar la obsolescencia de las ideologías políticas tradicionales —liberalismo, socialismo, nacionalismo, democracia cristiana, etc.—, a la hora de garantizar el logro del desarrollo económico y la modernización social. En ese sentido, destacó como el principal teórico del Estado *tecnoautoritario*[73] franquista, tras la publicación de su polémico libro *El crepúsculo de las ideologías*. En esta obra, Fernández de la Mora aceptó la conciencia moderna, es decir, la racionalidad funcional del cálculo y la eficacia; la racionalidad que acepta el «desencanto del mundo», y con ello la fragmentación del cosmovisiones, la pérdida de unidad cosmovisional religiosa y, sobre todo, la experiencia del relativismo. En consecuencia, su concepción del proceso his-

---

[70] Gonzalo Fernández de la Mora, *Ortega y el 98,* Madrid, 1961.

[71] «El socialismo a la zaga», *ABC,* 11-II-1959. «El socialismo vira a estribor», *ABC,* 21-IV-1959. «El socialismo se volatiliza», *ABC,* 10-XI-1959.

[72] «Distensión y crisis de las ideologías», *ABC,* 1-XII-1963.

[73] Manuel García Pelayo, «La tecnocracia», en *Burocracia y tecnocracia,* Madrid, 1982, págs. 78 y sigs.

tórico, tomada de Augusto Comte, era decididamente progresista. La historia era «el laboratorio del mithos al logos». Progreso era sinónimo de racionalización de los distintos aspectos de la vida social y política. A ese respecto, el pensamiento de Fernández de la Mora gira en torno a los esquemas correlativos de *logos/pathos*. Complemento de esta concepción racionalista del proceso histórico es la afirmación de la necesidad de modernización y de desarrollo económico. El ideal por antonomasia de la edad contemporánea es el desarrollo económico, «motor primigenio de la Humanidad», cuyas consecuencias sociales y políticas son altamente liberadoras: homogeinización de las clases sociales, pragmatismo, bienestar y moderación política. Por todo ello, eran necesarias formas más racionalizadas de organización política y económica. Las formas políticas iban evolucionando desde el estadio «carismático» al «ideológico», para culminar en el «científico». Fernández de la Mora definía a las ideologías, siguiendo a Vilfredo Pareto, como «derivaciones», es decir, conjuntos de razonamientos pseudológicos que construye el hombre para persuadirse y persuadir a los demás para que crean ciertas cosas o ejecutar diversas acciones; son «mitos», «creencias», filosofías políticas «popularizadas», «patetizadas», «simplificadas». Las ideologías en decadencia eran el socialismo, el liberalismo, la democracia cristiana y el nacionalismo. Para demostrarlo, Fernández de la Mora recurría a una serie de apreciaciones sobre hechos sociales contemporáneos: la despolitización, el alto nivel técnico y asistencial de las sociedades desarrolladas, el fin de la lucha de clases, la «convergencia» entre ideologías hasta entonces antagónicas como el liberalismo y el socialismo. Por otra parte, la religión iba siendo desplazada a la periferia social y política, recluyéndose progresivamente en la «intimidad»; y es que era el momento de la «interiorización de creencias». Por ello, la democracia cristiana no era testimonio de una religiosidad genuina, sino mera táctica política, y que, además, resultaba anacrónica. El nacionalismo venía a ser una afirmación irracional, que respondía a una mentalidad primitiva, porque la racionalización de la vida política llevaba a la formación de ámbitos supranacionales, como el Mercado Común. El socialismo era, sobre todo en su versión marxista, racionalmente insostenible, e ineficaz desde el punto de vista económico. El sistema demoliberal no era representativo, porque había degenerado en partitocracia. Tampoco el laissez faire, después de Keynes, podía sostenerse. De esta forma, se imponía, en la vida económica, el intervencionismo estatal, la planificación indicativa y las políticas de bienestar; en la vida política, la preeminencia de los «expertos» sobre los ideólogos; y la autoridad del ejecutivo sobre el legislativo, lo mismo que la representación de intereses sobre la canalizada por los partidos políticos; y en las relaciones internacionales, el «cosmopolitismo»[74]. El tipo de Estado que se correspondía con la nueva sociedad «científica» o «positiva» no era, por lo tanto, el demoliberal, ni el socialista; tampoco el nacionalista; era lo que denominaba *Estado de razón,* plenamente desideologizado, sustituyendo las ideologías por la soberanía de las ideas rigurosas y exactas, basadas en las aportaciones de las ciencias sociales; y cuya élite directiva eran los «expertos». Su legitimidad no descansaba en la voluntad popular, ni en la utopía social, ni en la religión, sino en la «eficacia», o sea, en la capacidad de garantizar el orden, la justicia y el desarrollo económico. La concreción histórica de ese *Estado de razón* era el régimen de Franco, a quien denominó *Estado de obras,* por su capacidad para modernizar la sociedad española a lo largo de su égida[75]. A partir de tales premisas y con la experiencia del Concilio Vaticano II, el Estado tendría que renunciar, a su juicio, a la confesionalidad:

> Ya no son defendibles ni la cruzada, ni el auto de fe, ni la teocracia, ni el cesaropapismo, ni ninguno de los antiguos tipos de secularización de la religiosidad. (...) Corresponde, por tanto, al poder político algo así como una religiosidad indiferenciada o genérica. En definitiva, se trata de reconocer también la relatividad del Estado en la más dogmática de sus dimensiones posibles, la religiosa. Me temo que no todos han entendido esta tendencia interiorista, a la que tan rotundamente apunta el Concilio Vaticano II[76].

Las tesis defendidas por Fernández de la Mora suscitaron no pocas controversias, a derecha e izquierda del espectro político de la época. Fue acusado por la izquierda, y en especial por José Vidal Beneyto, de defender posturas elitistas y antidemocráticas e incluso fascistas. Para tradicionalistas y conservadores, como Frederick Wilhemsen, sus posiciones eran agnósticas y secularizadoras. El falangista Luis Gómez Aranda las calificó de conservadoras; tan sólo eran una defensa cerrada del *statu quo.* Su amigo Florentino Pérez Embid rechazó el racionalismo propugnado por el

---

[74] Gonzalo Fernández de la Mora, *El crepúsculo de las ideologías,* Madrid, 1965, págs. 55, 133, 135 y sigs.

[75] Gonzalo Fernández de la Mora, *Del Estado ideal al Estado de razón,* Madrid, 1972, págs. 47 y sigs. *El Estado de obras,* Madrid, 1976.

[76] Gonzalo Fernández de la Mora, «La confesionalidad del Estado», en *Pensamiento español 1968,* Madrid, 1969, pág. 169.

autor: «No es humano, ni por tanto verdadero extremar teóricamente el imperio de la razón»[77]. Más inteligente, el filósofo Salvador Pániker señaló que la obra de Fernández de la Mora significaba «la aparición (tardía y en un contexto católico) de la ética puritana del trabajo»[78].

Las tesis de Fernández de la Mora no sólo conducían a un proyecto de modernización socioeconómica, sino al planteamiento de una profunda reforma intelectual y moral como necesario complemento de aquél: «Necesitamos —dirá— una gran cura de racionalización. El buen punto de partida es la ecuanimidad, el orden y el equilibrio. Luego, método, objetividad y especialización, sistematismo, seriedad y rigor.» Lo que obligaba, entre otras cosas, a «renovar la galería de iconos venerables», entre los que era preciso destacar a Hinojosa, Menéndez Pelayo, Cajal, Asín, Torres Quevedo, La Cierva, Menéndez Pidal, Torroja, Marañón, Zubiri, Amor Ruibal, D'Ors y Ortega[79].

No por casualidad, Fernández de la Mora dedicó seis años de su vida a la crítica del pensamiento español contemporáneo, con el objetivo de difundir los contenidos de la reforma moral implícita en su proyecto de *modernización conservadora*.

3.4. CRÍTICA CONCEPTUAL Y MODERNIZACIÓN CONSERVADORA: *PENSAMIENTO ESPAÑOL* (1963-1969)

3.4.1. *Método y fundamento de la crítica conceptual*

Tras una corta etapa de consejero cultural de la embajada española en Atenas, presidida por Juan Ignacio Luca de Tena, con motivo de la boda del príncipe Juan Carlos con la princesa Sofía de Grecia, Fernández de la Mora fue encargado de la dirección de las páginas bibliográficas de

---

[77] José Vidal Beneyto, «Las pobrecitas ideologías», en *Índice,* núm. 204, enero de 1966, págs. 20-22. Más interesantes y ponderadas, desde diversas perspectivas, fueron las de Gonzalo Puente Ojea, «De la función y destino de las ideologías», en *Cuadernos Hispanoamericanos,* núm. 202, octubre de 1966, págs. 108 y sigs. Pablo Lucas Verdú, *Principios de Ciencia Política. Tomo I. Introducción. Hombre y Política. Ideología, Mitos y Tecnocracia,* Madrid, 1969, págs. 211 y sigs. Frederick D. Wilhemsen, «El pleito de las ideologías», en *Punta Europa,* núm. 101, enero de 1970, págs. 87 y sigs. Luis Gómez Aranda, *El tema de las ideologías,* Madrid, 1966. Florentino Pérez Embid, *Paisajes de la tierra y del alma,* Madrid, 1972, pág. 218.

[78] «Consideraciones Hispánicas», en *La Vanguardia,* 4-III-1970. Inserta en Salvador Pániker, *La dificultad de ser español y otras contrariedades,* Barcelona, 1979, pág. 34.

[79] Fernández de la Mora, *El crepúsculo...,* págs. 11-12.

ABC y de la crítica de libros de pensamiento. Sus críticas fueron publicadas posteriormente por la editorial *Rialp* en siete tomos con el título de *Pensamiento español*. Así, pudo desarrollar sus planteamientos. No obstante, en este nuevo cometido Fernández de la Mora entró en conflicto con el historiador Melchor Fernández Almagro, a la hora de delimitar sus respectivas funciones en el diario monárquico. Las materias a cargo del historiador granadino eran los de la creación literaria, mientras los de Fernández de la Mora correspondían a la crítica intelectual. Ya antes, Fernández de la Mora acusó al granadino, en una carta a Juan Ignacio Luca de Tena, de intentar «monopolizar la crítica literaria en el periódico desde hace años»[80]. Y más tarde mantuvo una discusión epistolar con el biógrafo de Cánovas, por sus continuas entradas en los ámbitos de la crítica del pensamiento: «Por lo que se refiere a los valores literarios, no es bastante que una obra esté bien escrita para que entre en sus dominios, pues ello equivaldría a reducir mi radio de acción a solos los libros redactados en mal castellano»[81]. Y es que, además, no consideraba a Fernández Almagro un buen crítico, ya que juzgaba que su método consistía «en ojear los índices y prodigar ambiguas generalidades, juicios descomprometidos y elogios de variable intensidad según el nivel de mandarinato alcanzado por el autor»[82].

El método seguido por Fernández de la Mora fue muy distinto al seguido por su adversario. Como crítico, su postulado básico consiste en la necesidad de convicciones propias; debe juzgar desde la certeza, desde una tabla de valores y tomar posición. De la contrario, su labor carece de autenticidad y de libertad en el acto de juzgar. Ser independiente equivale a estar libre de presiones exteriores, pero esta libertad está garantizada, precisamente, por su fidelidad a una serie de presupuestos axiológicos: «En higiene, la asepsia es una virtud, pero en axiología es nihilismo, es la negación misma de la función valorativa»[83]. Consecuentemente, la labor crítica es inseparable de la construcción de un pensamiento propio. Fernández de la Mora aplica, así, a la crítica el esquema correlativo de *logos/pathos*: «La genuina condición del hombre es racional. Somos un "logos" patético que acaso un día se transforme en "logos" puro. Nuestro eje diamantino es el intelecto, y a él hay que ordenarle todo. La razón

---

[80] Archivo Fernández de la Mora, 5-IV-1961.

[81] Archivo Fernández de la Mora, 5-III-1963.

[82] Gonzalo Fernández de la Mora, *Río arriba. Memorias,* Barcelona, 1995, pág. 145.

[83] Gonzalo Fernández de la Mora, «Crítica y verdad», en *Pensamiento español 1963,* Madrid, 1964, págs. 11.

es el útil magno de la verdad. Pero no la alcanzaríamos si no la apeteciésemos. Hemos de buscarla con ímpetu»[84]. En consecuencia, el crítico no se limita a una actitud pasiva; ha de dialogar con las ideas que en escorzo discurren ante su perspectiva; desentraña su esencia en sucesivas operaciones de inducción y deducción. Actitud filosófica, en fin, porque toda filosofía es diálogo. De lo que se trata es del encuentro, coincidencia o choque de ideas: «La crítica conceptual no es subordinada dependencia, sino diálogo expreso, abierta investigación y pensamiento en marcha. Hay una simbiosis lógica indestructible entre la crítica conceptual y la creación especulativa. No son dos funciones, sino dos momentos de una actividad sustancialmente unitaria: la búsqueda de la verdad»[85].

«Todo lo que no sea racional y sistemático es un subproducto intelectual. La más luminosa fuente que poseemos es la razón»[86]. Esta afirmación tajante ilustra sobre cuál era su punto de partida en el exámen de los más diversas posiciones y cobra particular relieve, no sólo frente a las tendencias irracionalistas, sino frente a las interpretaciones que subrayan desproporcionadamente los rasgos irracionales de la historia de la filosofía y de la cultura. Su valoración de los sistemas y de las obras tendrá, así, como piedra de toque, su mayor o menor dosis de razón y de rigor. En ese sentido, Fernández de la Mora elaboró un *canon* del pensamiento español contemporáneo a partir del primado del *logos* sobre el *pathos*.

3.4.2. *Razón y sinrazón en la cultura española contemporánea*

Fernández de la Mora no negaba, siguiendo a Karl Mannheim y a Max Scheler, el condicionamiento socioeconómico de la cultura. Y sostenía que el proceso de desarrollo económico y de modernización social llevaba implícito la transición del mero ensayismo al rigor científico, es decir, a la racionalización: «Se circunscriben y acotan los campos y el escritor opta por uno, al menos predominantemente: la ciencia de la literatura, la historia, la sociología, o la ética. Paralelamente, esta reducción

---

[84] Gonzalo Fernández de la Mora, «Crítica y patética», en *Pensamiento español 1965*, Madrid, 1966, págs. 18-19.
[85] Gonzalo Fernández de la Mora, «Crítica y verdad», en *Pensamiento español 1963*, Madrid, 1964, págs. 18.
[86] Gonzalo Fernández de la Mora, «Sócrates», en *Pensamiento español 1966*, Madrid, 1967, págs. 42.

del campo implica un tratamiento más detenido y profundo de la problemática elegida»[87].

Desde tal perspectiva, Fernández de la Mora buscó en el pasado español antecedentes de esa posición racionalizadora. A su entender, uno de los clásicos y eximios representantes de esa tendencia en nuestro pensamiento era Francisco Suárez, «la más alta cumbre de la orografía filosófica española», en cuya teoría de la soberanía se encontraba «los más sólidos elementos para fundamentar un entendimiento democrático de la convivencia, con lo que se demuestra, una vez más, que la razón no es nunca reaccionaria». Suárez marcaba, sin duda, el camino a seguir: «Los españoles, intoxicados de dramatismo por casi dos siglos de literaturización intensiva, estamos menesterosos de un punto de diaria meditación suareziana. (...) Francisco Suárez es la medida, el rigor, la objetividad, el desapasionamiento y la razón; es lo que necesitamos»[88]. Pese a sus defectos e insuficiencias, Feijoo podía ser interpretado igualmente como «el gran campeón de la razón, el insobornable desfacedor de supercherías y lugares comunes, el incansable adversario de la inercia mental y el ávido venteador de Europa». Y añadía: «Por desgracia, la lección feijooniana, que no fue una excepción solitaria, naufragó en las sucesivas oleadas de apasionamiento que desencadenaron la invasión napoleónica, el romanticismo y el Desastre»[89]. Esta admiración se extendía al grueso de la Ilustración española, cuyo esfuerzo consideraba fecundo, porque «luchó denodadamente contra las supersticiones, la pseudorreligiosidad y los tópicos, e hizo abundante uso del más noble instrumento del hombre, tantas veces relegado por los hispanos al cajón de las curiosidades: la razón»[90]. Fernández de la Mora interpretaba el reinado de Carlos III como un intento de «revolución desde arriba», que, a partir de los supuestos de la «Ilustración cristiana», inició la «revolución burguesa» en España. Su método era el de la razón aplicada a la política: «evolución en lugar de revolución, empirismo en vez de utopismo, y modernidad dentro de la concepción hispánica del mundo»[91].

---

[87]　Gonzalo Fernández de la Mora, «El ensayo y el pensamiento», en *Panorama español contemporáneo,* Madrid, 1964, pág. 197.

[88]　Gonzalo Fernández de la Mora, «Orígenes de la soberanía», en *Pensamiento español 1965,* Madrid, 1966, págs. 181.

[89]　Gonzalo Fernández de la Mora, «Feijoo», en *Pensamiento español 1965,* Madrid, 1966, pág. 60.

[90]　Gonzalo Fernández de la Mora, «En torno a la crisis dieciochesca», en *Pensamiento español 1966,* Madrid, 1967, pág. 307.

[91]　Gonzalo Fernández de la Mora, «La España moderna», en *Pensamiento español 1966,* Madrid, 1967, pág. 314. «Las reformas de Carlos III», en *Pensamiento español 1964,* Madrid, 1965, pág. 258 y sigs.

Aunque, como puede verse, su esquema interpretativo no se ajustaba a los cánones del menéndezpelayismo Fernández de la Mora consideraba a Menéndez Pelayo «el patriarca de nuestra Historia», «uno de los valores soberanos de la cultura contemporánea», «verdadero punto de apoyo del racionalismo católico español, es decir, de la compatibilización de la ortodoxia con el espíritu científico». Y es que en la obra del polígrafo santanderino el ensayo se convertía en «antesala de la ciencia»[92].

A partir de los años 60, se produjo en la sociedad española, al socaire de la legislación liberalizadora franquista, una clara revalorización del krausismo y de la Institución Libre de Enseñanza. En esta revalorización e incluso rehabilitación intervinieron autores provenientes del catolicismo, como Vicente Cacho Viu, con su libro *La Institución Libre de Enseñanza;* y María Dolores Gómez Molleda, con *Los reformadores de la España contemporánea.* En su crítica a la obra de Cacho, Fernández de la Mora estimaba que el único «hombre verdaderamente eminente» de la Institución fue Giner de los Ríos, ante todo por su cualidades morales: «su patriotismo crítico, su tenacidad, su puritanismo, su heterodoxa religiosidad, su altruismo y su entrega total». Sin embargo, el crítico tendía a disociar el legado gineriano del krausismo. Sanz del Río fue, en cambio, «el bienintencionado, modesto, tímido, apolítico, oscurísimo y poco inteligente profesor de filosofía, que encaminó a varias promociones de universitarios españoles por un sendero científico sin salida». Su *Ideal de Humanidad* no era más que «un híbrido de utopismo ingenuo y de cándida filantropía, mala lo mismo desde el punto de vista estilístico que desde el especulativo»[93]. Ante la problemática planteada por Gómez Molleda, Fernández de la Mora daba por finalizada la cuestión religiosa, puesto que el dilema entre razón y fe había sido superado tanto en la teoría como en la práctica, ya que la racionalización científica era «un imperativo indiscutible», la religiosidad se había interiorizado y el catolicismo posconciliar ahondaba «en su patrimonio moral para exaltar el respeto a la conciencia ajena, la caridad con el descarriado y el espíritu ecuménico». No coincidía, sin embargo, con Gómez Molleda en su interés por relacionar institucionismo y neoventayochismo:

---

[92] Gonzalo Fernández de la Mora, «Masdeu y los jesuitas expulsos», en *Pensamiento español 1967,* Madrid, 1968, pág. 46. «Integrismo», en *Pensamiento español 1967,* Madrid, 1968, pág. 161. «El ensayo y el pensamiento», en *Panorama español contemporáneo,* Madrid, 1964, pág. 197.

[93] Gonzalo Fernández de la Mora, «La Institución Libre de Enseñanza», en *Pensamiento español 1963,* Madrid, 1964, pág. 39-41.

Los noventayochistas eran hiperesténsicos y ególatras; los institucionistas, no. También les separaba la filosofía krausista. Literariamente opto por el noventa y ocho; pero intelectualmente prefiero el racionalismo y el rigor de la Institución al paradójico histrionismo unamuniano. Estoy convencido de que, con relación al legado de Giner, el noventayochismo representa un grave retroceso intelectual que nos ha hecho llegar tarde a la revolución científica[94].

Cuando se publicaron, en 1965, los *Ensayos y cartas* de Giner de los Ríos, Fernández de la Mora analizó su filosofía del Derecho, llegando a la conclusión de que su objetivo de unificar lo diverso, teoría y práctica, derecho y moral, derecho natural y positivo, el subjetivo y el objetivo, la costumbre y la ley, le llevó a «fórmulas contradictorias, confusas e indemostradas». Los fundamentos de su filosofía jurídica eran, en consecuencia, «insostenibles, y no han tenido ningún eco fecundo en el ulterior desarrollo de la disciplina». Muy distinta era su valoración del Giner pedagogo: «El Giner educador significa, pues, racionalización científica, moral laica, patriotismo crítico, europeización, aceleración del proceso secularizador y, acaso, a pesar suyo, la politización de la cultura, y endurecimiento de la Guerra Civil iniciada, al filo de la Ilustración, en el seno de la minoría intelectual española.» Giner fue, en fin, «un hombre honesto, infatigable e iluminado», «un gran educador que predicó a muchas promociones de españoles el racionalismo, la seriedad, el trabajo, el respeto a la intimidad y las buenas maneras. Esta es la deuda que tiene contraida con él nuestro país»[95].

En ese sentido, Fernández de la Mora diferenciaba las ideas pedagógicas institucionistas de la influencia krausista, de la que «poco a poco consiguieron liberarse hasta olvidarla definitivamente». Y es que el krausismo era «una filosofía muy localizada geográficamente, de difusión limitada y de posición muy subalterna», «un sistema históricamente reaccionario y conceptualmente muy pobre que durante más de un tercio de siglo constituyó un lastre para la cultura española». En el haber de Julián Sanz del Río era posible anotar «un cierto racionalissmo, una voluntad de rigor, el senequismo, y una apertura a la metafísica alemana». Su gran error fue preferir el insignificante Krause a He-

---

[94] Gonzalo Fernández de la Mora, «La Institución Libre de Enseñanza», en *Pensamiento español 1966,* Madrid, 1967, págs. 333-335.

[95] Gonzalo Fernández de la Mora, «Giner de los Ríos», en *Pensamiento español 1965,* Madrid, 1966, págs. 65-67. «Giner de los Ríos», en *Pensamiento español 1969,* Madrid, 1970, págs. 93-96.

gel y a Comte, lo mismo que combatir «ferozmente al idealismo y al positivismo». Las consecuencias fueron muy desfavorables para la vida intelectual y política española: «La ausencia de Hegel nos privó de una de las mejores filosofías europeas, imposibilitó la recepción del marxismo y desvió las ideologías proletarias hacia el anarquismo infecundo. Y la ausencia de Comte fue la causa principal de nuestro retraso científico. El krausismo ocupó indebidamente un espacio precioso del espíritu español»[96].

Estos planteamientos fueron criticados por el intelectual socialista Elías Díaz, discípulo de Tierno Galván, para quien Fernández de la Mora silenciaba la influencia negativa del integrismo católico en el proceso de modernización intelectual y científica de la sociedad española[97].

Su valoración del «espíritu del 98» siguió siendo, y lo sería siempre, muy negativa. A lo largo de los años 60, Fernández de la Mora fue el máximo portavoz de la crítica contra la herencia del 98. Y es que, a su juicio, como ya sabemos, el noventayochismo encarnaba no sólo una actitud iconoclasta frente a los valores tradicionales, sino que, al mismo tiempo, suponía el triunfo del irracionalismo; y, por lo tanto, un claro y serio retroceso con respecto a las tendencias «racionalizadoras», representadas entonces por Giner de los Ríos, los institucionistas y Menéndez Pelayo. El noventayochismo representaba, a nivel especulativo, la hiperestensia, la egolatría y el asistematismo. Y su máximo representante seguía siendo Miguel de Unamuno. Esta ofensiva coincidió con el centenario del nacimiento del pensador vasco; y con la aparición de una nutrida bibliografía dedicada a su figura y a su obra. Fernández de la Mora no desaprovechó la oportunidad para cargar contra la herencia unamuniana y defender sus posiciones. Unamuno era un «guerillero intelectual»; y nunca fue un auténtico filósofo, porque su irracionalismo, su patetismo y paradojismo resultaban «incompatibles con el logicismo, la objetividad y el sistematismo consustanciales a la filosofía». Y sentenciaba: «El corazón desplazaba a la razón. Hay, pues, que desechar la creencia de que Unamuno fuese, en un sentido estricto, un pensador, porque de genuina sustancia filosófica no ha dejado nada.» Fue, eso sí, un gran artista, un notable escritor: «Su prosa tensa, rotunda y pungente es una de las más hermosas del castellano contemporáneo. Hay que estudiarla con

---

[96] Gonzalo Fernández de la Mora, «Giner de los Ríos», en *Pensamiento español 1969*, Madrid, 1970, págs. 93-94. «Sanz del Río», en ob. cit., pág. 65.

[97] Elías Díaz, *La filosofía social del krausismo español*, Madrid, 1973, págs. 15-18.

tanta atención como la de Azorín»[98]. Cuando José Luis Abellán publicó su libro *Miguel de Unamuno a la luz de la psicología,* Fernández de la Mora contempló la posibilidad de investigar los posibles desequilibrios mentales del pensador vasco. Analizarlo desde esa perspectiva podría servir para confirmar que «la obra unamuniana no es teoría, sino espectáculo; fabuloso, desde luego»[99]. Frente a Rafael Pérez de la Dehesa, dudaba de que Unamuno hubiese sido alguna vez marxista o socialista. Y ello, en primer lugar porque el propio Unamuno había confesado en más de una ocasión su conocimiento tardío de la doctrina marxista; luego, porque el escritor vasco insistía siempre en la doctrina más vulgarizada de Marx, el materialismo histórico, y el resto de las referencias eran tan imprecisas, generales y tópicas que denotaban «un conocimiento muy trivial y nada "profundo" del pensamiento de Marx». Para colmo, Unamuno nunca hizo suyo el principio marxista de la nacionalización de los medios de producción. Y es que, en en el fondo, había que tener en cuenta que el propio temperamento unamuniano, con su iconoclastia y su rebeldía social, le impedía la coherencia doctrinal y el mantenimiento de una postura fija: «No fue hombre de partido, sino de partidos. Le ocurrió en la cosa pública lo mismo que en casi todos los ámbitos: frecuentó orillas opuestas, sin afincar en ninguna definitivamente»[100].

Dentro del espíritu noventayochista, contrastaba la perspectiva unamuniana con la de Ramiro de Maeztu[101]. A partir de 1957 se inició la publicación de las *Obras Completas* del pensador vasco, lo mismo que un intento de revalorización de sus ideas y proyectos políticos. Para Fernández de la Mora, Maeztu fue, junto a Unamuno, «el noventayochista de más densidad ideológica y homogeneidad doctrinal», denunciando, de paso, «la cerrada hostilidad que entre los intelectuales progresistas, despertó su posición tradicional»[102]. Celebraba sus críticas a Unamuno, en su etapa de colaboración con Ortega y Gasset, y su consiguiente afirma-

---

[98] Gonzalo Fernández de la Mora, «La existencia religiosa en Kierkegaard y Unamuno», en *Pensamiento español 1963,* Madrid, 1964, pág. 106. «Unamuno. El pensamiento», en *Pensamiento español 1964,* Madrid, 1965, págs. 186-187.

[99] Gonzalo Fernández de la Mora, «Unamuno. La figura», en *Pensamiento español 1964,* Madrid, 1965, págs. 194-195.

[100] Gonzalo Fernández de la Mora, «Unamuno», en *Pensamiento español 1966,* Madrid, 1967, págs. 236-238, 244.

[101] Véase Pedro Carlos González Cuevas, *Maeztu. Biografía de un nacionalista español,* Madrid. 2003.

[102] Gonzalo Fernández de la Mora, «Maeztu en su espejo», en *Pensamiento español 1963,* Madrid, 1964, pág. 237.

ción de la «objetividad, el realismo, el equilibrio y la ciencia»[103]. En 1967, se publicó una nueva edición de la primera obra del vasco, *Hacia otra España,* cuyo ideal desarrollista y cuasitecnocrático fue muy alabado por Fernández de la Mora. Frente a Vicente Marrero, que prologó la obra, el crítico estimaba que esa «otra» España no implicaba la reaparición del revolucionarismo jacobino, ni de la ideología demoliberal o del marxismo; se trataba más bien del «arrumbamiento del Estado decimonónico»:

> Frente al retórico grandilocuente, pedía el poder para el burócrata y el economista. Frente al vaivén gubernamental provocado por la versátil dictadura de la prensa, pedía al abandono de las polémicas ideológicas... Frente a los debates constitucionales, pedía el desarrollo material y la elevación de la renta. (...) En síntesis, *Hacia otra España* es, aunque embrionario e inmaduro, un alegato contra las ideologías[104].

Seguía considerando a Ortega y Gasset como la antítesis de Unamuno; lo que podía demostrarse en aquellos momentos a través de la lectura de su epistolario, publicado por la editorial *Revista de Occidente.* Y concluía:

> En rigor, Unamuno y Ortega, aunque se estimaron mutuamente, ocuparon posiciones absolutamente contrapuestas. (...) En la intención, Unamuno y Ortega son dos antípodas. Aquel es pasión, arbitrariedad, lirismo, contradicción, impudor, energumenismo y casticismo. Este razón, objetividad, exactitud, consecuencia, cautela, freno y europeización. Unamuno es un sentidor que de genuina sustancia metafísica no ha dejado nada. Ortega es un pensador en cuyos escritos cabe reconstruir un sistema filosófico. A mi juicio, la suprema gloria de Ortega consiste en su juvenil decisión de no ser como Unamuno y los demás noventayochistas y su propósito de hacer auténtica ciencia.

Ortega era, en ese sentido, el precursor de Xavier Zubiri; algo que no podría decirse del rector de la Universidad de Salamanca: «Del patetismo arbitrista y celtíbero de Unamuno difícilmente se podría llegar al intelectualismo científico y universal de Zubiri, sin pasar por el ensayismo racionalista y mediterráneo de Ortega»[105].

---

[103] Gonzalo Fernández de la Mora, «Hacia el 98», en *Pensamiento español 1966,* Madrid, 1967, pág. 213.
[104] Gonzalo Fernández de la Mora, «Realismo», en *Pensamiento español 1967,* Madrid, 1968, págs. 179-180.
[105] Gonzalo Fernández de la Mora, «Frente a Ortega», en *Pensamiento español 1964,* Madrid, 1965, págs. 199-200.

En 1963, reapareció la *Revista de Occidente;* lo que fue bien recibido por Fernández de la Mora. La publicación venía inspirada por «un sano tradicionalismo, por su conservatismo leal a la memoria de un maestro, Ortega y Gasset, que, a pesar de sus errores, fue el máximo pensador hispano de la primera mitad del siglo XX y uno de los más eximios de su época». Celebraba, además, la presencia en aquel número de un artículo de Zubiri, en el que desarrollaba su teoría de la «sustantividad». Sin embargo, se preguntaba si ese continuismo se encontraba ya a la altura de los tiempos:

> ¿Sigue siendo la adecuada fórmula pedagógica el ensayo, o sea, un híbrido de filosofía y de literatura? Yo pienso que, a estas alturas españolas y sin que ello signifique desdén al pasado —cada hora tiene su afán—, el nivel ideal de las revistas culturales habría que acercarlo bastante al estudio de Xavier Zubiri, por ejemplo. Ya se puede y se debe levantar la valla intelectual unos puentes más que en 1923, porque los lectores de hoy, gracias a Ortega y a tantos otros, son más diestros que los de entonces[106].

Con motivo de la aparición de la obra del sacerdote chileno Osvaldo Lira sobre *Ortega en su espíritu,* Fernández de la Mora defendió al filósofo madrileño de la acusaciones de espíritu anticristiano, porque, a pesar de su agnosticismo, sus textos despectivos e irreverentes eran «excepcionales»[107]. La publicación en 1966 de *Unas lecciones de metafísica,* notas de Ortega para sus clases de filosofía en la Universidad, fue, sin embargo, muy mal recibida por el crítico. En primer lugar, porque no añadían «nada fundamental al esquema o programa de sistema filosófico que cabe reconstruir mediante fragmentos de los anteriores escritos de Ortega»; y, sobre todo, porque mostraba la influencia de Heidegger en los planteamientos del madrileño[108]. En la tercera edición de *Ortega y el 98,* endureció la crítica, alegando que aquellas lecciones debían ser «relegadas a la condición de notas escolares para no poner en grave entredicho la originalidad de la filosofía orteguiana»[109].

---

[106] Gonzalo Fernández de la Mora, «Revista de Occidente», en *Pensamiento español 1963,* Madrid, 1964, págs. 267 y 269.

[107] Gonzalo Fernández de la Mora, «Ortega y Gasset», en *Pensamiento español 1965,* Madrid, 1966, págs. 71-72.

[108] Gonzalo Fernández de la Mora, «Ortega y Heidegger», en *Pensamiento español 1966,* Madrid, 1967, págs. 65-66.

[109] Gonzalo Fernández de la Mora, *Ortega y el 98,* 3.ª ed., Madrid, 1979, págs. 148.

Y es que, además, a su entender, Ortega no tuvo discípulos de altura. El caso de Julián Marías Aguilera fue, a ese respecto, paradigmático. En *Ortega y el 98,* el filósofo vallisoletano salía abiertamente malparado. Su libro *Ortega. Circunstancia y vocación* era, en su opinión, «una simple introducción a tomos subsiguientes en preparación, y me temo mucho que los árboles no dejen ver el bosque»; pertenecía, en fin, al «género apologético», «una recreación, adivinación y complemento de Ortega que una exposición objetiva y crítica de su pensamiento expreso»[110]. Se trataba de «un escritor muy fecundo a quien se suele juzgar con generosidad casi pródiga»[111]. En 1962, Marías había publicado un volumen misceláneo titulado *Los españoles,* donde ensalzaba a los representantes de la tradición liberal, como Jovellanos y Moratín, al tiempo que defendía la vitalidad de la vida cultural española posterior a la Guerra Civil, dando primacía intelectual a los herederos de Ortega, lo que denominaba la «Escuela de Madrid». En ese sentido, Fernández de la Mora acusaba a Marías de parcialismo. Sus alabanzas a Moratín y a Jovellanos daban la impresión de que el filósofo los utilizaba para «sostener su propia bandera»; y lo mismo podía decirse de su descripción de la vida intelectual española. El crítico coincidía con Marías en su balance, que calificaba de «exactísimo»; pero le reprochaba centrar sus alabanzas en los representantes de la tradición en la que él se consideraba inserto:

> La cosa hubiera sido simplemente enternecedora —la amistad es algo maravilloso y admirable— si Marías no hubiese titulado su ensayo *Veinte años de vida intelectual española,* sino *Los escritores que me gustan* o *Mi tertulia literaria,* por ejemplo. (...) Parece claro que con este método no se fomenta nada la liberal convivencia intelectual y el diálogo abierto y objetivo que tanto necesitamos.

Coincidía, sin embargo, con Marías en la necesidad del logro de una «amplia libertad intelectual»[112]. Dos años después el vallisoletano daba a luz otro libro misceláneo, *El tiempo que no vuelve ni tropieza,* donde abundaban, a juicio de Fernández de la Mora, juicios sobremanera discutibles. Consideraba especialmente grave la confidencia de que su primer comentario al enterarse del estallido de la Guerra Civil fue éste:

---

[110] Gonzalo Fernández de la Mora, *Ortega y el 98,* Madrid, 1961, pág. 145.

[111] Gonzalo Fernández de la Mora, «Cataluña», en *Pensamiento español 1966,* Madrid, 1967, pág. 345.

[112] Gonzalo Fernández de la Mora, «Los españoles», en *Pensamiento español 1963,* Madrid, 1964, págs. 219-220.

«¡Dios mío que exageración!» Un comentario, dirá, «por lo menos frívolo»:

> Los acontecimientos históricos no son una sinrazón; siempre tie-
> nen un sentido. Esto lo sabía Ortega, que no hacía aspavientos ante la
> vida, sino que trataba de entenderla. (...) Yo, que detesto la violencia y
> que jamás me vanagloriaré de una contienda civil, creo, sin embargo,
> que no se puede hacer humor negro con los muertos reales, y menos
> todavía si son próximos. En 1936, el dolor y el drama era el de todo
> nuestro pueblo.

Tampoco compartía su pesimismo histórico con respecto al pueblo
español:

> Hace poco más de un siglo y medio los españoles recuperaban su
> soberanía al invasor. Poco después se daban la Constitución de 1812 y
> abolían las últimas estructuras feudales. En la segunda mitad del siglo
> iniciaban la revolución industrial y la restauración de la Universidad.
> Luego pacifican Marruecos. Y a partir de la primera guerra mundial se
> esfuerzan tenazmente en alcanzar los niveles de Europa. En 1936 sal-
> van la unidad nacional y, en el último decenio, dan un salto inverosí-
> mil que les acerca más que nunca al nivel de los grandes países desa-
> rrollados. ¿Es este un proceso de destrucción?[113].

Más convincente le pareció el contenido de su libro *Consideración
de Cataluña,* donde expuso sus planteamiento sobre el tema catalán.
Como Marías, Fernández de la Mora estimaba que el monolinguismo
propugnado por los nacionalistas catalanes sería «un factor de tibetani-
zación, o sea, de aislamiento y reaccionarismo», ya que el castellano no
era un competidor del catalán, sino «el que hace históricamente viable su
existencia». De la misma forma, señalaba que Cataluña nunca había sido
una nación, pero que si llegara a serlo algún día, sería «una desventura
moral», porque no existía más solidaridad verdadera que «la de todos los
hombres, es decir, la del género humano». «El cantonalismo político es
un retroceso histórico y ético, es un mal.» Todo lo cual le llevaba a la
conclusión de que la posición de Marías resultaba, en ese tema, patriótica y constructiva:

---

[113] Gonzalo Fernández de la Mora, «El grito y otras cosas», en *Pensamiento español
1965,* Madrid, 1966, págs. 310 y 312.

Estas páginas están escritas sin patriomasoquismo, sin resentimiento, sin melancolía, sin demagogia, apenas sin complejos y con un mínimo de vivas a Cartagena. El tema está abordado con decisión y constructivamente. Tal actitud contrasta poderosamente con las habituales del autor. Produce la impresión de que estamos ante un Marías distinto, más ecuánime, menos noventayochista y angustiado, y libre de no pocos patetismos y prejuicios de escuela[114].

Para Fernández de la Mora, los tres discípulos más importantes de Ortega fueron Xavier Zubiri, José Gaos y Joaquín Xirau, ninguno de los cuales siguió las huellas doctrinales de su maestro. Marías, a su juicio, fracasó en el intento de continuar la tradición orteguiana, con su *Introducción a la Filosofía,* porque el propio Ortega no tomó jamás la pluma para expresar su opinión sobre «la fidelidad interpretativa o las virtudes continuadoras del discípulo»[115].

No hay noticias de que Marías contestara a esas críticas. Sin embargo, como señaló el izquierdista Francisco Fernández Santos, resultaba significativa la exclusión de cualquier mención a Fernández de la Mora en las páginas del *Diccionario de Literatura* editado por *Revista de Occidente* bajo la dirección del filósofo vallisoletano; lo mismo ocurría con el grueso de la intelectualidad marxista o de izquierdas[116]. Y es que Marías consideraba la influencia y colaboración de Fernández de la Mora en *ABC* como «perturbadora»[117].

Aunque solitario y prácticamente desconocido, otro de los grandes renovadores de la filosofía española fue el eclesiástico compostelano Ángel Amor Ruibal, «el metafísico español más original de la historia contemporánea», «el filósofo más eminente que hemos tenido desde el siglo XVIII». Y es que el sacerdote gallego podía ser considerado un «racionalista» y su sistema correspondía a las inquietudes modernas de la ciencia. Fernández de la Mora conceptualizaba el sistema ruibaliano como «correlacionismo», según el cual existía una solidaridad organizada y jerárquica del universo, que implica la relación de unos seres con otros; como esta relación no es unilateral la llama «correlacionismo».

---

[114] Gonzalo Fernández de la Mora, «Cataluña. Desde Madrid», en *Pensamiento español 1966,* Madrid, 1967, pág. 348-349.

[115] Gonzalo Fernández de la Mora, «El raciovitalismo de Ortega», en *Filósofos españoles del siglo XX,* Barcelona, 1987, pág. 113.

[116] «Julián Marías y el "liberalismo" o cómo se hace un diccionario de literatura», en *Cuadernos de Ruedo Ibérico,* núm. 1, junio-julio de 1965, págs. 63-69.

[117] Julián Marías, *Una vida presente. Memorias,* Madrid, 2007, pág. 407.

Pese a su adscripción católica, estimaba que ese proyecto filosófico se encontraba por encima de los dogmas religiosos:

> Una cosa son las motivaciones y otra los resultados. Las tesis básicas de Amor Ruibal tienen una solidez exclusivamente especulativa al margen de cualquier postulado religioso. Son, pues, un venero de luz y de incitaciones para el creyente y para el incrédulo, y sin que esto signifique unirme a quienes intentan descubrir heterodoxias, en el ruibalismo, pienso que esta filosofía tiene mucha más fecundidad estrictamente metafísica que teológica[118].

En lugar sobresaliente se encontraba también Eugenio D'Ors, que era «después de Ortega y Gasset el pensador español más original y eminente del período de entreguerras». Su máximas aportaciones se encontraban en la estética y en la filosofía de la historia. A ese respecto, estimaba que *La Ciencia de la Cultura* era su obra más importante, destacando que la idea de las constantes históricas —eones— era «metodológicamente muy fecunda». Se trataba de una auténtico tratado de filosofía de la historia «no menos ambicioso que los de Herder y Hegel, elaborado esforzadamente y sin soslayar los problemas más espinosos y de mayor envergadura»; y que podía compararse con los de Spengler y Toynbee[119]. Aparte de ese libro, el grueso de su obra podía considerarse como «un esfuerzo por sacar a la cultura española de la panliteraturización noventayochista; es, aunque insuficiente, un paso hacia la ciencia»[120]. No menos importante era su faceta de pensador político. Lo que él denominaba «Política de Misión» venía a ser «una versión culturalista y remozada del aristocractismo platónico y del despotismo ilustrado del siglo de la razón y de las luces». «Es la posición política habitual en el hombre superior, sin tentaciones demagógicas. Además de antidemocrático, D'Ors era profundamente antinacionalista; su visión de la comunidad internacional era cosmopolita.» Sin embargo, no le consideraba un pensador clasicista, sino paradójicamente romántico y barroco: «El clasicismo es un

---

[118] Gonzalo Fernández de la Mora, «Amor Ruibal», en *Pensamiento español 1969,* Madrid, 1970, págs. 74 y sigs. «El correlacionismo de Amor Ruibal», en *Atlántida,* septiembre de 1968, págs. 450 y sigs.

[119] Gonzalo Fernández de la Mora, «La Ciencia de la Cultura», en *Pensamiento español 1964,* Madrid, 1965, págs. 107-108.

[120] Gonzalo Fernández de la Mora, «D'Ors», en *Pensamiento español 1967,* Madrid, 1968, págs. 58.

propósito incumplido. Más que una tensión biográfica hay una contradicción entre el plan y el resultado»[121].

La máxima figura intelectual del momento era, a su juicio, Xavier
Zubiri. Tras no pocos esfuerzos, el filósofo vasco publicó, en 1962, *Sobre la esencia*. En los círculos intelectuales progresistas, si hemos de creer a Javier Muguerza, discípulo de José Luis López Aranguren, esta obra
fue interpretada como una ruptura con la tradición orteguiana y, sobre
todo, como «una muestra prototípica del pensamiento restauracionis-
ta»[122]. Fernández de la Mora recibió, en cambio, el libro como «la formal
presentación filosófica de un pensador maduro y con una fama impar en
España». Se trataba de «nuestro máximo prestigio filosófico», cuya empresa consistía en «repensar, actualizar y completar la filosofía aristotélico-tomista, desde los niveles del siglo XX y a partir de una erudición filosófica, científica y humanística ciertamente espectacular». Y de una
ortodoxia católica compatible con los más altos niveles de la ciencia
empírica:

> Las convicciones capitales de Zubiri son plenamente ortodoxas:
> existencia de una realidad exterior al hombre, cognoscibilidad de esa
> realidad sin deformaciones del entendimiento, existencia de espíritus
> puros, aceptación del evolucionismo en la materia, negación de que
> ésta pueda producir el espíritu, existencia del alma y de un Dios crea-
> dor, demostrabilidad de su existencia como causa primera, afirmación
> de que el hombre no es pura historia, sino naturaleza y reconocimien-
> to de su dimensión moral objetiva[123].

A la altura de 1964, Fernández de la Mora no dudaba en afirmar
que «Zubiri es superior a Ortega», destacando, sobre todo, su rechazo
del historicismo: «Hay naturalezas que existen históricamente (...) Si;
Dilthey y Ortega son ya el pasado; Husserl y, sobre todo, Zubiri, son el
futuro»[124].

[121] Ibíd., págs. 49-50.

[122] Javier Muguerza, «El lugar de Zubiri en la filosofía española contemporánea», en
Del sentido de la realidad. Estudios sobre la filosofía de Zubiri, Madrid, 1995, pág. 21.

[123] Gonzalo Fernández de la Mora, «Sobre la esencia», en *Pensamiento español 1963*,
Madrid, 1964, págs. 65-66 y sigs. «El objeto de la filosofía», en *Pensamiento español
1964*, Madrid, 1964, págs. 30-38.

[124] Gonzalo Fernández de la Mora, «Pío Baroja», en *Pensamiento español 1964*, Madrid, 1965, pág. 184. «El acontecer histórico», en *Pensamiento español 1965*, Madrid,
1966, págs. 149-150.

En enero de 1966, Fernández de la Mora envió al filósofo vasco su resumen e interpretación de la teoría de la *esencia,* rogándole que la leyera, para «evitar que mi infidelidad interpretativa raye en el crimen de leso concepto»[125]. Al recibir la aprobación del filósofo, el trabajo fue publicado en la revista *Atlántida,* donde comparaba su esfuerzo filosófico con el de Aristóteles, Bacon, Leibniz y Comte. Zubiri, en fin, estaba «poniendo la metafísica a la altura del tiempo y, a la par, está reconstruyendo la unidad del saber amenazada, cuando no enteramente rota, por la diversificación de los métodos y el aislamiento de las diferentes disciplinas». «En Zubiri —continuaba— la filosofía es el fundamento de todas las ciencia, y éstas, a su vez, son brotes del patrón metafísico; en Zubiri la filosofía es ciencia de la realidad y no autobiografía ideológica o epopeya de conceptos aprioristicos. Instalarse en tal situación es a permanente meta especulativa del hombre»[126]. Así pues, Zubiri era el ejemplo a seguir, porque en su producción filosófica se imponía férreamente el logos sobre el pathos: «En Zubiri no hay literatura ni patetismo, ni apologética, ni ejercicio piadoso. Hay una concepción del mundo severamente racional, de un realismo positivo, de una coherencia casi matemática, de una deshumanización dificilmente superable y de una objetividad científica»[127].

Según la esposa de Zubiri, Carmen Castro, el filósofo solía referirse a Fernández de la Mora como el que «se lee mis libros» y le gustaba y te lo agradecía»[128]. Recientemente, el filósofo Gustavo Bueno ha destacado la calidad de sus «amplias y excelentes reseñas» sobre la figura y la obra de Zubiri[129].

Entre los renovadores de la filosofía católica se encontraba igualmente Antonio Millán Puelles, a decir de Fernández de la Mora, «uno de esos profesionales que son el soporte y la esperanza de la filosofía entre nosotros», «la figura más importante que ha producido la España de la posguerra»[130]. Su obra más ambiciosa, *La estructura de la subjetividad,*

[125] Archivo Fernández de la Mora, 10-I-1966.

[126] «La teoría de la esencia en Zubiri», en *Atlántida,* núm. 22, julio-agosto de 1966, págs. 363-380.

[127] Gonzalo Fernández de la Mora, «Haecker y otros creyentes», en *Pensamiento español 1968,* Madrid, 1969, págs. 43-44.

[128] Archivo Fernández de la Mora, octubre de 1983.

[129] Gustavo Bueno, «La filosofía en España en un tiempo de silencio», en *El Basilisco,* núm. 20, 1996, págs. 20 y sigs.

[130] Gonzalo Fernández de la Mora, «La función del intelectual», en *Pensamiento español 1963,* Madrid, 1964, págs. 58 y sigs. «La formación de la personalidad», en ob. cit., págs. 99 y sigs., «Estructura de la subjetividad», en *Pensamiento español 1967,* Madrid, 1968, pág. 69.

era un intento de antropología filosófica, una teoría de la conciencia. Fernández de la Mora consideraba que no era un libro estrictamente tomista, «puesto que la temática abordada es enteramente moderna, o sea, poscartesiana»; pero sus cimientos metafísicos eran aristotélicos y el autor se esforzaba «innecesariamente por hacer compatibles sus innovaciones con el sistema tomista». Millán Puelles era capaz de digerir el criticismo, el idealismo, el positivismo, el vitalismo, la fenomenología y el existencialismo. Sus principales aportaciones eran la fundamentación de la realidad objetiva como exigencia entitativa de la propia subjetividad; y la del carácter «reiforme» de la subjetividad humana. En ese sentido, subrayaba «la condición de cuasicosa» característica del hombre, afirmando los condicionamientos físicos de la conciencia; una antropología, pues, «cargada de empirismo y nacida de la estrecha conexión con las ciencias de la Naturaleza». Millán superaba el dualismo conciencia-cuerpo; pero dejaba intacto el de espíritu-materia. Y aludía a la inmaterialidad del conocimiento; lo cual, según Fernández de la Mora, estaba «lejos de haber sido probado»[131].

Pese a estas discrepancias, Millán Puelles recibió favorablemente la crítica de su amigo: «Tu estudio ha ido al fondo de la cuestión directamente y lo analizas con implacable claridad, por lo que creo que, además de prestar un excelente servicio a los lectores, me lo haces también a mí, pues —como veo que lo has notado— hay en el libro más de una idea en germen para otros trabajos que espero realizar en el mismo clima»[132].

3.4.3. *Vieja y nueva izquierda*

A partir de los años 60 no sólo se revaloriza el legado krausista e institucionista, sino igualmente la figura de Francisco Pi y Margall, que mereció una biografía intelectual del historiador Antonio Jutglar y algunas antologías. Fernández de la Mora se mostró muy crítico con el teórico del federalismo y presidente de la Primera República. A su juicio, Pi fue, junto a los krausistas, uno de los culpables del atraso intelectual de la izquierda española, al haber rechazado a Marx en favor de Proudhon: «Aquel era un poderoso trampolín sobre el futuro. Este era una vía estrecha y muerta.» Lo que tuvo como consecuencia el florecimiento del

---

[131] Gonzalo Fernández de la Mora, «Estructura de la subjetividad», en *Pensamiento español 1967*, Madrid, 1968, págs. 76-78.
[132] Archivo Fernández de la Mora, 9-X-1967.

anarquismo y la carencia de un socialismo estricto. A lo que habría que añadir «el utopismo idealista de Pi y Margall y creencia de que la cuestión social era un problema de salarios, lo que contribuyó también a que perdiéramos el tren de la revolución industrial». En definitiva, el pensamiento político pimargalliano era «rígido, poco profundo, impreciso, difuso y escasamente original». Fue, en cambio, «un político honesto»[133].

La publicación en México de las *Obras Completas* de Manuel Azaña sirvió a Fernández de la Mora para valorar polémicamente a otra de las figuras estelares de la izquierda intelectual española. Como literato, estimaba que Azaña tenía un «crédito inmerecido». Su novela *El jardín de los frailes* carecía de «tensión narrativa»; y, desde el punto de vista conceptual, su contenido resultaba «extraordinariamente ingenuo». «El estilo carece de garra; es dubitativo: tiene préstamos del modernismo, pero trata de parecerse al de Pérez de Ayala.» El drama *La Corona* era «malo». Su mejor obra fue *La velada en Benicarló*, «una importante pieza político-literaria por la sostenida tensión del coloquio y por la desnuda autenticidad de los protagonistas». «Es una prosa recia, cortante y dura.» Como crítico, en Azaña había «de cuando en cuando, un relámpago de sinceridad e inteligencia; pero lo habitual es la superficialidad, la confusión de los valores estéticos y de los políticos, y el apasionamiento». Mucho menos valor tenía como pensador político, porque careció de «teoría». Sus discursos de la etapa republicana eran «acres, desafiantes, despectivos, empapados de soberbia y de violencia»; mientras que los de la Guerra Civil resultaban «blandos, entreverados de fórmulas de compromiso»; eran la obra de «un viejo león acorralado, domesticado». Todo ello hacía que la valoración final fuese muy negativa: «Escritor mediocre, crítico apasionado, pensador inexistente, político de triste destino. Este fue el hombre»[134].

Estos juicios merecieron la réplica del historiador marxista Manuel Tuñón de Lara, quien consideraba a Fernández de la Mora un «crítico serio», pero cuya pertenencia a «una familia de las elites socioeconómicas» le impulsaba a rechazar la figura y la obra de Azaña. Lo que no era, a su juicio, más que el reflejo ideológico de «ese sector oligárquico de quinientas familias del que con tanta razón habla —exagerando

---

[133] Gonzalo Fernández de la Mora, «Pi y Margall», en *Pensamiento español 1969*, Madrid, 1970, págs. 72-73. «El socialismo federalista», en *Pensamiento español 1966*, Madrid, 1967, págs. 154-155.

[134] Gonzalo Fernández de la Mora, «Manuel Azaña», en *Pensamiento español 1968*, Madrid, 1969, págs. 304-306.

un poco el número de familias— el historiador británico Raymond Carr». Con tales juicios, Fernández de la Mora se comportaba como un «guardia civil del pensamiento», como «los mosquetones de la guardia civil que dan guardia a los latifundios olivareros de cualquier provincia de España»[135].

Y es que, por aquellas fechas, fue desarrollándose un amplio movimiento intelectual que reflejaba la disidencia frente al régimen de Franco. Buena parte de esa nueva actitud política procedía del propio régimen, sobre todo de los representantes del contradictoriamente denominado «falangismo liberal». Un hito en ese proceso fue la salida a la luz, en 1963, del primer número de la revista *Cuadernos para el Diálogo,* dirigida y auspiciada por el antiguo ministro de Franco, Joaquín Ruiz Giménez; y que, en alguna medida, conseguiría luego agrupar al conjunto de la izquierda española, desde los democristianos a socialdemócratas y marxistas[136]. Fernández de la Mora recibió bien, en un principio, la aparición de la revista, pues creía también en la «eficacia intelectual y política del diálogo con el «otro». «Nuestro país está muy menesteroso de ambas cosas.» Por ello, el empeño de la revista le parecía «altamente saludable». Sin embargo, las coordenadas de su perfil doctrinal, centradas en lo «liberal» y en lo «social», le parecían imprecisas; y más en el contexto del progresivo ocaso de las ideologías políticas tradicionales:

> Antes de la segunda guerra mundial, todavía se solía preguntar a los hombres públicos: ¿está usted con Rousseau o con Maurras? Ahora se les formula cuestiones como ésta: ¿qué porcentaje tributarían las transmisiones hereditarias en primer grado? Y esto es lo que me inquieta de los *Cuadernos para el Diálogo,* que, siendo eminentemente políticos, nacen en una línea que me parece ya crepuscular: la de las ideologías[137].

La revista de Ruiz Giménez recibió positivamente «la inteligente consideración crítica de Fernández de la Mora»; pero rechazaba su tesis sobre el ocaso de las ideologías: «En realidad, la pretendida superación de las ideologías no es en última instancia sino otra ideología, y no pre-

---

[135] Manuel Tuñón de Lara, «Don Manuel Azaña en la historia de la cultura española», en *Ibérica por la Libertad* (Nueva York), 15-IX-1968, págs. 3 y sigs.

[136] Véase Javier Muñoz Soro, *Cuadernos para el Diálogo (1963-1976). Una historia cultural del segundo franquismo,* Madrid, 2006.

[137] Gonzalo Fernández de la Mora, «Cuadernos para el Diálogo», en *Pensamiento español 1963,* Madrid, 1964, pág. 216.

cisamente de signo progresista»[138]. El propio Ruiz Giménez señaló, en una carta a Fernández de la Mora, que «tu crítica —aguda y generosa— nos alienta y nos obliga a ser fieles al propósito fundamental, por encima de los diversos obstáculos con que se tropieza en un empeño como este»; y le invitaba a colaborar en las páginas de la revista[139].

Un caso arquetípico de la evolución hacia la izquierda de los intelectuales en un principio afines al régimen nacido de la Guerra Civil fue José Luis López Aranguren, antiguo discípulo de Eugenio D'Ors y seguidor de las tesis de Pedro Laín Entralgo defendidas en *España como problema*[140]. En sus comienzos, López Aranguren había destacado como estudioso del luteranismo, en obras como *Catolicismo y protestantismo como formas de existencia* y *El protestantismo y la moral*. Fernández de la Mora nunca simpatizó con López Aranguren ni valoró positivamente su obra. En una carta a José Luis Pinillos, confesaba que *Catolicismo y protestantismo como formas de existencia* le había «desilusionado». Y es que «como decía Rafael Sánchez Mazas hace solo unos días, el mayor mérito de esta obra es ser católica sin disgustar a la *Revista de Occidente*»[141]. Tampoco *La filosofía de Eugenio D'Ors* era de su gusto, porque lo consideraba un ensayo «impreciso, esotérico, meramente prologal, y no tiene en cuenta los materiales vertebrales», «además de dejar fuera lo fundamental del pensamiento orsiano, es malo»[142].

Gracias a la influencia de Laín Entralgo, López Aranguren logró la cátedra de Ética y Sociología en la Universidad de Madrid; lo que le permitió contactar con una sector del estudiantado que luego, en parte por su influencia, se caracterizaría por su militancia izquierdista, lo mismo que difundir nuevas corrientes filosóficas prácticamente desconocidas hasta entonces en las universidades españolas, como el neopositivismo, el marxismo y el existencialismo. Poco a poco, y sobre todo a partir de la crisis de 1956, su perspectiva intelectual fue decantándose hacia la izquierda, como lo demuestra el contenido de su libro *Ética y política,* donde establecía un diálogo con Montesquieu, Rousseau, Marx y Sartre; rechazaba el liberalismo y el Welfare State; y propugnaba como solución

[138] «Diálogo con *ABC*», en *Cuadernos para el Diálogo,* núm. 2, noviembre de 1963, págs. 20-21.

[139] Archivo Fernández de la Mora, 7-XI-1963.

[140] Véase Cristina Hermida del Llano, *Aranguren (1909-1996),* Madrid, 1997. Feliciano Blazquez, *Jose Luis L. Aranguren. Medio siglo de la Histotia de España,* Madrid, 1994.

[141] Archivo Fernández de la Mora, 21-XII-1952.

[142] Gonzalo Fernández de la Mora, «Los géneros», en *Pensamiento español 1965,* Madrid, 1966, págs. 254. «La España contemporánea», en ob. cit., págs. 273-274.

lo que denominaba «Estado de justicia social», promotor de la «moralización social», a través de las instituciones. En su crítica a la obra, Fernández de la Mora destacaba su «acusadísimo despegue del liberalismo y una voluntad de comprensión del marxismo que contrasta con el menosprecio bastante marcado hacia la filosofía tradicional, que el autor silencia de modo casi total». Y señalaba: «Resulta, sin embargo, difícil de comprender cómo se puede hacer la historia de empeños moralizadores del Estado y dedicarle un capítulo a Sartre sin hacer los mismo con Aristóteles, Suárez o Burke, por ejemplo. Todo un aspecto del debate doctrinal queda, pues, en la penumbra.» Por otra parte, el método seguido por López Aranguren en esa obra no se ajustaba «a los clásicos procedimientos epistemológicos de aproximación científica al Derecho». «Por eso tiene una estructura peculiar que le acerca más al nivel del ensayo político que al de investigación de Ética.» No se trataba, pues, de un libro de ciencia política, sino más bien todo lo contrario: «ideologizante y utopista»[143].

Expulsado de la Universidad en 1965, por su cada vez más evidente disidencia política, López Aranguren publicó aquel mismo año el grueso de su obra en un solo volumen, donde destacaba su célebre *Ética,* cuyas fuentes filosóficas eran muy tradicionales y ortodoxas —Aristóteles, Santo Tomás, Zubiri—, aunque abierta a problemáticas filosóficas modernas como el existencialismo. Lo más llamativo de sus tesis era lo que denominaba «apertura de la moral a la religión». Fernández de la Mora calificó su perspectiva de «esencialista», porque en el desarrollo de la argumentación primaban las normas sobre los hechos. De ahí que su fundamentalismo religioso acabara «negando la autonomía de la ética»; lo que suponía un retroceso a «los planteamientos de la primera patrística». Y sentenciaba:

> Así se cierra toda posibilidad de diálogo estrictamente racional porque ¿qué sistema filosófico no confesional aceptaría una discusión sobre datos revelados? Pero lo más grave es que Aranguren decreta la incapacitación de su disciplina desde el momento en que sostiene que, sin la Revelación, impera el error moral y la etica se destruye a sí misma. Es decir, que el hombre, entregado a su sola razón, no sabría distinguir el mal del bien. No puedo suscribir este postulado que aniquila la filosofía práctica y, a la postre, toda filosofía.

---

[143] Gonzalo Fernández de la Mora, «Ética y política», en *Pensamiento español 1963,* Madrid, 1964, págs. 90-91. «Etica y religión», en *Pensamiento español 1965,* Madrid, 1966, pág. 100.

En consecuencia, señalaba que las posiciones doctrinales de López Aranguren «incluso las de apariencia más aséptica», no brotaban de «una actitud rigurosamente racional, sino de un estado de ánimo más religioso que especulativo»; lo que le llevaba a sentenciar: «En mi opinión, lo más genuino y fértil de los escritos de Aranguren no es lo que tienen de "logos", sino de "pathos" o, por decirlo con el vocablo favorito del autor, de "talante". Consecuentemente, su figura intelectual se perfila más como la de un moralista y un predicador que como la de un metafísico y teórico puro»[144].

La ya explícita rebeldía política de López Aranguren se puso de manifiesto en un nuevo libro, *Moral y sociedad,* donde analizaba los planteamientos morales dominantes en el siglo XIX español, sometiendo a una crítica radical la Ilustración española, el liberalismo de los moderados, el catolicismo tradicional, la Restauración y, sobre todo, a Menéndez Pelayo, a los que acusaba de antidemocratismo y cerrazón política, moral e intelectual. Sus preferencias iban hacia el krausismo, el Partido Demócrata y la Institución Libre de Enseñanza. En el fondo, se trataba de una crítica más o menos solapada al régimen de Franco. Lo que fue claramente percibido por Fernández de la Mora, que rechazó sus críticas a la Ilustración y a los moderados, una de cuyos aciertos eran haber distinguido entre libertad económica y libertad política. Siguió considerando «mediocre y desahuciada» a la filosofía krausista. Particularmente graves le parecieron las diatribas de López Aranguren contra Menéndez Pelayo, «el máximo historiador de la filosofía que ha tenido España, modernísimo en los métodos y en los temas, firme en sus convicciones básicas, honrado en la fundamentación de su concepción del mundo y, sobre todo, maestro ejemplar en el estilo, en el talante y en la doctrina». Veía, además, en el libro de López Aranguren «pesimismo histórico, dogmatismo metódico, patriomasoquismo, apasionamiento y neopuritanismo». «Todo esto me parece —concluirá— lo contrario de lo que necesitamos»[145].

En su búsqueda de la «reforma» que, a su juicio, mecesitaba la sociedad española, López Aranguren se aproximó al marxismo. En su obra *El marxismo como moral,* señaló que la importancia de la doctrina de Marx no radicaba tanto en sus pretensiones científicas como en su «función moral», es decir, en la denuncia de las injusticias propias del capita-

---

[144] Gonzalo Fernández de la Mora, «Ética y religión», en *Pensamiento español 1965,* Madrid, 1966, págs. 105-107.

[145] Gonzalo Fernández de la Mora, «Las etapas del siglo XIX», en *Pensamiento español 1966,* Madrid, 1967, págs. 327-330.

lismo; se trataba, en el fondo, de un «voluntarismo», en el que la intervención de la libertad podía ayudar a la transformación de la sociedad. López Aranguren disentía, en ese sentido, de la interpretación estructuralista del marxismo, donde quedaba eliminado el elemento moral. Con respecto al diálogo cristiano-marxista, López Aranguren se mostraba partidario de su planteamiento, ya que en el plano moral ambas perspectivas coincidían, por su común oposición al capitalismo. No tardó Fernández de la Mora en darle réplica, acusando al autor de defender una alternativa anacrónica como era el marxismo: «No olvidemos que estamos hablando de un sistema que tiene más de un siglo y que ha sido refutado en sus cimientos y demolido por la Historia en sus profecías.» Más grave resultaba su silencio acerca de la realidad existente en los países bajo la férula comunista: «Lo verdaderamente escalofriante no es la doctrina de Marx, sino la represión de Hungría, las purgas, el "muro de la verguenza". Y esto es lo que está de moda en una parte del Globo.» Por otra parte, López Aranguren parecía no tener en cuenta el determinismo histórico inherente a la doctrina marxista; lo que hacía que desde el punto de vista especulativo hablar de una ética marxista resultase una «contradicción en los términos». Sobre el tema del estructuralismo, la exposición de López Aranguren le parecía «escasamente comprensible si se carece de nociones previas». Y en relación al diálogo cristiano-marxista, López Aranguren silenciaba deliberadamente las insalvables contradicciones existentes en ambas perspectivas: «Entre el teísmo y el ateísmo, entre el dualismo psíquico-material y el monismo cósmico, entre el inmanentismo y el transcendentalismo, el terrenalismo y la vida eterna no se dá un término medio. Solo en ese total descreimiento al que, según Aranguren, nos encaminamos, y que supone la desaparición de uno de los extremos, cabría unanimidad»[146].

López Aranguren no entabló una discusión pública con Fernández de la Mora; pero se refirió, de vez en cuando, al crítico y a sus ideas, aunque sin nombrarlo. La tesis del fin de las ideologías le parecía «la fórmula última del conservadurismo»; y que, lejos de ser original, no era sino un eco tardío de los planteamientos del sociólogo francés Raymond Aron[147]. No era mejor su opinión sobre su labor como crítico, calificándole de «repetidor solemne» e «ignorante», burlándose, además, de su pretensión de imparcialidad:

---

[146] Gonzalo Fernández de la Mora, «El marxismo como moral», en *Pensamiento español 1968,* Madrid, 1969, págs. 83-90.
[147] José Luis López Aranguren, Prólogo a *Obras,* Madrid, 1965, págs. 30-31.

Una de las impresiones más penosas que, en el orden intelectual, produce nuestro país es la carencia de crítica. Esta consistía hasta hace poco o en un elogio a los amigos (...) o en un ataque a los enemigos. (...) Últimamente se ha creado otro «modelo» todavía peor: el de, con visos de supremo, imparcial y pedante tribunal, ensalzar a los «amigos» para atacar a los «enemigos» o viceversa; y todo esto, en realidad, del modo más apasionado posible, pero queriendo hacerlo pasar por el impasible dictamen del logos[148].

Como López Aranguren, Pedro Laín Entralgo, antiguo teórico del falangismo, comenzó a expresar su disidencia con respecto al régimen, a partir de la crisis de 1956, cuando hubo de cesar como rector de la Universidad Complutense. Desde entonces, se manifestó, de forma no excesivamente militante, por un cambio en la vida política española[149]. Laín era un viejo conocido de Fernández de la Mora, sobre todo de las escaramuzas intelectuales sobre el problema de España. No sólo discrepaban en sus respectivos proyectos nacionales, sino que Fernández de la Mora siempre reprochó a Laín Entralgo su escaso interés, incluso su animadversión, hacia la figura y la obra de Ramiro de Maeztu; lo que se reflejaba en su libro sobre *La Generación del 98*[150]. Laín negó esta enemiga hacia el autor de *Defensa de la Hispanidad*[151]. Pero ésta resulta, a la postre, innegable; y basta para demostrarla algunas páginas de su *Descargo de conciencia,* donde se nos dá una imagen de Maeztu entre patética y grotesca[152]. A la altura de 1964, Fernández de la Mora seguía considerando a Laín Entralgo un «epígono anacrónico» del noventayochismo[153]. Cuatro años después, el aragonés publicaba *El problema de la Universidad,* en cuyas páginas expresaba sus críticas a la política cultural y universitaria del régimen. Se disculpaba igualmente de su anterior militancia falangista; y defendía a los intelectuales exiliados o represaliados. Además, pedía dotación para nuevas cátedras, la creación de un Instituto de Didáctica Universitaria; la división de la docencia según se dirigiera a la

---

[148] José Luis López Aranguren, *Memorias y esperanzas españolas,* Madrid, 1969, págs. 59 y 150.

[149] Véase Pedro Laín Entralgo, *Descargo de conciencia,* Barcelona, 1976. VV.AA., *La empresa de vivir. Estudios sobre la vida y la obra de Pedro Laín Entralgo,* Barcelona, 2003.

[150] «Maeztu en el Rhin», *ABC,* 28-X-1961.

[151] Carta en *ABC,* 29-X-1961.

[152] Pedro Laín Entralgo, *Descargo de conciencia,* Barcelona, 1976, págs. 92-93.

[153] Gonzalo Fernández de la Mora, «Las democracias», en *Pensamiento español 1964,* Madrid, 1965, pág. 134.

formación profesional o a formar investigadores; el reconocimiento del «pluralismo» ideológico; autonomía, etc. Fernández de la Mora no daba excesiva importancia a las autojustificaciones lainianas, porque éstas solo tenían «un valor categorial cuando se trata de protagonistas de la Historia política. Pero no es el caso». Tampoco compartía con Laín Entralgo su apreciación de la superioridad de la Universidad anterior a la Guerra Civil:

> A una Universidad se la mide por su rendimiento científico y por su eficacia pedagógica. (...) Como instrumento de formación de la clase intelectual de un país nuestra Universidad de la preguerra era superminoritaria, aristocratizante y abrumadoramente insuficiente. Junto a la actual se nos ofrece como un pigmeo. (...) La Universiad española actual es la menos mala de cuantas hemos tenido, por lo menos desde el siglo XVIII.

Sin embargo, Laín Entralgo acertaba en su denuncia de la masificación y la indotación, de la imperfección de los métodos de enseñanza y del clasismo del estudiantado. Consideraba «admirable» su proyecto de división de la docencia con formación de profesionales y en formación de investigadores; pero señalaba que éste implicaba una auténtica «revolución pedagógica de enormes dimensiones», cuya consecuencia era «la condena a muerte de la Universidad aristocrática y humanista que hasta ahora hemos conocido», porque equivalía a «convertir la mayor parte de la enseñanza superior en técnica, y a restringir la alta formación intelectual a una minoría de superdotados en centros que también se parecerán muy poco a la Universidad renacentista que hemos heredado». Sin embargo, estimaba que todo ello no se encontraba en consonancia con el esquema general de Laín Entralgo[154].

Distinta fue su relación con otro falangista desilusionado, el filólogo Antonio Tovar, cuya *Vida de Sócrates* había recibido como «la más importante contribución española al tema y uno de los elocuentes testimonios del actual renacimiento del helenismo español»[155]. Como Laín Entralgo, Tovar trató, en su libro *Universidad y educación de masas,* la problemática universitaria. En sus páginas, manifestó igualmente sus discrepancias con el franquismo, declarándose partidario de fórmulas es-

---

[154] Gonzalo Fernández de la Mora, «Crisis de la Universidad española. La antítesis», en *Pensamiento español 1968,* Madrid, 1969, págs. 139-141, 144.

[155] Gonzalo Fernández de la Mora, «Sócrates», en *Pensamiento español 1966,* Madrid, 1967, pág. 43.

tatistas frente a las universidades privadas o libres, promoviendo la amovilidad de los catedráticos, la flexibilidad de las carreras y la descentralización; al paso que apostaba por la liberalización política y denunciaba
el atraso socioeconómico de España, consecuencia, a su juicio, de la política seguida por el régimen nacido de la Guerra Civil. Al comentar la
obra, Fernández de la Mora negó ese atraso, porque, en su opinión, España «estaba menos atrasada que en ningún otro momento de la edad
contemporánea con relación a Europa»; porque «el ritmo de crecimiento
ha sido durante los últimos años el más rápido del mundo y que, según
las previsiones, pronto alcanzaremos... un nivel de vida medio compara-
ble al del europeo occidental». Tampoco era completamente exacto su
evaluación del retraso científico español: «Por acudir al terreno de Tovar,
¿cuando ha estado entre nosotros la filología clásica a la altura en que él
y un denso grupo de universitarios la están poniendo?» Menos aún compartía su fórmula estatista, porque las universidades privadas tenían «entre otras estupendas virtudes la de estimular la competencia, que es fe-
cundísima en la vida intelectual». Compartía, en cambio, la tesis de la
amovilidad del catedrático[156].

A diferencia de Laín Entralgo y López Aranguren, Tovar mantuvo
una amistosa correspondencia con el crítico. En una de las cartas, el filólogo señalaba su conformidad con «su modo de enfocar ese pensamiento español que me resulta irrespirable», agradeciéndole su «bené-
vola crítica que de mi Sócrates ha hecho usted en *ABC*». Y le confesaba
que disidencia se debía a «la destrucción del sistema público de educación al que he pertenecido muchos años». «He tenido que romper con el
Ministerio al que había servido con fe bastantes años, pero a la destrucción de la escuela nacional y de los institutos ha seguido la de las universidades y he buscado refugio fuera.» «Usted ha visto muy bien que
mi libro es un intento de buena fe, literariamente nada logrado, pero que
aporta temas de discusión en un momento en que el problema está tan
vivo»[157].

Parecida disidencia se reflejaba en la producción historiográfica de
otro antiguo falangista, José Antonio Maravall, hombre próximo a Ortega en su juventud, y que había formado parte del grupo intelectual lainiano. Como en el caso de Laín, López Aranguren y Tovar, se produjo, a
partir de los años 50, en Maravall un cambio de perspectiva ideológica y

---

[156] Gonzalo Fernández de la Mora, «Crisis de la Universidad española. La fórmula estatista», en *Pensamiento español 1968*, Madrid, 1969, págs. 150-152.
[157] Archivo Fernández de la Mora, 22-IX-1965, 27-V-1968, 20-VIII-1968.

metodológica, iniciando un discreto despegue de su falangismo y del propio régimen[158]. En uno de sus libros, manifestó sus discrepancias con los nuevos gobiernos tecnocráticos y sus proyectos políticos y desarrollistas. Así, dirá:

> No podemos concebir cómo pueden efectivamente dirigir el desarrollo de un pueblo y conseguir impulsarle por un camino de crecimiento, grupos, clases, personas que intelectualmente viven en la nostalgia del pasado, que socialmente actuan con insuperable enemistad hacia todas las reformas capaces de dar lugar a la necesaria transformación del país, y que, moralmente, se cierran a la defensiva en torno a irritantes privilegios. Todo ello, sin perjuicio de que pidan en préstamo al tiempo presente algunas técnicas, considerándolas políticamente asépticas, cuyo nombre mueven al viento en señal aparente e insincera de adelantos[159].

En 1963, el historiador valenciano publicó su célebre obra sobre *Las Comunidades de Castilla,* donde defendió la tesis del carácter revolucionario del movimiento comunero. Fernández de la Mora calificó esta tesis de «pugnaz y extremada»; y cuyas conclusiones coincidían con las de «los historiadores románticos». Una tesis que no le convencía. En primer lugar, porque «no se desvanece la impresión de anacronismo terminológico y conceptual cuando se aplican al primer cuarto del siglo XVI nociones y vocablos típicamente ilustrados y aún decimonónicos». Y, en segundo lugar, porque Maravall no acababa de explicar el proceso social que llevó a la insurrección comunera. Y es que sus principales dirigentes fueron nobles y eclesiásticos, cuya motivaciones eran egoístas. El pueblo no participó en el movimiento; y en cuanto se hicieron concesiones fiscales y se dio satisfacción a la xenofobia de los castellanos, fueron generalizándose las defecciones en el campo rebelde. Además, los comuneros ignoraron a la población rural. Lo cual se compadecía en exceso con el modernismo y la democracia: «En suma, un libro polémico e importante que salva, matizándolos y actualizándolos, algunos rasgos de la apasionada interpretación romántica, pero sin desmontar el criticismo todavía vigente»[160].

---

[158] Véase Javier Varela, «El rapto de España», en *La novela de España,* Madrid, 1999, págs. 362 y sigs.

[159] José Antonio Maravall, *Antiguos y modernos. La idea de progreso en el desarrollo inicial de una sociedad,* Madrid, 1966, págs. 20-21.

[160] Gonzalo Fernández de la Mora, «Las Comunidades y la revolución», en *Pensamiento español 1963,* Madrid, 1964, págs. 137-139.

En su comentario a otra de las obras de Maravall, *El mundo social de la Celestina,* Fernández de la Mora celebraba el desplazamiento del historiador valenciano desde la historia de las ideas políticas hacia la historia social; lo que consideraba «un testimonio más del sentido de nuestro tiempo: la revolución científica nos lleva a los hechos y al método experimental». En ese libro, Maravall defendía la tesis de que la obra de Fernando de Rojas era un reflejo de la crisis y transformación de los valores sociales y morales que se producen en el siglo xv. Así, *La Celestina* expresaba valores individualistas y burgueses. El crítico coincidía con esa tesis, comparándola con las de Menéndez Pelayo y Maeztu; pero creía que Maravall dejaba irresuelto el problema de las razones del fracaso de los hechos socialmente positivos que revelaba la obra, porque pronto volvieron a tener vigencia factores tan retardatarios como el tradicionalismo estamental, el régimen de castas, el desprecio del comercio, el idealismo utópico, la obsesión por el pecado carnal, la superposición de lo civil y lo religioso, etc.: «¿Por qué el mundo de Rojas es más "moderno" que el de Calderón y cuáles son las causas del frenazo histórico que ello supone?»[161].

Distinta era la perspectiva filosófica e intelectual de Enrique Tierno Galván, antiguo discípulo del tradicionalista Francisco Elías de Tejada y del falangista Francisco Javier Conde[162]. Cada vez más inserto en posiciones de izquierda, Tierno fue expulsado de su cátedra de Derecho Político en Salamanca. Su nueva perspectiva filosófica se movía entre el neopositivismo y la dialéctica marxista, es decir, en unas posiciones más relacionadas con la razón científica que en el caso de López Aranguren. Incluso, en algún momento, se había acercado a la tesis del ocaso de las ideologías en sus escritos como *XII tesis sobre el funcionalismo europeo*[163]. Lo que suponía, en principio, unas posiciones más próximas a Fernández de la Mora. Sin embargo, éste no aceptó la crítica a que Tierno Galván sometió, en su obra *Tradición y modernismo,* al conjunto de las ideas de la derecha, a las que relacionaba con la magia o la religión, o con interesadas invenciones al servicio del nacionalismo, la estética o

---

[161] Gonzalo Fernández de la Mora, «La Castilla renacentista», en *Pensamiento español 1964,* Madrid, 1965, págs. 122 y 128.

[162] Véase Enrique Tierno Galván, *Cabos sueltos,* Barcelona, 1981, págs. 75 y sigs. César Alonso de los Ríos, *La verdad de Tierno Galván,* Madrid, 1997, págs. 103 y sigs.

[163] Véase Elías Díaz, *Pensamiento español en la era de Franco (1939-1975),* Madrid, 1992, págs. 96 y sigs. Thomas Mermall, *La retórica del humanismo,* Madrid, 1978. Raúl Morodo, *Tierno Galván y otros precursores políticos,* Madrid, 1987, págs. 155-267.

los intereses de los grupos sociales hegemónicos. Y sostenía, además, que España era una nación carente de tradición arraigada. Fernández de Mora consideraba tales tesis «extremadas» y «negativas»; y juzgaba que, para colmo, dejaba fuera de su análisis a figuras tan significativas como Adams, Bentham, Stein, Görres, Gentz, Balzac, Maurras, Hervás, Olavide, Menéndez Pelayo, etc. Y es que su interés se había centrado en Joseph de Maistre, Bonald, Burke, Lamennais, Voltaire, Balmes, Donoso, Forner, Feijoo, Pastor-Díaz, etc. Por otra parte, no era intelectualmente sostenible la vinculación entre la tradición, el magicismo, el primitivismo y el subdesarrollo, porque la tradición era «en gran parte algo muy pragmático, empírico y realista»; y constituía «el patrimonio de comunidades maduras y un buen índice de cultura colectiva». Por lo que se refería a España, «el nuestro es un país de antiguas y estables constantes históricas que, desde luego, no se las han inventado ni Menéndez Pelayo, ni Menéndez Pidal ni Sánchez Albornoz». «¿Se puede borrar de un plumazo todo un siglo de monumentos historiográficos?»[164].

En otra de sus obras, *Humanismo y sociedad,* Tierno Galván se aproximó aún más a la temática y a la metodología marxista, sometiendo a una crítica implacable los fundamentos filosóficos y éticos del humanismo tradicional, cuya base de sustentación social eran las clases dominantes. Frente al humanismo que defendía la armonía entre los distintos sectores sociales, Tierno propugnaba la lucha de clases; y, en consecuencia, un nuevo humanismo que destruyese la diferencia entre pobres y ricos y luchara por la igualdad social. Fernández de la Mora, en su réplica, consideró la imagen del humanismo defendida por Tierno como «una caricatura», que equivalía a una «hecatombe axiológica»; y, por lo tanto, «insostenible». Sus razonamientos estaban basados en «dos prejuicios casi míticos: el del igualitarismo y el del materialismo histórico»; «el primero imaginativo e imposible, y el segundo, gratuito y falso»[165]. En mayor medida vinculadas a la metodología marxista se encontraban sus *Acotaciones a la Historia de la Cultura,* unas notas que sirvieron a Tierno en sus clases de la Escuela Diplomática, donde Fernández de la Mora veía «un mecanicismo cultural que se parecía bastante al materialismo histórico», al que consideraba «superado como método e inaceptable como doctrina». Y sentenciaba: «Lo más positivo de estas *Acotaciones*

---

[164] Gonzalo Fernández de la Mora, «Tradición y modernismo», en *Pensamiento español 1963,* Madrid, 1964, págs. 146-147.

[165] Gonzalo Fernández de la Mora, «El humanismo», en *Pensamiento español 1964,* Madrid, 1965, págs. 52-53.

son la erudición, la rebeldía contra el tópico, la independencia, la audacia y el ingenio. Pero estos valores, tan poco comunes, no están suficientemente respaldados por el sistematismo, la objetividad y el rigor, que son las claves del arco intelectual»[166]. No menos crítico se mostró con la epistemología sociológica elaborada por Tierno en su obra *Conocimiento y ciencias sociales,* en cuyos planteamientos veía el reflejo de «hondas ignorancias metafísicas». Y es que, a su juicio, la sociología del futuro era la empírica, es decir, «la que describe, clasifica, legaliza y pronostica»; no la conceptualista defendida por Tierno, a través de una serie de categorías propias del siglo xix y comienzos del xx: «Hoy la sociología no es un caldo de cabeza, sino una ciencia de la realidad, cuyos resultados se logran manipulando centenares de fichas perforadas y recogiendo paciente, sistemática y rigurosamente millones de datos y de testimonios»[167].

3.4.4. *Reinterpretación del conservadurismo español*

Sus críticas a los intelectuales disidentes y a las nuevas izquierdas suscitaron la animadversión de un sector importante de la cultura española del momento. El círculo intelectual organizado en torno a la figura del poeta Vicente Aleixandre, cuyos miembros más significativos eran Dámaso Alonso y José Luis Cano, solían acusar a Fernández de la Mora, en sus reuniones en la casa de la calle Velintonia, de ser «un ideólogo del franquismo, para quien las izquierdas son siempre malas y las derechas buenas»[168] Pero la acusación no era solo gratuita; era falsa. Y es que Fernández de la Mora se veía a sí mismo como continuador de una línea de pensamiento, a la que era preciso dotar, ante el nuevo contexto socioeconómico, de nuevos contenidos. En ese sentido, estimaba que algunos de los elementos del conservadurismo tradicional eran ya incompatibles con las nuevas realidades políticas y sociales: el irracionalismo, el utopismo regresivo, el integrismo, la visión cíclica de la historia, el antiliberalismo extremo, etc. De ahí su valoración crítica de algunas de las figuras emblemáticas del tradicionalismo español, como Juan Donoso

---

[166] Gonzalo Fernández de la Mora, «Historia de la Cultura», en *Pensamiento español 1964,* Madrid, 1965, págs. 110 y 114.

[167] Gonzalo Fernández de la Mora, «Método de conocimiento», en *Pensamiento español 1966,* Madrid, 1967, págs. 117-118.

[168] José Luis Cano, *Los cuadernos de Velintonia,* Barcelona, 1986, pág. 179.

Cortés. Cuando el historiador Federico Suárez, fundador de la célebre Escuela de Navarra, publicó su *Introducción a Donoso Cortés,* tuvo oportunidad de mostrar sus discrepancias con el pensador extremeño. Mientras Suárez consideraba a Donoso como el pensador español más importante de los últimos trescientos años, el crítico manifestó su desacuerdo:

> Yo no me atravería a anteponerle tajantemente a Balmes, Menéndez Pelayo, Maeztu, Ortega, D'Ors y Zubiri, por solo citar a los más próximos. También me parece muy difícil descargar a Donoso de la acusación de fideísmo teológico, de pesimismo histórico y de irracionalismo extremado. (...) Donoso fue, sin duda, el pensador más europeo y uno de los más robustos y originales de nuestro siglo xix. Y era un meditador esforzado y honesto. Su grandilocuencia estilística estaba vertebrada por una auténtica grandez interior. Por eso, a pesar de su motivación circunstancial, sus escritos continuan siendo una lectura incitadora y fértil. Pero son innumerables las problemáticas y no pocas inadmisibles[169].

Fernández de la Mora defendió una postura análoga ante otro representante del tradicionalismo radical, José María Quadrado, historiador romántico y amigo de Jaime Balmes, cuyo fideísmo condenaba sin paliativos:

> En mi opinión, el fideísmo de Quadrado es un rasgo intelectual negativo. Las consecuencias histórico-culturales de esta actitud, de la que Quadrado fue un relevante exponente, son numerosas y dilatadas. La más espectacular de todas fue la entrega de las ciencias especulativas a los librepensadores. Tácitamente, los creyentes abdicaban de la ciencia, salvo de la histórica. Era estar de espaldas a la gran revolución científica que se estaba cumpliendo. Si el pensamiento español de la segunda mitad del siglo xix fue preferentemente heterodoxo, ello se debió, tanto como al descreimiento de nuestros intelectuales, al fideísmo de los creyentes[170].

Y lo mismo podía decirse de la figura de Pedro de Inguanzo, el gran crítico realista de los liberales en las Cortes de Cádiz y luego ferviente

---

[169] Gonzalo Fernández de la Mora, «El tradicionalismo», en *Pensamiento español 1964,* Madrid, 1965, pág. 146.

[170] Gonzalo Fernández de la Mora, «El integrismo», en *Pensamiento español 1966,* Madrid, 1967, pág. 160.

partidario de Fernando VII: «Hoy la mayoría de las ideas de Inguanzo no sólo son inaceptables por su excesiva radicalidad, sino por su nuclear contenido afirmativo. Se equivocó en defender la Inquisición, la organización estamental de la sociedad y al proscribir el pensamiento ilustrado en bloque. (...) La hostilidad a la razón es un error trágico del que todavía hay muchas víctimas en nuestros días»[171]. Y es que para Fernández de la Mora el integrismo no era tan sólo una doctrina político-religiosa, sino, sobre todo, una actitud ante la realidad, que consistía en «reducir lo complejo a lo simple, aún a riesgo de caricaturizarlo; es un mentís al distingo y a la veladura, a la precisión y a la complejidad»[172].

Celebraba, en cambio, las aportaciones filosóficas del cardenal Zeferino González, quien no sólo fue uno de «los más hondos intérpretes de Tomás de Aquino, sino que hay que considerarlo como el fundador del neoescolasticismo en España». Su gran acierto fue, en el contexto español y europeo, su crítica al fideísmo y al tradicionalismo filosófico, defendiendo sin titubeos «el fuero de la razón». «El racionalismo "secundum quid" del cardenal González es, prácticamente, revolucionario en un apologista cristiano de mediados del siglo XIX, como lo es también el consecuente positivismo de su método»[173].

De irracionalismo, en este caso secular, pecaba el ideólogo galleguista Vicente Risco, cuyo pensamiento era una mezcla de «misticismo difuso, poetización inoportuna, intuicionismo sin freno, confusión romántica y, lo que es peor, un aparato pseudofilosófico y pseudohistórico que oculta el perfil de la vera ciencia»[174].

Otro de los peligros inherentes a las actitudes conservadoras, aparte del integrismo y el irracionalismo, era la ausencia de innovación intelectual y doctrinal: «La tradición es un sistema de usos y un esquema abierto de verdades conquistadas y sabidas; de ahí el peligro de que sus seguidores se limiten cómodamente al aprendizaje, se detengan reaccionariamente anclados y renuncien a la arriscada invención que es la continuadora de la tradición y, aunque subsiguiente, la más alta empresa mental»[175]. Resul-

---

[171] Gonzalo Fernández de la Mora, «El integrismo», en *Pensamiento español 1965,* Madrid, 1966, pág. 120.

[172] «Los integrismos», *ABC,* 24-IV-1965.

[173] Gonzalo Fernández de la Mora, «El cardenal González», en *Pensamiento español 1969,* Madrid, 1969, págs. 87-88.

[174] Gonzalo Fernández de la Mora, «Los mitos», en *Pensamiento español 1968,* Madrid, 1969, pág. 112.

[175] Gonzalo Fernández de la Mora, «Acción Española», en *Pensamiento español 1963,* Madrid, 1964, pág. 150.

ta significativo, a ese respecto, que Fernández de la Mora no colaborara en la revista *Punta Europa*, en cierto modo continuadora de *Arbor*, y que, desde 1956, dirigía Vicente Marrero Suárez. En su libro *La consolidación política*, conjunto de artículos publicados en *Punta Europa*, Marrero sintetizó su alternativa institucional, condenando el liberalismo, al que identificaba con el odio a la Iglesia, el laicismo y la libertad de conciencia; y propugnando la Monarquía católica, social y representativa, al tiempo que se declaraba partidario de incrementar la capacidad representativa de las Cortes, fortalecer los cuerpos sociales intermedios, delimitar los poderes y modo de designar al jefe del Gobierno y regular la libertad de prensa y la existencia de una serie de partidos accidentales. Aunque coincidía con Marrero en diversos puntos, como la «lealtad creadora» al régimen de Franco y la Monarquía, Fernández de la Mora rechazaba su antiliberalismo tajante:

> No es históricamente cierto que el liberalismo haya sido siempre algo ilícito y pecaminoso. Esta era la tesis integrista del padre Sardá. El liberalismo, como todas las ideologías políticas, ha evolucionado profundamente. Yo no sólo no lo condenaría en bloque, sino que salvaría de él, como han hecho los Pontífices, sus numerosos elementos nobles. (...) Llevamos siglo y medio de demoliberalismo; pues bien, de esta corriente bifronte yo no me quedaría con la democracia condenando al liberalismo, sino más bien todo lo contrario.

Tampoco compartía la conceptualización que Marrero hacía del Movimiento Nacional. Siguiendo a Carl Schmitt, Fernández de la Mora estimaba que la idea de Movimiento no podía esclarecerse nada más que contraponiéndola a las de «pueblo» y «partido», algo que Marrero no hacía. Además, no explicaba como podían compaginarse el Movimiento con los partidos accidentales que propugnaba: «Si el Movimiento son todos los ciudadanos, es sinónimo de pueblo; si son sólo una parte es sinónimo de partido. ¿De qué clase de partidos se trata? No hay otro planteamiento lógico del tema. A mi juicio, el Movimiento es un partido único *sui generis*»[176].

Tampoco el tradicionalismo propugnado por Lucas María de Oriol se encontraba, a su juicio, a la altura de los tiempos. Ante todo la concepción armonicista de la sociedad, el «espíritu de acuerdo», la solidari-

---

[176] Gonzalo Fernández de la Mora, «El neotradicionalismo», en *Pensamiento español 1964*, Madrid, 1965, págs. 154-155.

dad natural, defendida por Oriol, le parecía «una utopía irrealizable», porque «el hombre es, como dicen los teólogos, una naturaleza caída, y por eso la vida social es dialéctica y polémica». «La vida social es conflicto, y requiere la ortopedia de las instituciones. En este punto tenían razón lo mismo Kelsen que Lenin y Mussolini. La fragilidad de sus sistemas es otra»[177].

En 1962, había aparecido la revista *Verbo,* un nuevo órgano del tradicionalismo español. Sus fundadores fueron, entre otros, Eugenio Vegas Latapié, Juan Vallet de Goytisolo, Rafael Gambra y Francisco Elías de Tejada. Fernández de la Mora sometió a crítica, en más de una ocasión, los planteamientos de estos autores. Cuando Eugenio Vegas, en 1966, publicó su discurso de entrada en la Real Academia de Ciencias Morales y Políticas, sobre *Consideraciones sobre la democracia,* una crítica iusnaturalista de los fundamentos filosóficos de la democracia liberal, Fernández de la Mora se vio obligado a matizar y criticar algunos de sus supuestos. Y es que existían «factores eficaces» en la democracia liberal, que, en un Estado moderno, en modo alguno podían ser negados o desdeñados:

> Yo pienso, con Francisco Suárez, que la autoridad viene del pueblo. Entiendo que la gestión gubernamental debe estar permanentemente fiscalizada por la libre expresión de la opinión pública. El referendum me parece un recurso excelente para la adopción de decisiones sobre materias graves y opinables, y en ocasiones para controlar el poder ejecutivo. Admito que la elección —mayoritaria o corporativa, según los casos— es un buen procedimiento para designar a las autoridades locales y para configurar las instituciones colegiadas de carácter representativo[178].

No menos crítico se mostró con su amigo Francisco Elías de Tejada, que, en su obra sobre *El Señorío de Vizcaya,* propugnaba la restauración de los fueros vascos[179]; lo que, a juicio de Fernández de la Mora, resultaba adverso a la solidaridad: «El tradicionalismo no es incompatible con el Imperio universal, que supone un bien común del género humano y

---

[177] Gonzalo Fernández de la Mora, «El tradicionalismo», en *Pensamiento español 1965,* Madrid, 1966, pág. 230.

[178] Gonzalo Fernández de la Mora, «Crítica de la democracia liberal», en *Pensamiento español 1966,* Madrid, 1967, pág. 124.

[179] Véase Miguel Ayuso, *La filosofía jurídica y política de Francisco Elías de Tejada,* Madrid, 1994.

que impone la unidad de la soberanía con todas sus consecuencias jurisdiccionales. Y, por ello, tampoco me parece que el debido respeto a las tradiciones vizcaínas y a su personalidad regional, exija, por ejemplo, el retorno a los privilegios económicos forales de que gozó en otras coyunturas históricas»[180]. De la misma forma, rechazó los planteamientos medievalistas del tradicionalista andaluz: «Desde el punto de vista estrictamente jurídico, como demostró Vitoria, la idea de comunidad internacional es más perfecta que la de Cristiandad, y en este sentido creo que la modernidad representa un progreso sobre el Medievo»[181].

Más radical aún fue su rechazo de la crítica pasadista realizada por el célebre jurista Juan Vallet de Goytisolo a la sociedad tecnológica e industrial, defendida en su libro *Sociedad de masas y Derecho,* donde propugnaba el retorno a lo que denominaba «orden jurídico natural». Su opinión era la antípoda:

> La llamada masificación, aunque no exenta de connotaciones negativas, me parece un avance en el proceso de socialización de la especie y de configuración política de la Humanidad. El ensanchamiento del campo de acción del Estado permite una mayor racionalización de la convivencia. Lo que Maeztu llamaba «sentido reverencial del dinero» es fecundo. La igualdad de oportunidades es uno de los objetivos primarios de la acción de gobierno y para alcanzarlo se impone, entre otras medidas, una fortísima limitación de la herencia y una política fiscal decididamente redistribuidora. (...) Nada de operaciones de retorno. La Historia, no la anécdota, es una avasalladora invitación al optimismo[182].

Por su parte, Vallet de Goytisolo emprendió una campaña doctrinal en contra de la tecnocracia, a la que presentaba como una ideología heredera de la Ilustración, secularizadora, anticatólica y mecanicista[183].

En 1963, apareció la revista *Atlántida,* cuyo director era su amigo Florentino Pérez Embid; y Fernández de la Mora fue uno de los colaboradores más asiduos. En el fondo, vio en esta publicación una alternativa tanto a *Punta Europa* como a *Verbo* y *Cuadernos para el Diálogo;* sig-

---

[180] Gonzalo Fernández de la Mora, «El Señorío de Vizcaya», en *Pensamiento español 1964,* Madrid, 1965, pág. 130.

[181] Gonzalo Fernández de la Mora, «La Cataluña medieval», en *Pensamiento español 1964,* Madrid, 1965, pág. 121.

[182] Gonzalo Fernández de la Mora, «Integrismo», en *Pensamiento español 1969,* Madrid, 1970, págs. 191-192.

[183] Juan Vallet de Goytisolo, *Ideología, praxis y mito de la tecnocracia,* Madrid, 1975.

nificaba el intento de actualizar la concepción tradicional del mundo: «La investigación y la meditación ya no tienen por qué ser algo más o menos añadido y superpuesto; pueden ser un genuino producto nacional, elaborado desde las constantes históricas de España. Por eso el espíritu científico y creador ha dejado de ser un valor hipotecado a las posiciones heterodoxas, socialmente disidentes o progresistas»[184].

En sus páginas, publicó una larga serie de artículos: «La baja del entusiasmo», «La unidad del saber», «El relativismo político de Aristóteles», «La teoría de la esencia de Zubiri», «El correlacionismo de Amor Ruibal», etc. Según señaló posteriormente, Pérez Embid se inquietó por la posible heterodoxia de su artículo «La unidad del saber», cuyo contenido sometió al dictamen de un filósofo y un teólogo[185].

Fernández de la Mora no dió excesiva importancia a la labor político-cultural de los discípulos de cardenal Herrera Oria, a quien, por debajo de alabanzas a su pensamiento político, criticó su adhesión a la Segunda República y su defensa del accidentalismo. Consideraba, en cambio, a la *Biblioteca de Autores Cristianos,* como «una de las empresas culturales más eminentes del catolicismo español»[186]. En ese sentido, resultó significativa su crítica a José María García Escudero, seguidor, al mismo tiempo, de Herrera y de Laín Entralgo. De ahí que sus valoraciones sobre la cultura española adoleciesen de un caro eclecticismo, que terminaba por invalidarlas desde el punto de vista de la crítica conceptual:

> La neutralidad es un valor social; no lógico. El pensador está siempre extremosamente comprometido con lo que cree verdadero. Pero nuestro autor, en su esfuerzo por colocarse en el fiel, por no alinearse con ningún flanco, y por fustigar a la derecha y a la izquierda, termina viendo la vida intelectual y literaria no como la vía de certidumbre y belleza, sino principalmente como un ejercicio de equidistancia y de reparto: en definitiva, como una cuestión moral. (...) Y esto, en último término, no me parece deseable. Creo que el crítico no debe vivir prisionero del justo medio, sino al servicio de una tabla de valores, aunque ellos le lleven a un bando especulativo[187].

---

[184] Gonzalo Fernández de la Mora, «Atlántida», en *Pensamiento español 1963,* Madrid, 1964, pág. 264.

[185] Declaraciones a Conchita García Moyano, en Archivo Fernández de la Mora, 18-X-1988.

[186] Gonzalo Fernández de la Mora, «La democracia cristiana», en *Pensamiento española 1964,* Madrid, 1965, págs. 150-151.

[187] Gonzalo Fernández de la Mora, «La vida de la cultura española actual», en *Pensamiento español 1963,* Madrid, 1964, págs. 64-65.

Distinta fue su actitud ante José María Gil Robles, sobre todo cuando el viejo dirigente de la CEDA publicó sus célebres memorias políticas con el título de *No fue posible la paz*. Fernández de la Mora le reprochó sus contradicciones políticas e ideológicas, reflejadas tanto en su oposición radical al régimen nacido de la Guerra Civil, que encarnaba no pocos de los ideales por los que él había luchado a lo largo de su vida pública, como en su apoyo tácito, a través del accidentalismo, a las instituciones de la Segunda República: «Por un lado, tradicionalismo doctrinal; y, por otro, demoliberalismo práctico e inserción en un régimen ateo y jacobino. La vida pública y la doctrina de Gil Robles no son sino el largo desarrollo de estas contradicciones vertebrales y patéticas. Esta es la clave de lo que él llama su "triste suerte", y también la de su fracaso como hombre de Estado»[188]. Sus *Cartas del Pueblo Español,* donde Gil Robles y un equipo de colaboradores propugnaban un régimen demoliberal basado en los partidos políticos, el escrutinio mayoritario mixto y el bicameralismo, merecieron igualmente los reproches de Fernández de la Mora. En primer lugar, porque los partidarios de aquel proyecto caían en el error de presentar como un ideal ética la democracia liberal cuando la experiencia demostraba que las formas de gobierno eran accidentales y su bondad dependía de «su adecuación a una coyuntura determinada con vistas a la realización del bien común». Para colmo, el dirigente democristiano postulaba «nada menos que una nueva Constitución sin antes haberse detenido en la crítica empírica de la vigente». En consecuencia, su valoración de la obra era completamente negativa: «Ideologismo, discontinuismo y utopismo, las tres dolencias más graves del pensamiento español desde las Cortes de Cádiz, y que ahora reaparecen juntas, rejuvenecidas y, consecuentemente, desmemoriadas»[189].

Más dolorosa resultó, para él, la evolución política e ideológica de Rafael Calvo Serer, nítidamente perceptible en su libro *Las nuevas democracias,* publicado por *Rialp* en 1964. En sus páginas, el antiguo director de *Arbor* hacía un balance muy positivo de las experiencias demoliberales posteriores a la Segunda Guerra Mundial. Y es que no era sólo que Estados Unidos, como potencia hegemónica, exigiera a sus aliados formas de gobierno demoliberales; es que la democracia había conseguido, a su juicio, representar la estabilidad política, la continuidad

---

[188] Gonzalo Fernández de la Mora, «La democracia cristiana», en *Pensamiento español 1968,* Madrid, 1969, págs. 214-215.

[189] Gonzalo Fernández de la Mora, «Demoliberalismo», en *Pensamiento español 1967,* Madrid, 1968, págs. 166-168.

y la paz social en Europa occidental; y, además, no sólo no perjudica-
ba a la difusión del catolicismo, sino que la favorecía. Se imponía, pues,
en su opinión, una evolución gradual hacia la democracia. Sin demasiada dificultad, Fernández de la Mora observó una clara evolución doctrinal en Calvo Serer; y coincidía con el autor en que el derecho natural implicaba una reglamentación legal de las libertades de expresión y de
asociación, y en su opinión sobre la eficacia de las instituciones parla-
mentarias en los países anglosajones, pero no en el resto del mundo, porque en Asia, África e Hispanoamérica o en la cuenca mediterránea europea, la democracia no funcionaba de modo aceptable. Además, Calvo
Serer no abordaba, en su libro, un tema de tan capital importancia como
el de la representación: «Se dice muy poco cuando se propugna un Estado representativo si, además, no se determina quién vota, cuándo y para
qué»[190].

A partir de los años 60 la crisis del pensamiento falangista se hizo
cada vez más evidente. No obstante, en 1968 la editorial izquierdista
Ariel publicó una nueva edición de *¿Fascismo en España?* y *Discurso a
las juventudes de España,* de Ramiro Ledesma Ramos, los dos textos ca-
pitales del falangismo. Fernández de la Mora consideró que, a pesar de
los años transcurridos, la obra de Ledesma Ramos conservaba «una in-
sólita frescura intelectual y estilística». Y es que el ejemplo de la Francia
gaullista demostraba que el fundador de la JONS había tenido razón en
lo sustancial: «El Estado nuevo, es decir, autoritario, nacional, gestor,
¿no es el que está prevaleciendo en casi todas las latitudes? ¿No evolu-
ciona el demoliberalismo —Francia es un ejemplo— en ese sentido? El
Discurso a las juventudes de España es uno de los textos políticos más
importantes de nuestra edad contemporánea, y acaso el de mayor modernidad relativa que ha llegado a nosotros»[191].

Más crítico se mostró con Adolfo Muñoz Alonso, cuya principal
obra era, a su entender, *Las ideas filosóficas de Menéndez Pelayo.* Sus
Meditaciones sobre Europa, en cambio, no le parecía un libro coherente;
y discrepaba de la mayoría de sus tesis. Los intentos de definir Europa no
pasaban de «la tautología y el bizantinismo», si bien coincidía con el autor en su visión del supranacionalismo, en la línea gaullista de la «Europa de las Patrias». Más discutibles eran sus planteamientos sobre el sin-

[190] Gonzalo Fernández de la Mora, «Las democracias», en *Pensamiento español 1964,*
Madrid, 1965, págs. 137-138.
[191] Gonzalo Fernández de la Mora, «El Fascismo», en *Pensamiento español 1968,* Madrid, 1969, pág. 222-223.

dicalismo y la libertad de información. Al mismo tiempo, criticaba su estilo literario, plagado de paradojas y retruécanos; una técnica estilística que hacía imposible el esclarecimiento doctrinal y filosófico: «Estamos ante un escritor al que, por decirlo con su figura favorita, el ingenio lo hace y lo deshace»[192].

Discrepó hondamente de los planteamientos regionalistas y económicos defendidos por el falangista catalán José María Fontana Tarrats[193], en su obra *Abel en tierra de Caín. El separatismo y el problema agrario hoy*. En esa obra, el reusense estudiaba el problema agrario español, concretamente el minifundismo y el latifundio; planteaba su concepto de nación como «unidad de destino»; y proponía la resolución de los problemas para él fundamentales: el agrario y el regional. Respecto a este último, tras descartar las soluciones federal y autonómica, defendía una descentralización administrativa y del poder político. Una de sus más espectaculares propuestas era la de repartir la capitalidad de la nación entre Madrid y Barcelona, siguiendo el modelo itinerante de los Reyes Católicos. Dado su contenido crítico, la obra estuvo a punto de ser prohibida por la censura. Fernández de la Mora estimaba, a diferencia del autor, que no existía una relación clara entre el separatismo y la cuestión agraria, como lo demostraba el caso andaluz. Además, la cuestión agraria estaba dejando de ser política y socialmente importante, a medida de que se iba realizando la revolución industrial: «La tendencia es clara: a medida que aumenta el desarrollo económico disminuye la importancia relativa de las rentas agrícolas del producto nacional. Y se reduce el porcentaje del campesinado dentro de la población activa. Esta curva es de una gran fuerza ascensional en los países de vanguardia.» No menos discutible era el federalismo «vertical» propugnado por Fontana: «La tendencia racionalizadora del Estado va exactamente en dirección contraria. (...) Más creo en el autonomismo horizontal siempre que sea a nivel rigurosamente administrativo, proceso que, además, será perfectamente compatible con la unificación política supraestatal que necesitamos y que se dibuja en el horizonte»[194].

En 1969, Luis Gómez de Aranda publicaba *Los valores humanos del desarrollo*. Lo que sirvió a Fernández de la Mora para someter a crítica

---

[192] Gonzalo Fernández de la Mora, «Meditaciones de Europa», en *Pensamiento español 1963*, Madrid, 1964, págs. 163, 165-166.

[193] Véase Joan Maria Thomàs, *Jose M. Fontana Tarrats. Biografía política d'un franquista català*, Reus, 1997.

[194] Gonzalo Fernández de la Mora, «El geopoliticismo», en *Pensamiento español 1968*, Madrid, 1969, págs. 227-231.

los supuestos políticos de quien había puesto en cuestión las tesis defendidas en *El crepúsculo de las ideologías*. Gómez de Aranda insistía en la primacía de los valores espirituales, en la necesidad del entusiasmo político y en el reparto de los beneficios económicos del desarrollo. En su crítica, Fernández de la Mora consideraba que el propósito de «desmaterializar» el desarrollo no pasaba de ser un tópico: «No olvidemos que, atiborrada de predicaciones espiritualistas, la Humanidad se ha pasado muchos siglos empobrecida y, en definitiva, embrutecida. A estas alturas de la Historia, no creo en ninguna forma de humanización general que no se apoye en la utilización de recursos de la Naturaleza.» Sobre el entusiasmo y la necesidad del «mito» para el logro del desarrollo económico poco había que decir:

> Hoy los pueblos aspiran al desarrollo con tenacidad y con esperanza, como el viajero que se dirige a su destino o como el científico que busca nuevas verdades. Para que esta tensión exista no hay que mitificar ni la geografía ni las matemáticas. Tampoco la cosa pública. (...) Veamos el desarrollo sin la menor veladura novelesca, es decir, como un serena operación de inteligencia para el elevar el nivel de vida, las horas de ocio y el progresivo desenvolvimiento de las funciones superiores del hombre. Esta no es una operación taumatúrgica y retórica, sino racional y empírica.

Tampoco la tradicional contraposición entre la producción y el reparto tenía fundamento racional o técnico: «El reparto de la miseria me parece una caricatura de la justicia aplicada. Por eso entiendo que el objetivo primario del desarrollo es el incremento de la renta nacional "per capita". Toda consigna distributiva que no esté respaldada por una producción real es poco menos que pura demagogia verbal»[195].

3.5. La crisis del catolicismo

En *El crepúsculo de las ideologías,* Fernández de la Mora analizó el proceso de «interiorización de creencias» característico de la sociedad occidental. Desde su perspectiva, la religión era, ante todo, «un modo de relacionarse con la divinidad»; y, por ello, se trataba de un «fenómeno indi-

---

[195] Gonzalo Fernández de la Mora, «Mitologismo», en *Pensamiento español 1969,* Madrid, 1970, págs. 194-197.

vidual». De ahí que no implicara, per se, «una ética o idea de lo que debe hacerse»; tampoco una idea de cómo relacionarse con el prójimo. Y es que existía, de facto, «una moral natural independiente de lo religioso». En ese sentido, confundir el hecho religioso con el moral no era sólo una inexactitud grave, sino que entrañaba «una secularización y, en último extremo, algo tan contradictorio como una naturalización de lo sobrenatural». El proceso de racionalización, las convergencias doctrinales y la decadencia de las ideologías llevaban a que el sentimiento religioso se replegara «hacia su sede propia, que es la intimidad» y a la generalización de «la hostilidad colectiva hacia el exhibicionismo, la politización y la pragmatización de la Fe». Todo ello conducía a la decadencia de las alternativas políticas confesionales, que no tenían ningún derecho a «monopolizar el apelativo de cristianas», ni constituían un «testimonio de religiosidad genuina». Por el contrario, el ocaso de este tipo de alternativas conduciría al aumento, intensidad y pureza de «la fe individual y colectiva», porque ya no sería producto de la convención o de la coacción, sino «espiritual y espontánea; no espectacular y aparente, sino confidencial y auténtica»[196].

A ese respecto, Fernández de la Mora no estimaba que las creencias religiosas fuesen incompatibles con la emergencia de la nueva sociedad «positiva», pero sí que tendrían que ser sometidas a un intenso proceso de racionalización:

> Desde el punto de vista especulativo, considero que todo lo que sea un desvío en el proceso de racionalización es históricamente retrógrado. Hay que agotar las posibilidades de la razón, incluso en torno al misterio. Lo otro ya no es teoría propiamente dicha. Es sentimiento religioso. Es otro mundo. Nobilísimo ciertamente, pero que no anula el dilema: o se hace ciencia o se hace mística[197].

De ahí que se declarara admirador de figuras como Renan, Loisy y Guignebert, que, desde posiciones empírico-críticas o positivas, habían analizado el fenómeno religioso; una alternativa acorde con un momento en que la crisis del catolicismo, e incluso de la religiosidad, estaba adquiriendo perfiles «progredientes, hondísimos y dilatados»[198].

---

[196] Gonzalo Fernández de la Mora, *El crepúsculo de las ideologías,* Madrid, 1965, págs. 125-137.

[197] Gonzalo Fernández de la Mora, «San Buenaventura», en *Pensamiento español 1966,* Madrid, 1967, pág. 52.

[198] Gonzalo Fernández de la Mora, «La crisis del catolicismo», en *Pensamiento español 1969,* Madrid, 1970, págs. 135-136.

Resulta significativo, por ello, su rechazo de la obra de Pierre Teilhard de Chardin, muy celebrada entonces en los ambientes católico-pro-
gresistas. Y es que el sistema conceptual del jesuita francés se encontraba muy distante de la metodología genuinamente científica, al apoyarse
tan sólo en «intuiciones no verificadas y sin apoyatura factual»; su terminología era «titubeante, imprecisa y de un peligroso hibridismo bioló-
gico-metafísico». A Teilhard podía reconocérsele «elevación mística»,
pero su método no era filosófico, ni su pensamiento poseía las características formales y materiales de un sistema metafísico. Lo más interesante de su obra eran sus temas, es decir, el origen y el sentido de la vida
humana, a los que no podía darse respuesta definitiva desde la mera razón: «Solo se las puede contestar con dogmas revelados o con simples
hipótesis racionales y no desmentidas por la experiencia. En cualquier
caso, serán soluciones sin la irrefragabilidad universal del hecho positivo.» Teilhard, en definitiva, era «teología ficción» y «Gran Fábula» o, lo
que es lo mismo, irracionalismo, es decir, «el mal»[199].

De la misma manera, rechazó el existencialismo cristiano, representado por Kierkegaard, cuyo pensamiento calificaba de «asistemático,
ambiguo, irracionalista, evolutivo, problemátizante, fideísta, muy ligado
a su sombría y contradictoria biografía y, por ello, apenas reducible a una
esquematización coherente». «Sus escritos tomados en bloque —senten-
ciará— me siguen pareciendo un río de ambigüedades, contradicciones,
oscuridades y dogmatismos; muchas veces, un desafío a la razón»[200].

Tampoco Romano Guardini era un autor de su gusto; y acusaba a su
pensamiento de «una vaguedad peligrosa, marcadamente poética».
Guardini podía ser valorado por su «fecundidad estética y mística, pero
no científica»; lo que le llevaba a la conclusión de que no era un «filósofo riguroso». «En Guardini hay una dosis tan grande de emotividad
que no se le puede considerar un hombre de ciencia. Hay, además, im-
precisión y desorden. Sus conceptos fundamentales no están suficientemente elaborados y a sus tesis le faltan el respaldo argumental»[201]. Y lo
mismo podía decirse de otros autores cristianos como Theodor Haecker,
Peter Wust o Ferdinand Ebner, caracterizados todos ellos por su asiste-

---

[199] Gonzalo Fernández de la Mora, «Teilhard de Chardin», en *Pensamiento español
1969,* Madrid, 1970, págs. 107 y sigs. «Sustancia

[200] Gonzalo Fernández de la Mora, «La existencia religiosa en Kierkegaard y Unamuno», en *Pensamiento español 1963,* Madrid, 1964, págs. 104 y 107.

[201] Gonzalo Fernández de la Mora, «Guardini», en *Pensamiento español 1966,* Madrid, 1967, págs. 69-70.

matismo, subjetivismo, intuicionismo y un talante más emocional que empírico: «Desde la ribera científica, y en esta hora española, no los considero ejemplares, sino bastante turbadores»[202]. Esta tendencia «estético-mística» tenía su principal defensor y representante dentro de la intelectualidad española en Alfonso López Quintás, religioso mercedario y discípulo de Zubiri, cuyas críticas a la ciencia, su «respeto al misterio» y su preferencia por «lo profundo» conducían, en opinión de Fernández de la Mora, a un callejón sin salida desde el punto de vista especulativo: «La historia de la filosofía occidental no registra un sólo caso en el que se haya dado un paso dentro de la ontología con la ayuda de facultades patéticas: la Filosofía primera es la obra de la razón pura»[203].

Por su parte, López Quintás le acusó de «univocismo», porque el verdadero pensador debía reconocer, a su modo de ver, a la razón «su capacidad congénita de entrar en colaboración con la voluntad y el sentimiento, a fin de conferir así al hombre la energía, el voltaje espiritual necesario para abundar el estudio de lo real a niveles de profundidad, que son los únicos en que llega su espíritu a la plenitud y equilibrio». A ese respecto, Fernández de la Mora pecaba de «exclusivismo» racionalista[204].

Al mismo tiempo, Fernández de la Mora se mostró igualmente hostil a otra tendencia emergente en el seno del catolicismo español: la llamada teología de la liberación. Y veía con profunda prevención y pesimismo la progresiva alianza entre algunos sectores del catolicismo con el progresismo e incluso con el marxismo: «(...) con todos sus defectos, el mensaje espiritual del cristianismo tradicional estaba fundado en el amor. Y la ética que ahora están perfilando algunos reformistas es la de la violencia, el resentimiento y los complejos. Más radicalmente deficiente considero esto que aquello. Por decirlo nominalmente, Camilo Torres no me parece un progreso»[205]. Por ello, la denominada «teología del mundo» preconizada por el canónigo José María González Ruíz, caracterizada por el intento de reconciliación cristiana con las realidades terrenales y con el marxismo, suscitó su interés. Y es que, por un lado,

---

[202] Gonzalo Fernández de la Mora, «Haecker y otros creyentes», en *Pensamiento español 1968,* Madrid, 1969, pág. 45.

[203] Gonzalo Fernández de la Mora, «Intuicionismo y razón», en *Pensamiento español 1967,* Madrid, 1968, pág. 66.

[204] Alfonso López Quintás, *Hacia un estilo integral de pensar. I. Estética,* Palma de Mallorca, 1975, pág. 55. «Fernández de la Mora», en *Filosofía española contemporánea,* Madrid, 1970, págs. 327 y sigs.

[205] Gonzalo Fernández de la Mora, «La crisis del catolicismo», en *Pensamiento español 1969,* Madrid, 1970, pág. 169.

resultaba históricamente obvio que el «cristianismo mundanizado» de González Ruíz no era, ni había sido el único posible, porque existía el cristianismo del estilita y el del ermitaño; y ahí se encontraban las figuras de San Bruno, Kempis, San Juan de la Cruz, etc, para demostrarlo. Por otro, reconocía la razón de la crítica marxista a la función social desempeñada por el religión en ciertas épocas: «La religión no ha sido siempre un factor de promoción humana material, y buena prueba de ello es la India, donde las creencias han retrasado en siglos el desarrollo económico y social.» Lo que tenía su explicación en que era mucho más difícil la perfección cristiana dentro del mundo que fuera de él: «Y ahí está la explicación existencial de una real alienación, que no es una necesidad constitutiva; pero que es un hecho histórico.» Dudaba, además, que los planteamientos de González Ruiz contribuyeran a hacer «creyentes a los que no lo son»[206].

El fenómeno de la militancia marxista de los sacerdotes-obreros era, a su juicio, una manifestación más de la crisis del catolicismo tradicional y de los peligros de politización religiosa. Su clasismo y su opción comunista ponía en cuestión «la condición sobrenatural y suprahistórica de la religiosidad». Lo grave no era que los sacerdotes defendieran los intereses de los obreros, sino que «secularizasen la religiosidad».

> La tentación es antigua y registra ejemplos en todos los momentos de la llamada «era constantiniana». Si con razón son censurados los maridajes de la Iglesia con el Imperio Romano, con el feudalismo, con el sacro Imperio, con la monarquía, con la Santa Alianza, con las dictaduras... ¿por qué se va a hacer una excepción ahora con el proletariado industrial y con la ideología marxista? Esta sería una forma de mundanización y, en definitiva, de politización y desacralización[207].

Muy distinta era la «teología moral» del Opus Dei y en concreto de Josemaría Escrivá de Balaguer, figura a la que consideraba de «una talla similar a la de Ignacio de Loyola». Fernández de la Mora celebraba que la teología de Escrivá se apoyara en «un activismo mundano», donde existía «una constante defensa de lo secular, de lo córporeo, de lo terreno», lo que era una respuesta positiva «a las dos grandes objeciones que en la edad contemporánea se ha dirigido contra el mensaje cristiano: la

---

[206] Gonzalo Fernández de la Mora, «El humanismo cristiano», en *Pensamiento español 1967*, Madrid, 1968, págs. 101-103.

[207] Gonzalo Fernández de la Mora, «Los sacerdotes obreros», en *Pensamiento español 1966*, Madrid, 1967, págs. 98.

de Nietzsche y la de Marx». Igualmente destacable es que esta forma de acercamiento al mundo se intentaba «desde la perspectiva evangélica del amor» y no implicaba «la caída en la trampa de la politización y de la secularización». Sin embargo, no compartía las tesis del fundador del Opus Dei sobre la indisolubilidad del vínculo matrimonial como norma de derecho divino y de derecho natural: «¿puede considerarse como un precepto de derecho natural primario aquel que ignoran no sólo multitud de moralistas, sino también millones de seres humanos, muchos de ellos integrados en sociedades que figuran a la vanguardia de la civilización?»[208].

Frente al teólogo Olegario González de Cardedal, Fernández de la Mora mostraba su preferencia por la teología tomista frente a la agustiniana. No obstante, era consciente de sus debilidades, señalando, entre otras cosas, lo injustificado de la pretensión del Aquinate de la existencia de un paralelismo entre la estructura de las operaciones humanas y la estructura divina; a lo que era preciso añadir que la teoría tomista del conocimiento resultaba «muy problemática». Sin embargo, desde una perspectiva positivista, estaba claro que el tomismo era superior al agustinismo, a causa de su dimensión más racional: «La Teología agustiniana es más mística que especulativa. Con la tomista ocurre lo contrario: pretende una ciencia "sensu strictu". (...) Yo creo que el pensamiento racional es veraz por sí mismo dentro de sus límites; y este es también el supuesto tomista»[209].

En lo relativo al problema de la interpretación de los textos revelados, Fernández de la Mora sostenía que los teólogos protestantes —Althaus, Brunner, Cullman, Barth y Bultmann— se encontraban más adelantados que los católicos. Las cuestiones planteadas por estos teólogos resultaban transcendentales y eran muy problemáticas para los fundamentos del catolicismo tradicional. Y es que, en primer lugar, con los textos bíblicos no podía demostrarse la creencia en la inmortalidad del alma; lo que suponía un claro rechazo de la antropología escolástica y su dualismo psíquico-material. De la misma forma, coincidía con Bultmann en el carácter metafórico de los hechos narrados en los textos bíblicos. Todo lo cual llevaba a la conclusión de que «la teología protestante ha alcanzado niveles eminentes, que cabe un diálogo entre la

---

[208] Gonzalo Fernández de la Mora, «El Opus Dei», en *Pensamiento español 1968,* Madrid, 1969, págs. 103-105.

[209] Gonzalo Fenández de la Mora, «La exégesis tomista», en *Pensamiento español 1968,* Madrid, 1969, pág. 118.

especulación reformada y la romana, que todavía es vastísimo el campo de la exégesis teológica, y que bastantes conclusiones que el carbonero da por ciertas, son extremadamente problemáticas, si no en su última instancia afirmativa, sí en sus matices»[210]. A ese respecto, manifestó su interés por la teoría de los géneros literarios, que consideraba no como una pieza del bagaje exegético tradicional, sino como una respuesta de los teólogos más inteligentes a los desafíos de la conciencia histórica; era «una novedad sustancial, la más decisiva de la teología católica contemporánea», y que suponía «un paso tan decisivo como el libre exámen que propugnaba la Reforma». En ese sentido, seguía la línea de los «desacralizadores» como Bultmann y sus seguidores, lo que, en fin, suponía un desafío a «la integridad y estabilidad del dogma»[211].

3.6. REIVINDICACIÓN DEL EXILIO

Fernández de la Mora no excluyó de sus análisis y balances el pensamiento español realizado en el exilio. Fue uno de los autores que más contribuyó a la recuperación y rehabilitación de la cultura española desarrollada fuera de sus fronteras. Nunca negó la importancia cualitativa del pensamiento de los exiliados de la Guerra Civil:

> Las elites se forman y seleccionan lentamente. Un Estado joven puede improvisar o importar casi todo, menos unas aristocracias del refinamiento moral, científico, estético, político o técnico. La Guerra Civil de 1936 provocó el exilio de una parte de la minoría intelectual. Este déficit tardó lustros en soldarse y algunos vacíos permanecieron porque las elites no se fabrican en serie ni por decreto[212].

De ahí que dedicara una parte importante de sus análisis a los representantes de la diáspora cultural. En su opinión, la importancia del exilio se encontraba, sobre todo, en la poesía y en el pensamiento científico y filosófico; no tanto en la novela. Autores como Rosa Chacel, Francisco Ayala, Max Aub, Arturo Barea, Ramón J. Sender o Serrano Poncela no eran grandes narradores; y sus obras resultaban «cualitati-

---

[210] Gonzalo Fernández de la Mora, «La escatología protestante», en *Pensamiento español 1966,* Madrid, 1967, págs. 138-140.

[211] Gonzalo Fernández de la Mora, «Exégesis bíblica», en *Pensamiento español 1969,* Madrid, 1970, págs. 129-130.

[212] Gonzalo Fernández de la Mora, *Los errores del cambio,* Madrid, 1984, págs. 26.

vamente muy secundarias»[213]. No obstante, consideraba «muy estimable» la producción sociológica y ensayística de Francisco Ayala[214]. La escasa calidad de esa narrativa tenía su explicación en la propia circunstancia del exilio:

> La amarga soledad del destierro, sin ambiente del que nutrirse, ni público al que dirigirse, puede sostener la inspiración de un pensador o de un poeta; pero difíclmente la de un novelista. Trágico sino es del cualquier hispano desgajado de su patria; pero sobre todo si es un narrador, porque entonces su desarraigo es como un perdido y desasosegador flotar en el vacío, a solas con sus desesperanzas y recuerdos de naufragio vital[215].

Muy distinta era su valoración del gran poeta Luis Cernuda, cuya labor como crítico literario exaltó: «No es —señalaba— ni un demagogo, ni un manso; es crítico que sigue los dictámenes de su brújula interior; y sus pecados de exageración suelen ser muy disculpables, porque nacen del empeño de autenticidad y rigor.» Además, el poeta andaluz no podía ser considerado, a su juicio, como un escritor izquierdista, ya que, en sus obras, se mostraba «espiritualista», «teísta», «tradicionalista» y «clasicista». Era, en fin, «un escritor antipartidista», «defensor del orden y la jerarquía», «vacunado contra el obsesivo problema de España que ha politizado nuestra literatura durante medio siglo»[216].

No menos importante era la obra de Guillermo de Torre, «nuestro crítico literario de radio más dilatado». Lo más destacable de su obra como historiador de la literatura española y europea eran sus críticas al irracionalismo, su desdén por el inservible método de las generaciones y su amplio conocimiento de las literaturas europeas, lo que hacía que sus críticas siguieran siempre una saludable perspectiva comparativa[217]. De Torre, colaborador entonces de *ABC,* le envió, desde Buenos Aires, una carta ditirámbica, agradeciendo el contenido de su crítica:

---

[213] Gonzalo Fernández de la Mora, «Narrativa en el exilio», en *Pensamiento español 1963,* Madrid, 1964, págs. 199 y sigs.

[214] Ibíd., págs. 197-198.

[215] Ibíd., págs. 199-200.

[216] Gonzalo Fernández de la Mora, «La poesía», en *Pensamiento español 1965,* Madrid, 1966, págs. 259-260.

[217] Gonzalo Fernández de la Mora, «El irracionalismo», en *Pensamiento español 1966,* Madrid, 1967, págs. 168 y sigs. «El generacionismo», en *Pensamiento español 1967,* Madrid, 1968, págs. 196 y sigs.

Acepto sin mínima reserva y no tengo ninguna que oponerle. (...) Pasé muchos años casi ausente —en lo moral— de España. Ahora que he resuelto incorporarme a ese mundo —al menos, en espíritu, ya que mi vida está hecha en Buenos Aires, y debo seguir así— no sabe usted hasta qué punto me conmueve estar ahí presente, que los colegas cuenten conmigo. A ese propósito responde mi colaboración, aunque espaciada, en *ABC*. En España no quiero ver discrepantes. Sólo veo amigos. Que la convivencia se oficialice pronto es mi mayor deseo. Sepa que le leo siempre con interés y admiración[218].

De ausencia de calidad adolecía la obra del socialista Luis Araquistain, «novelista y dramaturgo mediocre». «Una de las cabezas más calificadas del marxismo celtibérico», es decir, un movimiento «efímero» y de «escasa envergadura intelectual»[219].

Mucha mayor densidad e interés poseía la obra de José Ferrater Mora[220], cuya perspectiva analítica valoró positivamente. Fernández de la Mora destacaba su preferencia por el pensamiento anglosajón, su exaltación de «la metodología de las ciencias exactas», su «recelo hacia los patetismos y lirismos que empañan una buena parte de la especulación filosófica actual». En ese sentido, el catalán era un «auténtico profesional de la filosofía». Su obra *El ser y la muerte* era «importante y valiosa, aunque sus cimientos metafísicos me parezcan extraordinariamente problemáticos», porque su agnosticismo resultaba incompatible con la existencia de «espíritus puros»; reducía toda ontología a «un realismo empírico» y marginaba «el decisivo ámbito de los entes de razón»; y, en definitiva, dejaba entre paréntesis «lo eterno e intemporal, lo mismo en el orden ideal que en el real». «La filosofía de Ferrater Mora —concluía— se ciñe a un área bastante restringida de la realidad, concretamente la experimental. Por eso, a la postre, resulta empírica y positiva.» De la misma forma, resultaba digna de tenerse en cuenta su concepción del problema catalán, sustentada en su libro *Tres mundos: Cataluña, España y Europa,* donde percibía una «asunción crítica de la historia nacional». «Lo mismo en la parte analítica que en la proyectiva o política, Ferrater Mora se mueve desapasionada y constructivamente,

---

[218] Archivo Fernández de la Mora, 8-IX-1966.

[219] Gonzalo Fernández de la Mora, «El pensamiento español contemporáneo», en *Pensamiento español 1963,* Madrid, 1964, págs. 34 y 38.

[220] José Luis Abellán, *Filosofía española en América (1936-1966),* Madrid, 1966, págs. 83-100. Carlos Nieto Blanco, *La filosofía en la encrucijada. Perfiles del pensamiento de José Ferrater Mora,* Barcelona, 1985.

muy lejos de los extremismos, y siempre como catalán que se siente español, europeo y, en definitiva, humano»[221]. Como Guillermo de Torre, Ferrater Mora escribió al crítico, expresando «cuanto me ha complacido ver mis libros tratados con tanto ciudado y con tanta penetración».

> No tiene usted por qué excusarse de sus objeciones y reservas. De ellas aprendo mucho. De las reseñas hechas sin ton ni son, en cambio, por elogiosas que sean, no aprendo nada. Estoy de acuerdo con usted en que la crítica debe hacerse así, por disonante que ello resulte en España. Es hora de que los autores empiecen a aprender que las objeciones y reservas hechas a un libro hacen honor al libro; un libro que no merezca objeciones y reservas no es un verdadero libro, sino un vaso de agua.

Las críticas de Fernández de la Mora le habían hecho un doble servicio: «llamar la atención del público sobre el libro desde una tribuna de gran prestigio, y llamar la atención del autor sobre los defectos de su obra». Por otra parte, consideraba *Ortega y el 98,* que Fernández de la Mora le había enviado, un libro «serenamente crítico»; «en general mi actitud al respecto es, por decirlo de algún modo, más favorable, pero reconozco que este es un asunto bastante personal. Lo importante es que su análisis sea, como lo es, penetrante y en ese sentido harto objetivo»[222].

No menos interesante era la obra de Eduardo Nicol[223], a quien consideraba «uno de los profesionales de la Filosofía más capaces e interesantes de habla castellana». Su obra *Psicología de las situaciones vitales* tenía el mérito de «haber avanzado por el seductor camino del análisis de la condición humana, que no es sino la modalidad actual de la psicología racional o estrictamente filosófica». Y añadía: «En ese sentido, Nicol no es ningún revolucionario, sino un tradicional, dicho sea con ánimo de precisión, no de censura»[224]. Más importantes resultaban *Los principios de la ciencia,* «uno de los hitos más eminentes de nuestro pensamiento actual», superior a las investigaciones de Ortega y Gasset en *La idea del principio en Leibniz.* Su interpretación del principio de causalidad coin-

---

[221] Gonzalo Fernández de la Mora, «La filosofía hoy», «El ser y la muerte», «Cataluña, España y Europa», en *Pensamiento español 1963,* Madrid, 1964, págs. 29-34, 72-76, 221-226.

[222] Archivo Fernández de la Mora, 28-IX-1963, 9-II-1964.

[223] Véase *Eduardo Nicol. La filosofía como razón simbólica,* en *Anthropos. Extra 3,* 1998.

[224] Gonzalo Fernández de la Mora, «Las situaciones vitales», en *Pensamiento español 1963,* Madrid, 1964, págs. 94 y 97.

cidía con Xavier Zubiri. Sin embargo, Nicol no esclarecía la causalidad histórica o, lo que venía a ser lo mismo, la función de la libertad, la creación e innovación por parte del hombre; además, resultaba muy problemática la tesis de que la naturaleza carecía de historia; lo que descartaba «el hecho del evolucionismo universal, que a mí me parece un dato insoslayable». Celebraba, en cambio, su crítica a los existencialismos: «No hay una mismidad en el tiempo concreto. También creo que la Nada es un pseudoconcepto, y me adhiero a la debeladora crítica que hace Nicol de Heidegger y de Sartre, cuyos ingredientes extrafilosóficos, psicológicos y retoricistas pone a plena luz»[225]. Nicol mantuvo abundante correspondencia con Fernández de la Mora. El filósofo exiliado agradeció la positiva valoración de sus obras: «Por su objetividad, tiene un mérito excepcional en los tiempos actuales, y bastaría para conmoverme, si no incluyera además algunas frases tan amables.» No obstante, manifestó sus discrepancias con algunos de los planteamientos de Fernández de la Mora en *Ortega y el 98,* pero, según sus propias palabras, se sintió cautivado por «su estilo de pensar y de escribir». Nicol consideró apasionante el tema abordado en *El crepúsculo de las ideologías;* y celebró su asunción de la «filosofía científica»: «Que la razón sustituya a la pasión. Y es muy cierto que saldremos ganando con la nueva actitud que permita plantear las cuestiones de gobierno de manera objetiva, racional y pragmática»[226].

De hecho, Nicol fue uno de los pensadores exiliados más solicitados por los intelectuales y las autoridades franquistas. Fue requerido por Florentino Pérez-Embid para que colaborara en la revista *Atlántida*. Alfredo Sánchez Bella hizo lo mismo para *Cuadernos Hispanoamericanos*. Y Adolfo Muñoz Alonso le ofreció la reincorporación a la Universidad[227]. No fue el único. Manuel Fraga sondeó e intentó atraerse a Francisco Ayala[228].

Otro pensador exiliado que suscitó el interés de Fernández de la Mora fue el sociólogo José Medina Echavarría[229], cuya metodología destacaba por su «imparcialidad y objetividad». «Difícilmente se podrán en-

---

[225] Gonzalo Fernández de la Mora, «Los primeros principios», en *Pensamiento español 1965,* Madrid, 1966, págs. 92 y sigs.

[226] Archivo Fernández de la Mora, 16-I-1964, 3-IX-1964, 26-II-1966.

[227] Alicia R. Nicol, «Eduardo Nicol: la vocación cumplida», en *Anthropos. Extraordinario 3,* 1998, págs. 51-53.

[228] Francisco Ayala, *Recuerdos y olvidos,* Madrid, 2001, págs. 475 y sigs.

[229] Véase *La obra de José Medina Echavarría,* Madrid, 1981. Una semblaza de este autor en Francisco Ayala, *Recuerdos y olvidos,* Madrid, 2001, págs. 524 y sigs. Y José Luis Abellán, *Filosofía española en América (1936-1966),* Madrid, 1966, págs. 267 y sigs.

contrar en estas páginas subjetivismos apriorísticos, adhesiones ideológicas de principio, tesis preconcebidas, es decir, parcialismo.» En gran medida, Medina Echevarría, con sus planteamientos empíricos, coincidía con el diagnóstico del declive de las ideologías, dando primacía al desarrollo económico y constatando la convergencia entre capitalismo y socialismo[230].

No obstante, el autor exiliado más analizado por Fernández de la Mora fue Salvador de Madariaga[231], a quien consideraba como representante de «un liberalismo muy conservador», «un demoliberal herético que pugna contra el igualitarismo, el revolucionarismo y el sufragio universal». Destacaba, además, su labor historiográfica dedicada a la América hispana como eficaz crítica de la «leyenda negra». Lo que se veía deslucido, a su juicio, por los ataques del escritor gallego al régimen nacido de la Guerra Civil, producto de unos «resentimientos personales» que le impedían analizar con objetividad; y que, además, resultaban «inconsecuentes con su organicismo político y sus críticas al igualitarismo, al sufragio universal y al marxismo»[232]. Menos valor tenía Madariaga en sus pretensiones como filósofo; así lo demostraba su obra *Retrato de un hombre de pie,* cuyos planteamientos resultaban insuficientes «para penetrar en la profundidad de las esencias». En este libro, el escritor gallego caía en los viejos tópicos noventayochistas, el irracionalismo y el asistematismo: «La filosofía es una cosa muy seria, y lo mismo en ella que en las matemáticas hay que entrar muy bien equipado. Madariaga, siguiendo la tradición noventayochista, parece suponer que filosofar es algo así como hacer literatura; pero sustituyendo a Romeo y al Guadarrama por nombres abstractos»[233]. Y lo mismo podía decirse de las ideas defendidas por Madariaga en *De la angustia a la libertad,* que, en el fondo, no salían del «tópico» antiprogresista. Su denuncia de la sociedad industrial y de masas era fácilmente refutable por la «fecundidad de la revolución tecnológica»; su crítica del igualitarismo y la democracia «apenas añade nada a lo dicho por un Donoso Cortés hace cien años»; igualmente, su teodicea carecía de originalidad, debía mucho a Bergson,

---

[230] Gonzalo Fernández de la Mora, «Educación y desarrollo», en *Pensamiento español 1968,* Madrid, 1969, págs. 126-128.

[231] Sobre las ideas de Madariaga, véase Pedro C. González Cuevas, Estudio introductorio a *Anarquía o jerarquía,* Madrid, 2005.

[232] Gonzalo Fernández de la Mora, «Hispanoamérica», en *Pensamiento español 1963,* Madrid, 1964, págs. 231 y sigs.

[233] Gonzalo Fernández de la Mora, «La vaca y al árbol», en *Pensamiento español 1965,* Madrid, 1966, págs. 306 y sigs.

y era un «eco del deísmo». No menos problemático era su «humanismo antiutilitario», «políticamente insostenible, porque una de las finalidades primarias del Estado es el fomento de la riqueza». El gallego tan sólo acertaba en su crítica a la democracia: «Tengo para mí que Madariaga acierta plenamente cuando distingue entre el permanente y excelso valor de la libertad y esas adherencias circunstanciales que son el parlamentarismo y el sufragio inorgánico»[234].

Madariaga se hizo eco de algunas de estas críticas. En una carta al monárquico Amalio García-Arias, reconocía, sin embargo, que «dentro de los límites que le impone su condicionamiento intelectual como inserto que está en un régimen cerrado, el señor Mora ha ido todo lo lejos que podía por el camino de la objetividad»[235].

De mayor importancia era la obra de Américo Castro[236]. Fernández de la Mora era devoto de Menéndez Pelayo, Menéndez Pidal y Sánchez Albornoz; pero consideraba al autor de *España en su historia* «uno de nuestros más preclaros críticos y filólogos». No obstante, sus objeciones a los supuestos castristas, aunque respetuosas, fueron demoledoras. En primer lugar, discrepaba de su método histórico; a diferencia de lo sustentado por Castro, no podía negarse, a su juicio, el carácter científico de la historia, «puesto que un hecho ha ocurrido o no; y averiguarlo es una tarea que permite llegar a certezas absolutas». Tampoco resultaba especialmente esclarecedor su concepto de nación, muy próximo al de Renan, que era preciso completar con otros factores como el territorio, la raza, la lengua, la unidad política, la cultura, etc. Lo más problemático, con todo, de la construcción castrista era la equiparación entre el elemento judío y africano con el cristiano y autóctono, a la hora de dar testimonio de la forja de la nación española. Nadie negaba «sobre todo después de las investigaciones de Castro», la importancia de la cultura judía en nuestro país; pero no podía considerarse mayor que la de la cultura fenicia o griega. Los hispanojudíos siempre fueron una minoría. No existía ninguna prueba sólida que avalase la tesis del judaísmo de Lope, Quevedo, Tirso, Saavedra Fajardo o Calderón. De la misma forma, sobrevaloraba la importancia del elemento árabe, cuyo porcentaje numérico era muy escaso. Fernández de la Mora, siguiendo en Menéndez Pidal y a Sánchez Albornoz, estimaba que la islamización de España fue «pa-

---

[234] Gonzalo Fernández de la Mora, «Conservatismo», en *Pensamiento español 1967,* Madrid, 1968, págs. 172-174.

[235] Archivo Fernández de la Mora, 4-VI-1964.

[236] Véase Guillermo Araya, *El pensamiento de Américo Castro,* Madrid, 1983.

sajera», y que en las especulaciones castristas había «una fracción de verdad», pero que su radicalización resultaba «inaceptable»[237]. No menos problemática era la tesis del presunto judaísmo de Cervantes, porque ni el oficio paterno —cirujano—, ni el suyo —recaudador de impuestos— o su apellido demostraban ese origen. Rodriguez Marín y Astrana habían demostrado que su ascendencia era de «cristiano viejo». Menos concluyente aún era el alegato castrista sobre el carácter judío de la concepción del mundo defendida por el autor del *Quijote*, que nunca despreció su condición de católico. Además, Castro intentaba mostrar, con sus tesis, la no-europeidad de España, lo que resultaba no sólo «científicamente inexacto», sino «espiritualmente negativo»[238].

Si bien no realizó ninguna crítica de sus obras, las preferencias de Fernández de la Mora iban hacia las tesis de Claudio Sánchez Albornoz, a quien conoció personalmente en París, y con el que mantuvo amistad y abundante correspondencia[239]. De hecho, el historiador abulense era uno de los autores más citados por el crítico. Sánchez Albornoz era el «maestro de medievalistas», «el máximo de nuestros medievalistas», el intelectual exiliado «más considerable», el representante, al lado de Menéndez Pelayo y Menéndez Pidal, de «la flor y la nata de nuestra historiografía»[240]. Fernández de la Mora aceptaba la hipótesis de que la peculiaridad vasca no era racial, sino consecuencia de «su escasa romanización»[241]. Igualmente estimaba que, frente a las tesis de Castro, había demostrado «los rasgos de nuestro europeísmo profundo»[242]. Pero Sánchez Albornoz era, sobre todo, el autor de *España, un enigma histórico,* «uno de los monumentos más importantes de la historiografía hispana de todos los tiempos»; una obra «imperecedera»[243].

---

[237] Gonzalo Fernández de la Mora, «Orígenes de la españolidad», en *Pensamiento español 1966,* Madrid, 1967, págs. 291-293.

[238] Gonzalo Fernández de la Mora, «El judaísmo de Cervantes», en *Pensamiento español 1967,* Madrid, 1968, págs. 221-227.

[239] Gonzalo Fernández de la Mora, *Río arriba. Memorias,* Barcelona, 1995, págs. 100-101.

[240] Gonzalo Fernández de la Mora, «La sucesión en la Monarquía visigoda», en *Pensamiento español 1963,* Madrid, 1964, págs. 122, 230. «Orígenes de la españolidad», en *Pensamiento español 1966,* Madrid, 1967, págs. 288. «Desde el País Vasco», en *Pensamiento español 1968,* Madrid, 1969, pág. 240.

[241] Gonzalo Fernández de la Mora, «El Señorío de Vizcaya», en *Pensamiento español 1963,* Madrid, 1964, págs. 128.

[242] Gonzalo Fernández de la Mora, «La literatura española medieval», en *Pensamiento español 1966,* Madrid, 1967, págs. 185.

[243] Gonzalo Fernández de la Mora, «Desde el País Vasco», en *Pensamiento español 1968,* Madrid, 1969, pág. 185.

En una carta, confesaba al historiador abulense que *España, un enigma histórico* era, desde 1956, «uno de mis libros favoritos»; y que Castro le distinguía «con una hostilidad cartaginesa, que ha tratado de con-
tagiar a su hija, la esposa de mi admirado Zubiri». Sin embargo, una de
las constantes de su correspondencia con Sánchez Albornoz era la peti-
ción de que retornara a España: «Regrese, pues, para ser testigo de este
brillante momento de la historia de nuestro pueblo. Nadie le pide a usted
que renuncie a nada. Todos le acogeremos con los brazos abiertos, porque, después de Menéndez Pelayo, nadie ha defendido a España con tanta razón e inteligencia como lo ha hecho usted en sus libros»[244]. Por su
parte, Sánchez Albornoz se negaba a volver por «dignidad», por «una
irrefrenable repugnancia ante todo régimen de dictadura». Además, alega-
ba que en España «no se ha hecho nada por honrarme y atraerme». Con
todo, agradecía «las amables palabras que de ordinario ha dedicado usted
a mi *España un enigma histórico*». Le respetaba como escritor y crítico,
pero no compartía, ni podía compartir sus planteamientos políticos:

> Me he suscrito a la edición aérea de *ABC*. Leo en ella con fre-
> cuencia sus artículos críticos. (...) Tiene usted talento. Es una lástima
> que se haya metido en el jaleo monárquico. Los Borbones han solido
> «borbonear» a sus servidores. Siento de veras que un hombre como
> usted no pueda mañana —un mañana inevitable— dirigir incluso los
> destinos de España como presidente de una república a la francesa,
> por ejemplo[245].

Fernández de la Mora expresó su deseo de escribir una síntesis de la
obra capital del historiador abulense, que sería publicada por *Rialp,* de
acuerdo con Florentino Pérez Embid; empresa que no pudo llevar a cabo.

---

[244] Diputación de León. Fondo Claudio Sánchez Albornoz, s./f., 30-IV-1969, 1-IX-1972.
[245] Archivo Fernández de la Mora, 23-VII-1968, 29-VIII-1969.

Colofón

Pensamiento español fue un éxito. Como Director General de Cultura Popular, Carlos Robles Piquer adquirió dos mil quinientos ejemplares de la obra, para su distribución gratuita en las bibliotecas, centros culturales, colegios mayores, ateneos, seminarios y universidades. Lo que fue bien recibido por el autor: «Te agradezco mucho tu gesto de divulgar mi labor como semáforo de la cultura contemporánea. El mes que viene sale el volumen sexto. Ya te lo enviaré. No sé si podré continuar mucho tiempo en una brecha tan agotadora»[246].

La valoración de la obra fue, en general, positiva. Raúl Morodo, discípulo de Tierno Galván, consideraba su labor crítica como «un punto de referencia importante de nuestro horizonte cultural»; y destacaba, por encima de sus discrepancias políticas, el «bien-decir, herencia orteguiana y, en general, esteticista»; lo mismo que su «apertura hacia direcciones pluralistas, que, tímidamente, se van iniciando»[247]. Pedro Rocamora lo valoraba como «una ejemplar revisión de lo que hasta ahora se entendía como obejto y contenido de la crítica, en el ámbito de la sociología, la filosofía y el ensayo». «En su pluma campea el ingenio, la brillantez y el brío.» Con su obra, Fernández de la Mora se había convertido en «notario mayor de la cultura nacional»[248]. Según Guillermo Díaz-Plaja, *Pen-*

---

[246] Archivo Fernández de la Mora, 3-III-1969, 24-IV-1969.

[247] «Libros. Pensamiento Español, 1963, de Gonzalo Fernández de la Mora», en *Cuadernos para el Diálogo,* febrero de 1965, pág. 37.

[248] «Gonzalo Fernández de la Mora y la crítica en España», en *Arbor,* febrero de 1965, págs. 141-142.

samiento español perseguía «una sabrosa especie de historia cultural»[249]. Carlos Luis Alvárez admiraba su «honradez mental», lo mismo que su «prosa elegante y fría». La conclusión era obvia: Fernández de la Mora era «el crítico más ilustre que tenemos»[250]. Antonio Tovar, por su parte, señalaba que la obra tenía «una riqueza de temas y sugestiones mayor que la que se podría esperar de su ascetismo contra las tentaciones del hombre que piensa». «Y merece sin duda —concluía— que se lo recomendemos al lector»[251]. Para Alvaro Santamaría, era el «debelador infatigable de la atonía mental, de la ramplonería intelectual y, desde luego, de los ídolos y epígonos de bandería que, al socaire de cierto papanatismo demasiado generalizado, privan todavía en nuestro mundo cultural»[252]. Más recientemente Emilia de Zuleta interpretó su labor como una renovación de los supuestos de la crítica conceptual española[253]. Y José Luis Abellán consideró *Pensamiento español* como una obra de «imprescindible consulta» para el conocimiento de la vida cultural española de los años 60[254].

Sin embargo, Fernández de la Mora, según afirmaba en una carta a Pedro Sainz Rodríguez, se veía «incansablemente hostigado por la mafia intelectual», en «una guerra sorda, pero implacable y sin cuartel». «Y aunque sé que algunos espíritus, a quien yo valoro en grado sumo, tienen la generosidad de alentarme, la verdad es que me encuentro casi solo en la aventura.» Su conclusión era muy pesimista: «En fin, si la concepción del mundo que yo defiendo no tiene fuerzas bastantes para sobrevivir, lo lógico es que yo caiga con ella. La Historia lo dirá»[255]. Dos años después se expresaba en el mismo sentido ante José María Sánchez Silva: «Desde mi trinchera avanzada de la crítica de libros de pensamiento de *ABC* llevo ya seis años con la convicción creciente de que lucho enteramente solo. He acabado entregándome al destino de la fidelidad a mí mismo con un estado de ánimo que tiene algo de trágico»[256].

Su aventura intelectual iba a durar ya poco, al ser nombrado subsecretario del Ministerio de Asuntos Exteriores por Gregorio López Bravo,

---

[249] «Pensamiento español, 1965, de Gonzalo Fernández de la Mora», *ABC,* 17-XI-1966.

[250] «Crítica literaria», en *Blanco y Negro,* 25-III-1965, pág. 124.

[251] «Ni un día sin línea», *La Gaceta Ilustrada,* junio de 1966.

[252] «Gonzalo Fernández de la Mora y El Pensamiento Español», en *Diario de Mallorca,* 4-XI-1965, pág. 14.

[253] Emilia de Zuleta, *Historia de la crítica española,* Madrid, 1974, págs. 395-396.

[254] José Luis Abellán, *Panorama de la filosofía española actual,* Madrid, 1978, pág. 222.

[255] Archivo Fernández de la Mora, 8-IV-1966.

[256] Archivo Fernández de la Mora, 4-VI-1968.

en octubre de 1969. El 13 de noviembre publicó un artículo despidiéndose de sus lectores, considerando que había cumplido su proyecto: «Creo haber demostrado que la inteligencia patria existe y crece. Ha sido un quehacer gozoso, porque amo medular e irremediablemente a España.» Pedía disculpas, no obstante, por «mis rotundidades, mis eventuales omisiones, mis posibles inexactitudes, mis discrepancias y mis juicios insuficientemente elogiosos o adversos en exceso»[257]. El 16 de diciembre de 1970 recibiría el Premio Nacional Emilia Pardo Bazán de la Crítica, de la mano del ministro de Información y Turismo Alfredo Sánchez Bella. Desde entonces, Fernández de la Mora se embarcó en una carrera política que culminaría en su nombramiento como ministro de Obras Públicas. Esa, no obstante, es otra historia.

---

[257] «Los adioses», *ABC,* 13-XI-1969.

Índice onomástico

A

Abellán, J. L., 116, 118, 127, 166, 206, 208, 214
Adams, J., 187
Aguado, E., 100-101
Alberigo, G., 134
Alcalá Galiano, A., 102
Alcalá Zamora, N., 93
Aleixandre, V., 188
Alfonso XIII, 62, 140
Alonso, D., 188
Alonso del Real, C., 112
Alonso de los Ríos, C., 186
Altares, P., 126
Althaus, P., 203
Álvarez, C. L., 214
Álvarez, M., 77, 79, 93, 105
Álvarez Bolado, A., 134
Amat, J., 145
Andreu, C., 153
Amor Ruibal, A., 72, 171, 172
Annunzio, G. D'., 28, 56, 60
Ansón, L. M., 152
Aparisi y Guijarro, A., 79
Araquistain, L., 96-97
Arauz de Robles, J.M, 151
Ariel del Val, F., 127
Aristóteles, 110, 174, 179
Aron, R., 15, 181
Arrese, J. L., 150

Artigas, M., 93
Asín Palacios, M., 159
Astrana Marín, L., 211
Aub, M., 204
Aulard, A., 74
Aumente, J., 126
Ayala, F., 204, 208
Azaña, M., 19, 61-62, 78, 94, 95, 96, 130, 176, 177
Azcárate, J., 94
Aznar, J. M., 19, 130
Azorín, *véase* Martínez Ruiz, J.

B

Bacon, F., 174
Balmes, J., 73, 187, 189
Balzac, H., 187
Barbado Viejo, P., 107
Barea, A., 204
Baroja, P., 49, 52, 55, 56, 173
Barrè, J. L., 43
Barrès, M., 11-13, 14, 23-68, 74
Barrès, Ph., 43, 67
Barth, K., 203
Basabe, R., 151, 152
Basterra, R., 57
Batllori, M., 120, 123
Bauman, Z., 35
Bawer, B., 20
Bell, D., 15

Belloc, H., 57
Benn, G., 142
Bénoist, A., 19, 128, 129
Bentham, J., 187
Bérard, L., 67
Berenguer, D., 92
Bergson, H., 25
Bernaldo de Quirós, L., 129
Bernis, F.,78
Beruete, A., 48
Beyle, H., 28, 53
Bizet, G., 44
Blanco Alonso, J., 118
Blasco Ibáñez, V., 43, 44, 49, 51, 52
Blázquez, F., 178
Bloch, A., 42
Boaz, B., 20
Boisdeffre, P., 27
Bonald, L., 72., 187
Boulanger, G., 24, 25, 29
Bourget, P., 25, 33, 38, 53, 56
Braud, Ph., 153
Breton, A., 43
Broche, F., 27, 29, 51
Broglie, L., 34
Bruno, S., 202
Brunner, E., 203
Bueno, G., 174
Bullón, A., 139
Bultmann, R., 203, 204
Burke, E., 85, 115, 179, 187
Burrow, J. W., 23
Byron, J. G. N., 60

C

Cacho Viu, V., 63, 163
Cajal, S. R., 159
Calderón de la Barca, P., 186, 210
Callejo, E., 90
Calvet, A., 105, 114
Calvo, L., 137
Calvo Serer, R., 117, 142, 143, 144, 148,
    149, 151, 195, 196
Calvo Sotelo, L., 144
Cambó, F., 63
Cambón, J., 67
Camón Aznar, J., 136
Candamo, B.G., 49

Cano, J. L., 188
Cánovas, A., 19, 57, 113, 161
Cantero, E., 128
Carlos III, 141, 162
Carpintero, H., 107
Carr, R., 177
Carreras Artau, J., 91
Carro, V., 90-91, 92
Castellet, J. M., 126
Castiella, F. M., 106, 118
Castilla del Pino, C., 126
Castro, A., 78, 210, 211, 212
Castro, C., 112, 174
Caudet Roca, F., 58
Cerezo Galán, P., 128
Cernuda, L., 205
Cervantes, M., 46, 48, 211
Chambord, C., 23
Charriaut, H., 62
Chateaubriand, A. R., 44, 46, 60
Chaves y Calleja, F., 136, 151
Chenu, P., 67
Chuliá, E., 135
Cohen, H., 75
Colbert, J. B., 45
Coll I Amargós, J., 62-63
Comte, A., 16, 28, 136, 165, 174
Conde, F.J., 136, 138, 142, 150, 186
Corominas, J., 107, 116, 138
Cossío, M. B., 49
Costa, J., 72, 79
Croce, B., 14, 109
Cruz Hernández, M., 117
Cueva, J., 21
Cullman, O., 203
Curtius, R. E., 142

D

Daudet, L., 34
De Blas, A., 21
De Felice, R., 35
De Gaulle, Ch., 43, 152-153
Dempf, A., 87
Déroulède; P., 26, 40, 64
Desantes, J. M., 153
Díaz, E., 165, 186
Díaz Cañabate, A., 118
Díaz Plaja, G., 213

Díez Alegría, J. M., 134
Díez del Corral, L., 113, 114, 117
Dilthey, W., 173
Domenach, J. M., 27, 30
Domínguez Arévalo, T., 93, 140
Donoso Cortés, J., 72, 142, 187, 189
Drieu La Rochelle, P., 43
Durkheim, E., 92
Dreyfus, A., 25, 26, 27, 30, 33, 34, 40, 56
Drumont, E., 35

E

Ebner, F., 200
Eijo y Garay, L., 138
Einstein, A., 105
Elías de Tejada, F., 19, 186, 192
Eliseda, M., *véase* Moreno y Herrera, F.
Elola Olaso, J. A., 150
Ellacuría, J., 134
Elorza, A., 127
Escobar, J. I., 136, 151
Escrivá de Balaguer, J. M., 202
Esparza, J. J., 129
Estrada, J. A., 134

F

Feijoo, B., 162, 187
Fernández Almagro, M., 116, 118, 160
Fernández Carvajal, R., 72, 112
Fernández Cuesta, R., 150
Fernández Miranda, T., 145
Fernández de la Mora, G., 11, 15, 16, 17, 52, 117, 124, 125, 128, 133-215
Fernández de la Mora y Varela, G., 21
Fernández de Moratín, N., 169
Fernández Santos, F., 126, 170
Fernández Villaverde, J., 151-152
Fernando VII, 190
Ferrándiz Lozano, J., 21, 67
Ferrater Mora, J., 206, 207
Ferry, J., 24, 26
Ferry, L., 12
Figueroa y Torres, A., 67, 88
Foch, F., 66
Fontana, J. M., 100, 197
Forner, J. P., 187

Fraga, M., 135, 208
Fraile, G., 91
France, A., 28, 34, 60
Franco, F., 105, 111, 114, 118, 127, 139, 140, 143, 177, 191
Fukuyama, F., 16-17

G

Gadamer, H. G., 106
Gaitanes, C., 152
Galindo Herrero, S., 151
Gallieni, G., 35
Gamallo Fierros, D., 118
Gamazo, C., 151, 152
Gambetta, L., 23
Gambra, R., 16, 19, 120, 192
Gaos, J., 106, 171
García, F., 118, 120
García Arias, A., 151
García Comín, F., 141
García Escudero, J. M., 194
García y García de Castro, R., 105
García Gómez, E., 117, 118
García Hoz, V., 107
García del Moral, E., 97
García Morente, M., 78, 106, 107, 146
García Moyano, C., 149, 194
García Pelayo, M., 156
García Valdecasas, A., 97, 98, 99, 100, 102, 113, 114, 116, 136, 151
Garnelo, B., 83
Gatry, P., 107
Gauchet, M., 11, 12
Gautier, T., 44
«Gaziel», *véase* Calvet, A.
Gentz, F., 187
Gide, A., 43
Gil Robles, J. M., 140, 195
Giménez Caballero, E., 57, 68, 87, 99, 106
Giner de los Ríos, F., 112, 163, 164, 165
Giraud, V., 53
Glick, Th., 138
Gobineau, A., 59
Godo, E., 28
Goethe, J. W., 53, 115, 116
Goicoechea, A., 93
Gómez Aranda, L., 158, 159, 197-198

Gómez Baquero, E., 67
Gómez de Llano, F., 123
Gómez Molleda, M. D., 163
Gómez de la Serna, R., 58
González Arintero, J., 72
González Cuevas, P. C., 11, 12, 19, 20, 56,
   71, 73, 93, 136, 152, 167, 209
González de Cardedal, O., 203
González y Díaz-Tuñón, Z., 72, 190
González Ruiz, J. M., 134, 201-202
González Ruiz, N., 118
González Vicén, M., 150
Görres, J., 187
Gray, J., 20
Greco, El, *véase* Theotocópuli, D.
Grévy, J., 23
Grondeux, J., 43
Guardini, R., 200
Güell y Churruca, J. C., 151, 152
Guénon, R., 18
Guignebert, Ch., 199

H

Haecker, Th., 200
Hayek, F., 129
Hegel, J. F., 165, 172
Heidegger, M., 141, 168, 208
Herder, J. G., 172
Heredia, J. M., 34, 39
Hermet, G., 25, 153
Hermilda del Llano, C., 178
Hernando, T., 105
Herrera, A., 70, 93, 96, 148, 149
Hervás y Panduro, L., 187
Hintenhaüser, H., 48
Hobbes, Th., 115
Hugo, V., 28, 36
Husserl, E., 141, 173
Huxley, J., 56

I

Ibeas, B., 103
Ibsen, H., 56
Iglesias, P., 75
Imatz, A., 128
Inguanzo, P., 189
Insúa, A., 42, 44, 48, 49, 51, 67

Iriarte, I., 107, 108, 109, 110, 119
Iturmendi, A., 140
Izquierdo Ortega, J., 97

J

Jardí, E., 65, 67
Jaurès, J., 26, 40, 54
Jetschke, H., 142, 144
Jiménez, J. R., 105
Jobit, P., 92, 120
Jovellanos, G. M., 169
Juan de Borbón, 116, 119, 140, 143
Juan Carlos de Borbón, 159
Juan de la Cruz, 202
Jung, C. G., 87
Jünger, E., 113
Jutglar, A., 175

K

Kamen, H., 20
Kant, I., 136
Kelsen, H., 192
Kempis, T., 202
Keynes, J. M., 157
Keyserling, H., 87
Kidd, B., 56
Kierkegaard, S., 166, 200
Krause, K. C., 164

L

Lago Carballo, A., 118
La Cierva y Codorniu, J., 159
La Cierva y Peñafiel, J., 53, 55, 75
Laín Entralgo, P., 19, 111, 112, 117, 118,
   121, 122, 134, 138, 144, 145, 148, 149,
   150, 178, 182, 183, 184, 194
Lammenais, F., 187
Larreta, E., 51, 55
Lasaga Medina, J., 128
Lassalle, F., 76, 77
Léconte de Lisle, Ch. M., 28
Ledesma Ramos, R., 87, 98, 99, 144, 196
Légendre, M., 67
Leibniz, G. G., 174, 207
Lemaître, J., 33, 34, 55
Lenin, V. I., 192

Lerroux, A., 75
Lévy, E., 18
Liern, G. R., 129
Lipset, S. M., 15
Lira, O., 168
Lissarrague, S., 97, 117
Littré, E., 16
Lladó, J., 138
Loisy, A., 199
Lope de Vega, F., 46, 210
López-Amo, A., 117, 143, 146
López Aranguren, J. L., 15, 54, 55, 70, 117, 120, 121, 127, 134, 144, 145, 150, 173, 178, 179, 180, 181, 182, 184
López Bravo, G., 214
López Campillo, E., 87
López Ibor, J. J., 136, 151
López-Picó, J. M., 65
López Quintás, A., 201
López Rodó, L., 150
López Vega, A., 105, 109
Loyola, I., 44, 45, 202
Luca de Tena, J.I ., 160
Luca de Tena, T., 139, 151
Lucas Verdú, P., 159

M

Madariaga, S., 209, 210
Maeztu, R., 56, 57, 58, 70, 73, 74, 78, 93, 101, 102, 136, 147, 151, 152, 166, 167, 182, 186, 189
Maier, Ch. S., 14
Maistre, J., 72, 187
Malthus, T. R., 56
Manjón, A., 112
Mannheim, K., 161
Manso, J., 87
Mañara, M., 47
Maquiavelo, N., 144
Mara, A., 129
Marañón, G., 49, 67, 68, 92, 104, 105, 112, 118, 159
Marañón, J., 151
Maravall, J. A., 97, 114, 121, 134, 145, 150, 184, 185
Marchand, J. B., 35
Marco, J. M., 129, 130

Marías, J., 19, 107, 110, 111, 116, 117, 118, 120, 144, 169, 170, 171
Marichal, J., 61
Maritain, J., 25, 119
Maritain, R., 25
Marrero, V., 117, 119, 122, 123, 124, 143, 144, 149, 151, 167, 191
Martín Almagro, F., 151
Martín Artajo, A., 118
Márquez, M., 93
Martín Santos, L., 126
Martínez Ruiz, J., 49, 52, 53, 54, 55, 67, 106
Marx, K., 126, 167, 175, 178, 181, 203
Masdeu, F., 163
Massis, H., 25, 39
Maura, A., 67, 75, 76, 78, 88, 89
Maura, G., 75, 79, 116, 140, 149
Maura, M., 93, 95
Mauriac, F., 43
Maurras, Ch., 12, 30, 32, 33, 34, 39, 52, 53, 54, 57, 58, 59, 84, 177, 187
Mayeur, J. M., 23, 24
Medin, Tz., 13
Medina Echavarría, J., 208, 209
Menéndez Pelayo, M., 44, 70, 73, 116, 143, 146, 158, 163, 180, 186, 187, 210, 211, 212
Menéndez Pidal, R., 104, 105, 116, 145, 159, 187, 210, 211
Merimée, P., 44, 46
Mermall, Th., 186
Metz, J. B., 134
Miaja de la Muela, A., 145
Millán Puelles, A.; 136, 151, 174, 175
Millerand, A., 66
Mindán, M., 107
Minguijón, S., 66
Miquel, P., 26
Mises, L., 129
Mistral, F., 34
Molina Cano, J., 21, 153
Moltnam, J., 134
Montaigne, M., 54
Moreno y Herrera, F., 151, 152
Montero, F., 21, 96
Montes, E., 87, 102, 136
Montesquieu, Ch. S., 178
Montherlant, H., 43
Morèas, J., 63

Morès, M., 35
Morodo, R., 186, 212
Morón Arroyo, C., 125-126
Mosca, G., 14
Moya, C., 133
Muguerza, J., 173
Müller, A., 87
Muñoz Alonso, A., 118, 123, 196, 208
Muñoz Seca, P., 93
Muñoz Soro. J., 177
Mussolini, B., 14, 192

N

Napoleón I, 35, 45
Napoleón III, 25
Navarro Ledesma, F., 48, 49, 60
Necker, J., 44
Nemo, Ph., 20
Nicol, A., 208
Nicol, E., 207, 208
Nieto Blanco, C., 206
Nietzsche, F., 14, 28, 74, 97, 203
Noaïlles, A., 51
Nocedal, R., 79
Nolte, E., 71
Novicow, J., 56

O

Olavide, P., 187
Onís, F., 78
Oriol, L. M., 149, 151, 191, 192
Oromí, M., 111, 119
Ors, E. D'., 63, 64, 67, 87, 93, 106, 159, 172, 178, 189
Ory, P., 30, 41
Ortega y Gasset, J., 11, 13, 20, 59, 60, 61, 63, 67, 69-131, 136, 137, 142, 143, 144, 145, 154, 155, 156, 159, 166, 167, 168, 169, 170, 171, 172, 173, 184, 189, 207, 208
Otto, R., 101

P

Pacelli, E., 95
Palacios, J., 93, 136
Palacios, L. E., 136
Pániker, S., 159
Pardo Bazán, E., 215

Pareto, V., 14, 157
Pascal, B., 28, 32, 48, 54, 64
Pastor Díaz, N., 187
Payne, S.G., 19
Péguy, Ch., 25, 58
Pellicani, L., 127
Pemán, J. M., 93, 102, 114, 136, 151
Pemartín, J., 66, 88, 103
Pérez de Ayala, R., 67, 78, 92, 105, 176
Pérez de la Dehesa, R., 166
Pérez-Díaz, V., 18
Pérez-Embid, F., 117, 143, 144, 151, 152, 158, 159, 193, 194, 212
Pérez Maura, A., 21
Pérez Villanueva, J., 117, 145
Petriz Ramos, B., 58
Pi y Margall, F., 79, 175, 176
Pla, J., 65
Piketty, G., 153
Pildain, A., 120
Pinillos, J. L., 138, 178
Pizzardo, C., 120
Platón, 110
Poincaré, R., 66
Poliakov, L., 26
Ponce de León, L., 118
Pons, S., 151
Pradera, V., 66, 93, 136
Praz, M., 32
Primo de Rivera, J. A,, 100, 123
Primo de Rivera, M., 87, 90, 92
Proudhon, J. P., 175
Psichari, E., 25, 34
Puente Ojea, G., 159

Q

Quadrado, J. M., 189
Quevedo, F., 210
Quintanar, M., véase Chaves y Calleja, F.
Quiroga, A., 66, 88

R

Rancé, A. J., 47
Racine, J., 54
Ramírez de Dulanto, S. M., 118, 120, 121, 122, 123, 126
Real Sanz, J., 21
Ramón de San Pedro, J. M., 151

Recasens Siches, L., 106, 145
Redondo, G., 126
Reig Tapia, A., 16
Rémond, R., 70
Renan, E., 14, 28, 53, 54, 59, 71, 74, 199
Rével, J. F., 20
Rico Avello, M., 105
Ridruejo, D., 111, 134, 145
Riehl, A., 74
Rioux, J. F., 34
Risco, V., 191
Rivera Fernández de Velasco, C., 21
Robin, M., 65
Robles Piquer, C., 213
Rocamora, P., 213
Rodenbach, G., 48
Rodezno, C., *véase* Domínguez Arévalo, T.
Rodríguez García-Loredo, C., 125
Rodríguez Marín, A., 93, 211
Rodríguez Martín, J., 125
Rodríguez Pastoriza, F., 18
Roig Gironella, J., 109, 110, 111, 119
Rojas, F., 186
Roland, R., 65
Romanones, C., *véase* Figueroa y Torres, A.
Rousseau, J. J., 40, 44, 55, 177, 178
Rothacker, E., 142
Ruiseñada, C., *véase* Güell y Churruca, J. C.
Ruiz Giménez, J., 117, 118, 145, 148, 150, 177, 178
Ruiz Muñoz, E., 102, 103
Rusiñol, S., 49, 62

S

Saavedra Fajardo, D., 210
Saint-Simon, H., 76
Sainz Rodríguez, P., 83, 87, 116, 140., 214
Salas Pombo, D., 150
Salaverría, J. M., 58-59, 83, 84
Sampelayo, J., 118
Sánchez Albornoz, C., 141, 161, 187, 210, 211, 212
Sánchez Bella, A., 215
Sánchez Cámara, I., 130-131
Sánchez Mazas, R., 92, 106, 118, 150, 178
Sánchez Silva, J. M., 214
Sánchez de Movellán, L., 15
Sánchez Villaseñor, J,, 109, 110, 119

Santamaría, A., 214
Santos Juliá Rafael, 133
Sanz del Río, J., 163, 164, 165
Sardinha, A., 57
Sarkozy, N., 20
Sartre, J. P., 113, 1789, 179, 208
Sastre, A., 126
Satrústegui, I., 136
Satrústegui, J., 139
Scheler, M., 80, 87, 101
Schmitt, C., 14, 87, 115, 142, 191
Schopenhauer, A., 56, 97
Schramm, E., 144
Selva Roca de Togores, E., 21, 68, 99
Semprún, J., 126
Sender, R. J., 204
Seo de Urgel, D., 151
Serrano Poncela, S., 204
Serrano Súñer, R., 105, 106, 114
Sert, J. M., 65
Silvela, F., 79
Simmel, G., 75
Sirinelly, J. F., 30, 41
Sócrates, 183
Sofia de Grecia, 159
Sombart, W., 14, 87, 129
Sorel, G., 25
Sorman, G., 20
Sotelo, I., 19
Sowell, Th., 20, 69
Spann, O., 87, 101
Spencer, H., 56, 82
Spengler, O., 16, 57, 87, 172
Stammler, R., 76
Stein, L., 146, 187
Stendhal, *véase* Beyle, H.
Sternhell, Z., 25, 27
Stirner, M., 28, 56
Stuart Hughes, H., 25
Suárez, F., 162, 179, 187, 192
Suárez Fernández, L., 150
Suárez Verdeguer, F., 17, 189
Subirats, E., 127
Sudermann, H., 56

T

Taine, H., 28, 30, 31, 37, 53, 54, 55, 59, 74, 85
Tanguieff, P. A., 18

Tarde, G., 92
Tedeschini, F., 95-96
Téllez, G., 46, 210
Teresa de Jesús, 45, 46
Theilard de Chardin, P., 200
Theotocópuli, D., 48, 49, 50, 51, 60, 64, 68
Thibaudet, A., 24, 27
Thomàs, J. M., 197
Tierno Galván, E., 186, 187, 188, 213
Tirso de Molina, véase Téllez, G.
Tomás de Aquino, S., 179
Torre, G., de, 205, 206
Torres, C., 201
Torres Quevedo, L., 159
Torroja, E., 159
Tortella, G., 133
Tovar, A., 61, 111, 117, 134, 145, 150, 183, 184, 214
Toynbee, A., 112, 114, 137, 148, 172
Truc, G., 32
Tuñón de Lara, M., 176-177
Tusell, J., 118
Tusquets, J., 91, 104
Tzara, T., 43

U

Ucelay Da Cal, F., 63
Uexkull, J., 87
Unamuno, M., 52, 54, 55, 105, 113, 120, 145, 165, 166, 167
Umbral, F., 16
Urgoiti, N. M., 13, 79
Utrilla, J. F., 107

V

Valdeiglesias, M, véase Escobar, J. I.
Valdés Leal, J., 47
Valle-Inclán, R. M., 52
Vallet de Goytisolo, J., 192, 193
Valverde, J. M., 150
Varela, I., 21
Varela Suanzes-Carpegna, J., 16
Varela Tortajada, J., 21, 52, 114, 185

Vázquez Dodero, J. L., 151
Vázquez de Mella, J., 56, 79
Vega Inclán, M., 67
Vegas Latapié, E., 103, 116, 151, 192
Vélez de Guevara, L., 46
Verdaguer i Callís, N., 62
Verhaeren, E., 54
Verne, J., 34
Vicens, A., 107, 116, 138
Vidal Beneyto, J., 158
Vigón, J., 136, 151, 152
Vitoria, F., 139
Voltaire, 187

W

Weber, E., 26
Weber, M., 129, 142
Weil, G., 24
Wells, H.G., 56
Wilhemsem, F., 158, 159
Winock, M., 25
Wundt, A., 75
Wust, P., 200

X

Xirau, J., 171

Y

Yanguas Messía, J., 136

Z

Zambrano, M., 97, 104, 105, 106
Zamora, J., 21, 77, 79, 87, 90, 94, 105
Zaragüeta, J., 93, 136
Zola, E., 34, 40, 44
Zubiri, X., 19, 108, 118, 136, 138, 139, 145, 159, 167, 168, 171, 173, 174, 179, 189, 194, 201, 208, 212
Zuleta, E., 214
Zuloaga, I., 49, 51, 55, 67

COLECCIÓN HISTORIA BIBLIOTECA NUEVA

ÚLTIMOS TÍTULOS PUBLICADOS

El ejercicio de la libertad. La prensa española en el Sexenio Revolucionario (1868-1874), Antonio Checa Godoy.

Del territorio a la nación. Identidades territoriales y construcción nacional, Luis Castells (Ed.).

La sombra del pasado. Novela e historia en Galdós, Unamuno y Valle-Inclán, Manuel Suárez Cortina.

Etnografía y politología del 98. Unamuno, Ganivet y Maeztu, J. A. G. Ardila.

La reforma agraria y los orígenes de la Guerra Civil (1931-1940), Sergio Riesco Roche.

Francisco Fernández Ordóñez. Un político para la España necesaria (1930-1992), Santiago Delgado Fernández y Pilar Sánchez Millas.

¿Eternas menores? Las mujeres en el franquismo, Rosario Ruiz Franco.

La construcción de Europa. De las «guerras civiles» a la reunificación, Salvador Forner Muñoz (Ed.).

Historia de la Transición en España. Los inicios del proceso democratizador, Rafael Quirosa-Cheyrouze y Muñoz (Coord.).

Monarquía y República en la España contemporánea, Ángeles Lario (Ed.).

La secularización conflictiva. España (1898-1931), Julio de la Cueva y Feliciano Montero.

Nicolás Salmerón y el republicanismo parlamentario, Fernando Martínez López (Ed.).

Políticas de paz en el Mediterráneo, Fernando Martínez López y Francisco Muñoz Muñoz.

Modernizar España: en los umbrales del siglo XX (1898-1914), Guadalupe Gómez-Ferrer y Raquel Sánchez.

Mentiras necesarias. La batalla por la opinión británica durante la Guerra Civil, Hugo García.

Ciudadanos, propietarios y electores en la construcción del liberalismo español. El caso de las provincias castellano-manchegas (1854-1868), Juan Antonio Inarejos.

Diplomacia, humanitarismo y espionaje en la Guerra Civil Española, Antonio Manuel Moral Roncal.

La transición de papel. El atentado contra Carrero Blanco, la legalización del PCE y el 23-F a través de la prensa, Alfonso Pinilla García.

Azabache. El debate sobre la melancolía en la España de los Siglos de Oro, Felice Gambin.

Eppure si muove. La percepción de los cambios en España (1959-1973), Glicerio Sánchez Recio (Coord.).

Cartografía medieval. El enigma del mapamundi de 1375, Dr. Álvaro Fernández García.

Conservadurismo heterodoxo. Tres vías ante las derechas españolas: Maurice Barrès, José Ortega y Gasset y Gonzalo Fernández de la Mora, Pedro Carlos González Cuevas.